国家自然科学基金项目(72101053)
教育部人文社科基金项目(21YJCZH008)
中国工程院咨询项目(2020-ZD-09)
中央高校基本科研业务费专项资金

国际工程政治风险的机理、度量与对策研究

常腾原　邓小鹏　李启明　著

东南大学出版社
SOUTHEAST UNIVERSITY PRESS
·南京·

内 容 提 要

中国承包商自1978年进入国际承包市场，经历了40余年的发展，取得了巨大的成就。然而，国际市场上的政治风险也给中国承包商造成了重大的损失。随着"一带一路"倡议的提出以及"中国建造2035"战略的推进，中国的对外承包工程面临新一轮的增长和发展。如何进行有效的政治风险管理已成为中国承包商最重要的议题。在实践中，中国承包商的政治风险管理水平相对较低，缺少有效的政治风险的度量方法和应对体系。本书旨在识别国际工程政治风险的事件、行动者和传导要素，并通过社会网络分析法和解释结构模型法，深入揭示国际工程政治风险的机理；在综合考虑国际工程项目的特点和"中国因素"，以及实用性和客观性的基础上，运用木桶理论和脆弱性理论建立国际工程政治风险的集成度量模型；在识别政治风险的管理对策的基础上，建立国际工程政治风险的前期决策模型，并开发国际工程政治风险的管理信息系统。研究结果将有助于中国承包商在国际工程市场进行政治风险的度量与应对。本书可供国际工程管理、政治风险管理领域的研究学者及国际工程的从业人员参考。

图书在版编目(CIP)数据

国际工程政治风险的机理、度量与对策研究/常腾原，邓小鹏，李启明著. —南京：东南大学出版社，2023.3
ISBN 978-7-5766-0713-0

Ⅰ.①国… Ⅱ.①常… ②邓… ③李… Ⅲ.①国际承包工程—工程管理—风险管理—研究—中国 Ⅳ.①F746.18

中国国家版本馆CIP数据核字(2023)第050536号

责任编辑：曹胜玫　责任校对：杨　光　封面设计：顾晓阳　责任印制：周荣虎

国际工程政治风险的机理、度量与对策研究
Guoji Gongcheng Zhengzhi Fengxian de Jili、Duliang yu Duice Yanjiu

著　　者：	常腾原　邓小鹏　李启明
出版发行：	东南大学出版社
社　　址：	南京四牌楼2号　邮编：210096
网　　址：	http://www.seupress.com
电子邮件：	press@seupress.com
经　　销：	全国各地新华书店
印　　刷：	江苏凤凰数码印务有限公司
开　　本：	787mm×1092mm　1/16
印　　张：	12.75
字　　数：	310千字
版　　次：	2023年3月第1版
印　　次：	2023年3月第1次印刷
书　　号：	ISBN 978-7-5766-0713-0
定　　价：	49.00元

本社图书若有印装质量问题，请直接与营销部调换。电话(传真)：025-83791830

总　序

　　国际工程承包市场早在19世纪中叶就已出现,如今已形成亚/澳、欧洲、北美(包括美国和加拿大市场)、中东、拉美(包括加勒比海地区)和非洲等六大主要地区市场。2016年美国工程新闻纪录(ENR)统计国际工程市场营业额达到4 679.2亿美元。中国承包商自20世纪70年代末开始进入国际工程市场,随着国家对外贸易经营权下放,以及"走出去"战略和"一带一路"倡议的提出,基础设施互联互通是优先领域,中国承包商适逢千载难遇的重要战略机遇期。如今,中国对外承包工程企业达到4 353家,业务领域遍布世界200多个国家和地区,2016年对外工程营业额达到1 594.2亿美元,中国进入Top225/250的51家承包商营业额达到987.2亿美元。中国承包商实现了跨越式的发展,但同时存在很多急需解决的问题。全球经济的一体化,给国际承包商提供了重要的契机和广阔的空间,但与此同时,逆全球化动向、国际经贸规则重构、社会和文化分化加剧,以及全球合作的恶化迹象使国际工程市场存在着更多的不确定性。合作中有冲突、冲突中有合作,机遇与挑战并存,如何在纷繁复杂的国际工程市场抓住机遇、应对挑战是个值得深思的问题。

　　政治风险历来是跨国企业在国际扩张中不可回避的热点问题。政治力量与市场力量之间的矛盾和冲突,政治与经济相互渗透,形成世界经济关系政治化、国际政治关系经济化的趋势。贸易争端、恐怖袭击,以及区域性的纷争给全球工程承包市场带来了极大的冲击。西方主流政治的危机深化,文化本土主义、经济民族主义,加剧了地缘政治风险。"危邦不入,乱邦不居",对于积极开拓国际工程市场的中国承包商而言,不仅要准确地评价东道国的政治风险态势,而且要有针对性地提升其政治风险应对能力。政治风险体现出独特的突发性—渐进性、确定性—随机性,给政治风险的量化、模拟及预测带来困难。本系列丛书将深入揭示国际工程中政治风险的形成机理,探寻政治风险传导的关键路径及关键风险源,应用多学科交叉技术对国际工程中政治风险进行测度和预警。同时结合建筑业的行业特色及"中国因素",对中国的国际承包商所面临的政治风险,进行量化、模拟和实证,研究成果将有助于中国承包商在开拓国际工程市场中对所面临的政治风险进行前端决策、监控预警和风险应对。

　　中国离不开高铁,世界离不开高铁。国际高铁市场需求旺盛,巨大的市场需求也吸引了众多的竞争者。物竞天择,适者生存。如何适应全球竞争时代的来临,在超竞争环境中突显竞争优势显得极为重要。本系列丛书将深入揭示国际高铁行业在超竞争环境下其竞争优势的形成机理,探寻产业—企业—项目竞争优势的耦合作用机制及竞争优势演化的动力机制,以演化经济学为分析范式,应用社会网络理论、项目管理理论、竞争优势理论等多学科交叉技术对国际高铁项目瞬时竞争优势进行测度,进而分析瞬时竞争优势的时空演变规律。结合国际高铁项目特性、中国高铁的行业特色及现实的竞争格局,对中国的国际高铁承包商在项目上的瞬时竞争优势进行组合、量化、模拟和实证,设计中国高铁行业竞争优势的提升路径及竞争情报决策支持系统。研究成果将有助于提升中国高铁产业和中国高铁企业在国际市场上的竞争优势,并为高铁项目投标决策、合作伙伴选择等方面提供参考依据。

  本系列丛书依托国家自然科学基金课题:国际工程中政治风险的集成度量及智能决策研究:理论、实证及应用(71372199)和国际高铁项目瞬时竞争优势的形成机理、动态度量及提升路径研究(71771052),以及江苏省研究生科研创新计划项目:"一带一路"沿线国际工程政治风险的评价及对策研究(KYCX17_0191)。丛书内容包括但不限于上述的政治风险、竞争优势等方面的研究,还会针对国际工程管理中的其他前沿问题进行探索。

李启明 邓小鹏

2017 年 12 月于东南大学

前　　言

自 1978 年开始进入国际承包市场以来,中国承包商的海外业绩稳步增长,取得了辉煌的成就。据美国《工程新闻记录》(Engineering New Records,ENR)的统计,2021 年上榜"全球最大 250 家国际承包商"的中国企业数量蝉联全球榜首。在"一带一路"倡议、"中国制造 2025"战略和"中国建造 2035"战略的背景下,中国承包商的海外承包业务面临着巨大的发展前景。然而,中国承包商的海外业务在发展的同时也面临着一系列的威胁和挑战,其中政治风险给中国承包商的生存和发展带来的危害与阻碍尤为显著。对于中国承包商而言,在开拓海外业务的同时,对政治风险进行有效的管理是十分迫切和必要的。

行之有效的风险管理高度依赖科学的管理手段和方法。然而在现实中,中国承包商着重关注如何走出去和如何获得更多的海外业务,对如何管理政治风险关注得还不够,风险度量和决策的方法单一、可操作性差、准确率低。大部分中国承包商仅仅把政治风险当作企业全部外部风险中的一小部分加以评价和应对。在学术界,现有对政治风险的研究主要集中在外商直接投资等传统的国际经贸领域,对国际工程中的政治风险的关注较少,有关国际工程政治风险的机理、度量和对策方面的理论较为匮乏,难以有效指导国际工程政治风险的管理实践。鉴于此,本书通过大量的理论分析和数据分析,对国际工程政治风险的机理、度量与对策进行了卓有成效的探讨,形成了适合国际工程政治风险管理实践的理论和方法。

本书主要包括如下内容:

(1) 对国际工程的含义和特点、风险管理理论、脆弱性理论、木桶理论等相关知识和研究进行了梳理和评述。

(2) 调研了中国承包商在海外运营时有关政治风险管理的能力、手段、重点和难点。

(3) 识别了国际工程政治风险事件及其分类。分析了风险行动者之间、风险行动者和风险事件之间的关系,揭示了风险事件在各行动者之间的作用形式;分析了风险因素、风险事件、风险后果之间的关系,揭示了国际工程政治风险的传导结构,以及脆弱性因素在整个风险传导过程中的独特作用。

(4) 识别了国际工程政治风险度量的各项指标,分别建立了国际工程政治风险的外部威胁性度量模型、内部脆弱性度量模型、集成度量模型。

(5) 识别了国际工程政治风险管理的对策,分析了各对策与对策之间的关系,构建了项目前期阶段国际承包商的运营策略选择模型。

(6) 集成国际工程政治风险度量和决策选择时的数据搜集、处理和分析等工作,建立了一套国际工程政治风险管理信息系统。

本书主要特点如下：

(1) 本书通过社会网络分析法，结合对国际工程政治风险的相关行动者与风险事件之间复杂关系的考虑，识别出了国际工程政治风险的作用形式，明晰了东道国政府和东道国社会等角色在国际工程政治风险产生、传递中的作用，有利于国际承包商认识政治风险，掌握风险管理的关键所在。

(2) 本书分析了威胁性因素（与国别和行业相关的变量）与脆弱性因素（与项目和企业相关的变量）在政治风险路径中的角色，更加清晰地揭示了与项目和企业相关的变量在国际工程政治风险形成、传导过程中的作用，为国际工程项目政治风险的度量方法提供了理论基础。

(3) 本书基于木桶理论和脆弱性理论构建了国际工程政治风险的集成度量模型，更能测量出系统在抵御风险或者应对风险上的不足。该模型所需数据相对客观，操作性更强，更利于在工程实践中应用。

感谢参与本研究调研的各位专家学者和支持本研究的各企事业单位。感谢东南大学国际工程管理创新团队对本研究的支持。感谢国家自然科学基金项目(72101053)、教育部人文社科基金项目(21YJCZH008)、中国工程院咨询项目(2020-ZD-09)、中央高校基本科研业务费专项资金对本研究的资助。同时也感谢东南大学出版社的编辑们做了大量细致的工作，使得本书能顺利出版。

限于笔者的理论水平和实践经验，书中不足之处恳请读者和专家予以批评指正。

著者
2022.12 于东南大学

目　　录

第1章　绪论 ··· 1
  1.1　研究背景 ·· 1
  1.2　国内外研究现状 ··· 3
    1.2.1　政治风险的研究综述 ·· 3
    1.2.2　国际工程的研究综述 ·· 9
    1.2.3　现有研究的评述 ·· 11
  1.3　研究的目的与意义 ·· 12
  1.4　主要研究内容 ·· 13
  1.5　研究方法与技术路线 ·· 14
    1.5.1　研究方法 ·· 14
    1.5.2　技术路线 ·· 14

第2章　相关理论基础和概念的界定 ·· 16
  2.1　国际工程的含义和特点 ·· 16
    2.1.1　国际工程与国际工程市场 ······································ 16
    2.1.2　国际工程的特点 ·· 18
  2.2　风险管理理论 ·· 19
    2.2.1　风险的定义 ·· 19
    2.2.2　工程项目风险 ·· 19
    2.2.3　国际工程风险 ·· 20
    2.2.4　风险管理方法 ·· 21
  2.3　风险传导理论 ·· 21
  2.4　脆弱性理论 ·· 23
    2.4.1　脆弱性的概念 ·· 23
    2.4.2　国际工程的脆弱性 ·· 23
  2.5　木桶理论 ·· 24
  2.6　本章小结 ·· 25

第3章 中国承包商海外经营的政治风险现状 26
3.1 企业的基本情况 26
3.1.1 企业的所有制性质 26
3.1.2 企业的国际化水平 27
3.1.3 近五年业务涉及行业 28
3.1.4 近五年业务区域分布 28
3.1.5 未来五年海外业务规划 29
3.1.6 近五年项目的承发包方式 30
3.1.7 企业走向海外动因 31
3.2 关注的政治风险及因素 31
3.2.1 关注的风险类型 31
3.2.2 关注的政治风险类型 32
3.2.3 关注的汇兑限制风险因素 33
3.2.4 关注的对华关系风险因素 34
3.2.5 关注的政府违约风险因素 34
3.2.6 关注的政府征收/国有化风险因素 35
3.2.7 关注的战争暴乱风险因素 36
3.2.8 关注的行政监管风险因素 37
3.3 企业的政治风险管理实践 38
3.3.1 近五年经历过的风险事件 38
3.3.2 近五年经历过的政治风险事件 39
3.3.3 认为未经历风险的原因 39
3.3.4 风险管理体系建设措施 40
3.3.5 意向采用的风险管控工具 41
3.3.6 过去五年采用的风险防范措施 42
3.3.7 过去五年风险评估的外部合作机构 43
3.4 本章小结 44

第4章 国际工程政治风险的机理分析 45
4.1 国际工程政治风险的识别与分类 45
4.1.1 国际工程政治风险的识别 45
4.1.2 国际工程政治风险的分类 49
4.2 国际工程政治风险的行动者分析 50
4.2.1 数据搜集 50
4.2.2 社会网络分析 52
4.3 国际工程政治风险的传导路径 59
4.3.1 风险传导要素 59
4.3.2 解释结构模型 62

4.4 本章小结 ··· 67

第5章 国际工程政治风险的度量 ·· 69
5.1 国际工程政治风险的外部威胁性度量模型 ·· 69
5.1.1 变量的识别 ·· 69
5.1.2 问卷调查与指标评价 ··· 71
5.1.3 数据的初步分析 ··· 72
5.1.4 结构方程模型分析 ·· 74
5.1.5 外部威胁性变量的内涵 ·· 77
5.1.6 国别风险评价 ·· 82
5.2 基于大数据的外部威胁指数动态调整 ·· 90
5.2.1 模型的构建 ··· 90
5.2.2 网络爬虫 ·· 90
5.2.3 文本挖掘 ·· 92
5.2.4 案例演示 ·· 92
5.3 国际工程政治风险的内部脆弱性度量模型 ·· 97
5.3.1 变量的识别 ··· 97
5.3.2 数据的初步分析 ··· 99
5.3.3 结构方程模型分析 ·· 100
5.3.4 内部脆弱性变量的内涵 ·· 101
5.3.5 国际工程政治风险的脆弱性评价 ··· 107
5.4 国际工程政治风险的集成度量模型 ··· 115
5.4.1 模型的建立 ··· 115
5.4.2 模型的验证 ··· 117
5.4.3 模型的特点 ··· 118
5.4.4 模型的作用 ··· 119
5.5 本章小结 ··· 120

第6章 国际工程政治风险的对策 ·· 121
6.1 对策的识别与评价 ··· 121
6.1.1 对策的识别 ··· 121
6.1.2 重要性分析 ··· 123
6.2 对策的内涵与作用 ··· 125
6.2.1 因子分析 ·· 125
6.2.2 对策的内涵 ··· 127
6.2.3 对策的作用 ··· 128
6.2.4 结构方程模型分析 ·· 132
6.3 前期策略选择研究 ··· 137

  6.3.1 理论模型 ………………………………………………………… 137
  6.3.2 贝叶斯网络 ……………………………………………………… 137
  6.3.3 结果和讨论 ……………………………………………………… 141
 6.4 本章小节 ……………………………………………………………… 143

第7章 国际工程政治风险的管理信息系统 …………………………… 144
 7.1 需求分析 ……………………………………………………………… 144
  7.1.1 功能需求 ………………………………………………………… 144
  7.1.2 具体功能 ………………………………………………………… 145
  7.1.3 性能需求 ………………………………………………………… 146
  7.1.4 系统管理 ………………………………………………………… 146
 7.2 系统设计 ……………………………………………………………… 147
  7.2.1 系统结构 ………………………………………………………… 147
  7.2.2 数据体系设计 …………………………………………………… 147
  7.2.3 数据的逻辑结构 ………………………………………………… 148
 7.3 系统实现 ……………………………………………………………… 149
  7.3.1 系统主界面 ……………………………………………………… 149
  7.3.2 国别管理界面 …………………………………………………… 152
  7.3.3 项目管理界面 …………………………………………………… 153
  7.3.4 案例管理界面 …………………………………………………… 154
 7.4 本章小结 ……………………………………………………………… 155

第8章 结论与展望 …………………………………………………………… 156
 8.1 研究结论 ……………………………………………………………… 156
 8.2 创新点 ………………………………………………………………… 157
 8.3 研究不足与展望 ……………………………………………………… 158

参考文献 ……………………………………………………………………… 159

附录一 世界部分国家或地区的 CRI 及排名 ……………………………… 174

附录二 中国承包商海外经营的风险及管控现状调研 …………………… 180

附录三 国际工程政治风险影响因素及对策调查问卷 …………………… 184

附录四 国际工程项目政治风险案例调查问卷 …………………………… 188

第1章 绪 论

1.1 研究背景

中国承包商自1978年开始进入国际承包市场,经历了40余年的发展,取得了巨大的成就。在美国《工程新闻记录》(Engineering New Records,ENR)2019年度公布的全球承包商250强榜单中,共有76家来自中国大陆的企业上榜,其中中国交通建设集团有限公司、中国电力建设集团有限公司、中国建筑股份有限公司3家企业进入了榜单的前十名。74家中国承包商在2020年度共完成海外营业额1 200.1亿美元,占全球250强国际承包商的海外总营业收入的25.37%(ENR,2021)。此外,中国承包商在交通运输、房屋建筑、电力、水利、工业、制造业、排水/废弃物、石油化工、通信、有害处理十大行业的十强榜单中均有企业上榜,表明中国承包商在国际承包市场上已具备较强的实力和较强的影响力。从历史的规律上来看,在过去的40余年期间,除了个别年份的些许波折外,中国承包商无论是取得的海外营业总额,还是进入全球250/225强的数量和排名都在稳步增长,中国承包商的平均海外业务规模也在不断扩大。

中国海外承包业务在取得现有成绩的同时还面临着巨大的发展前景。如图1-1所示,2013年"一带一路"倡议、2015年"中国制造2025"战略和2019年"中国建造2035"战略的提出,以及亚洲基础设施投资银行、丝绸之路基金、金砖国家开发银行等金融机构的设立为中国承包商扩大海外业务、优化市场布局、提高管理水平、进一步拓展海外建筑市场提供了强大的战略支持和资金支持。

图1-1 中国海外工程业务发展的促进因素

此外,中国海外工程承包业务的发展还受到国内产业推动和国外需求拉动的催进作用。改革开放后几十年,国内建筑业和相关制造业得到了快速的发展。但近些年来,随着国内城市化和现代化进程不断完善,相关市场日趋饱和,建筑行业存在产能过剩的危机。通过拓展海外建筑市场,可以带动相关行业的资本、装备和劳务的出口,推动中国建造、制造向高端产品的转型,推动我国产品贸易向技术贸易、服务贸易的转型。自金融危机以来,全球建筑业逐渐步入上升通道,无论是发展中国家还是部分发达国家都展现出了巨大的建筑业发展需求。美国总统特朗普上台后,在"美国优先"理念的指导下,积极推动国内基础设施建设,提出了1万亿美元的基础设施建设计划;英国近些年展现出了强大的基础设施建设需求,提出了包括铁路、高铁、核电、天然气发电等项目的发展计划;印度随着人口的不断增长,为促进本国建筑业的发展提出了"人人有住房"计划并大力推进建筑业改革。未来整个"一带一路"沿线上的基础设施投资预计将达到10万亿美元,交通、电力、水利等大型基础设施项目是投资的重点(陈安娜,2015),而这些领域的业务又恰恰是中国承包商所擅长的。

中国海外工程承包业务在面临着巨大机遇的同时,也遇到了一系列问题。尽管从整体营业额收入上来看,中国承包商的表现可圈可点,但如表1-1所示,近五年来,中国海外工程承包营业收入主要来自亚澳(亚洲和澳大利亚)、非洲、中东和拉美/加勒比市场,而来自欧洲、美国、加拿大市场的营业收入的占比较少,显著低于全球平均水平。由于中国承包商的海外工程承包业务起步较晚,企业的整体管理水平与英、美、日、韩等国家的承包商存在一定的差距,以及国际外交、政治等因素使得中国承包商的海外业务主要分布在亚、非等欠发达地区。

表1-1 中国/全球入榜国际承包商的海外市场营业额地区分布

年份	中东/%		亚澳/%		非洲/%		欧洲/%		美国/%		加拿大/%		拉美/加勒比/%	
	中国	全球	中国	全球	中国	全球	中国	全球	中国	全球	中国	全球	中国	全球
2019	14.7	**15.1**	**45.3**	26.5	**28.5**	11.7	4.1	**22.4**	1.9	**15.1**	0.2	**3.6**	5.3	**5.6**
2018	14.4	**16.6**	**43.7**	26.2	**30.7**	12.5	3.6	**22.1**	1.4	**13.2**	0.1	**3.5**	6.1	6.1
2017	14.4	**16.9**	**42.2**	26.5	**32.7**	12.9	2.6	**21.2**	1.7	**12.5**	0.3	**3.8**	6.1	5.6
2016	13.6	**18.0**	**38.8**	25.7	**35.0**	13.1	2.8	**20.5**	2.0	**11.4**	0.1	**4.0**	7.8	7.2
2015	14.0	**15.3**	**32.3**	24.2	**37.8**	12.9	3.6	**18.7**	4.2	**10.7**	0.2	**4.6**	8.0	**11.0**
2014	**16.9**	15.2	**31.5**	26.3	**39.0**	13.6	2.7	**19.1**	2.0	**9.8**	0.2	**5.7**	7.7	**10.2**

注:加粗数字为值高的一方,数据来源:www.enr.com

尽管中国承包商在这些地区面临的市场竞争激烈程度低于欧美市场,但是项目东道国在政治、经济、社会、法律等方面存在的诸多问题使得中国承包商在面临着复杂多样的外部风险,在这些风险中政治风险给中国承包商带来的危害和威胁尤为明显。

政治风险是指由于东道国的政治事件(如政变、突然性的政府换届、法律政策变化等)、政府或社会组织采取的任意或歧视性行动(如腐败、恐怖袭击、对外企的歧视和限制、对项目的反对等)而造成的项目运营环境可能发生的意外变化,从而对国际承包商产生不必要的潜在影响的可能性(Deng et al., 2013a)。对于国际工程项目而言,政治风险的发生不仅会给工程项目的工期、成本、人员财产安全等带来负面的影响,也会影响国际承包企业整体的财务状况、社会声誉、健康发展、市场布局以及国际化战略的实施。就以往的案例来看,国际市场上的政治风险已经给中国承包商造成了灾难性的损失,典型的案例有:2004 年,阿富汗当地时间凌晨 1 时,武装分子突袭中铁十四局在阿富汗昆都士公路项目工地,向睡梦中的中国援建工人疯狂扫射,造成 11 死 5 伤;2009 年,中国铁建股份有限公司低价中标麦加轻轨项目,但后期因业主大量变更,压缩工期,亏损 41 亿元;2011 年,中国中铁股份有限公司在波兰承建的 A2 高速公路项目因拖欠分包商工程款,引发示威游行,而被当地政府解除工程承包协议,亏损 5.5 亿元人民币;2011 年,中资巨型水电工程密松大坝项目因缅甸的内部民族矛盾、工程对生态环境的影响、西方势力的干预等因素引发了巨大的负面舆论,缅甸政府在舆论压力下最终暂停了该项目;2014 年,墨西哥政府因为反对党的质疑以及国内压力撤销了中国公司高铁中标结果;2015 年,中铁 3 名致力于开拓国际市场业务的高管在马里首都巴马科市中心的丽笙酒店遭遇武装分子的袭击后身亡;2018 年,墨西哥政府换届,新总理马哈蒂尔上台后叫停了多项中资项目;2019 年,坦桑尼亚地方政府以工程进度缓慢为理由逮捕了 4 名中国雇员。

对于中国承包商而言,在开拓国际业务的同时,对政治风险进行有效的管理是十分迫切和必要的。成功的风险管理应建立在企业对风险的足够重视以及科学有效的风险管理方法上(Zhao et al.,2013)。然而现阶段中国承包商把其主要的精力放在了如何走出去和如何获得更多的海外业务上,而对如何保障自身的安全特别是如何管理政治风险的关注还不够。大部分中国承包商仅仅把政治风险当作企业全部外部风险中的一小部分加以评价和应对。

国内外的一些学者对政治风险管理展开了富有成效的研究(Alon et al.,1998;Agarwal et al.,2007;Butler et al.,1998;蒋姮,2015)。但有关政治风险的研究主要集中在外商直接投资等传统的国际经贸领域,对国际工程中的政治风险管理关注还不够,有关国际工程政治风险的机理、度量和对策方面的相关理论较为匮乏,难以有效指导国际工程政治风险的管理实践。因此,通过对国际工程中的政治风险进行研究,形成适合国际工程政治风险管理实践的理论和方法,进而帮助中国承包商在海外运营时识别、度量和应对政治风险是十分必要的。

1.2 国内外研究现状

1.2.1 政治风险的研究综述

1.2.1.1 Citespace 文献分析

首先采用 Citespace 软件对数据库中与政治风险主题相关的文献进行分析,得出相关研究的共现图谱和时区图谱,用以反映有关政治风险的研究热点和文献的增长情况。在共现图谱中,节点代表研究热点,其词频越高,节点就越大。节点之间的连线代表两个研究热点之间的共生关系,连线的粗细则代表其共生关系的强弱。在时区图谱中,某一段时间内的文献量的多少代表该段时期内与主题相关的研究成果的多少,节点之间的连线则反映出研究热点在时间上的传承关系(陈悦等,2015;肖明等,2011)。

对 Web of science 数据库中与"Political risk"和"Political risks"主题相关的英文文献 (Article or Review)进行分析。如图 1-2 所示,在该共现图谱中,共有 110 个节点以及节点之间的 403 个直接联系。从总体上看,图谱中的网络密度相对较高,节点之间的联系紧密,孤立点少。依据各关键词性质和出现频次,可以得出国际上对于政治风险的研究热点主要集中在以下六个方面:

（1）与风险类型相关的研究,代表关键词有腐败、政策风险、恐怖主义、战争等。

（2）与政治风险相关的其他风险的研究,代表关键词有国家风险、贸易风险、法律风险、社会风险、经济风险和金融风险等。

（3）与某个区域政治风险相关的研究,代表关键词有拉丁美洲、发展中国家、新兴市场、中国、中亚、中东、越南、缅甸、印度、巴基斯坦等。

（4）与风险管理相关的研究热点,代表关键词有进入模式选择、准入策略、风险管理、决策制定、风险评估、对策、风险分析、风险预警等。

（5）与具体研究对象相关的研究热点,代表关键词有跨国公司、日本公司、基础设施项目、国际工程、外商直接投资、能源项目等。

（6）与政治风险因素相关的研究,代表关键词有社会责任、法律、政策、经济增长、制度和民主、政府稳定性、社会稳定性等。

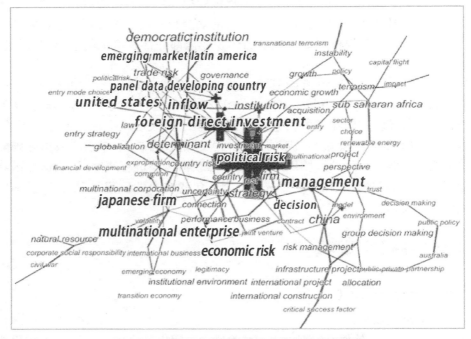

图 1-2　国际上政治风险的研究热点的共现图谱

总体上来看,国际上对于政治风险的研究主要以外商直接投资、跨国企业、国际贸易等为研究对象,而对于国际工程的关注较少。

对 CSSCI 数据库中与"政治风险"主题相关的文献进行关键词共引分析(图 1-3),按中心度排序有政治风险、对外直接投资、海外投资、"一带一路"倡议、国家风险、企业、东道国、中国企业、投资风险、企业管理、风险防范、风险管理、风险评估、投资、海外投资保险制度、跨国经营、对外投资、非洲、地缘政治风险、中华人民共和国、区位选择、风险社会、中亚、海外并购、风险规避、法律风险、财政管理、投资者等。与外文文献相比，国内文献更多从企业管理、风险管理、风险评估等实践的角度来分析政治风险，较少涉及探究相关理论层面的问题。

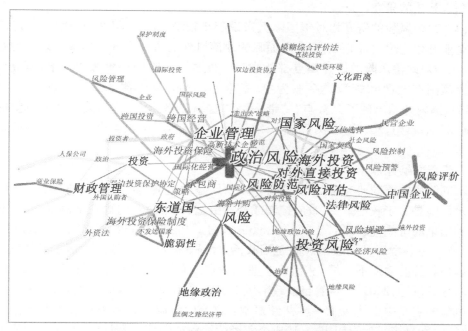

图 1-3　国内政治风险的研究热点的共现图谱

从国际上对于政治风险的研究趋势来看，1965年至1990年期间，国际上关于政治风险的文章数量较少。由于受到Citespace软件中提取信息及分析信息算法及有关功能的限制，无法在时区图谱上反映这一时期政治风险相关热点的研究趋势。通过对1965年至1990年的有关政治风险的文献的查阅可以发现，在20世纪六七十年代，学者研究的焦点主要集中在跨国公司在发展中国家面临的政治风险上，主要的研究对象为国有化风险、转移风险和战争风险等大规模的政治风险。进入80年代后，国际学者逐渐开始关注来自政府对跨国企业的更多样化的限制措施（如歧视性的政府干预），以及来自政府以外的政治风险因素（如货币的不稳定、金融危机）。进入90年代后，有关政治的研究开始迅速增加，但相关研究的视角还是集中在发展中国家、不确定性、外商直接投资等传统的政治风险研究热点上。

进入21世纪后，政治风险的研究开始大量增长，在2000年至2010年之间，相关的研究成果最多，进入了对政治风险研究的繁荣期。在经济全球化增长的影响下，世界各国大力发展经济，为跨国建筑企业的发展提供了新的环境，国际工程市场蓬勃发展，但也产生了更多、更多样化的政治风险。在该段时间内对传统的政府征收、国有化、革命、内战等相关的政治风险的研究开始变少，而对恐怖主义、民粹主义、政府政策变动、腐败、文化差异、政府治理、环境保护、民族和宗教矛盾等非传统政治风险和相关因素的研究逐渐成为主流。

2010年后，政治风险的研究数量开始降低，但越来越多的学者开始重视对风险因素之间的关系研究以及对不同商业活动所面临的微观政治风险的探讨。从总体上看,学者对政治风险的研究兴趣是一波接一波的,随着时间的推移,国际上对于政治风险的研究热点越来越多样化,同时对具体行业或者企业所面临的政治风险的研究越来越个性化、深入化,因此政治风险的相关理论在不同行业间会存在较大的差异性,更需要对于国际工程的政治风险进行深入具体的研究。

国内对政治风险的研究相对于国际上来说起步较晚。20世纪90年代后期,随着大量的中国企业开始走出去,国内对企业所面临的政治风险的研究也开始增多。之后的很长一段时期,国内对政治风险的研究焦点都放在对海外政治风险的评价和防范上,研究对象以央企及大型国有能源和资源类企业为主(童生等,2006;赵银德,2006;颜晓晖等,2007)。2014年后,国内开始出现了大量与"一带一路""丝绸之路经济带"相关的政治风险的研究(李书剑,2016;蒋姮,2015),以民营企业、承包商、制造企业、金融类企业为主的研究对象也开始增多。

1.2.1.2 代表文献分析

在不同阶段的不同研究中,学者们对于政治风险的定义提出了不同的观点。一些学者认为政治风险是源于政治事件、政府控制或管理措施、社会事件对商业活动的干涉,从而造成的不利结果的可能性(Root,1968;Zhuang et al.,1998;王学鸿,1997;何新华和胡文发,2007)。还有一些学者认为政治风险是因政治、经济、文化、社会等因素而造成的商业环境出现难以预料的波动或不连续,从而给企业经营造成负面影响的可能性(冯宁,2010;杨德新,2000;张贵洪等,2002)。尽管目前政治风险的定义还尚未形成统一的定论,但不同学者对政治风险的定义中也体现了一些共性要素:政治风险源于政治力量或者非政治力量使然,与政治因素直接或者间接相关;造成企业经营活动或环境的不连续;给企业的利润或其他目标带来负面的影响;不确定性,包括事件是否发生的不确定性以及事件发生后的变化趋势的不确定性。

现有政治风险的研究成果主要集中在政治风险识别、政治风险的影响因素、政治风险评估、政治风险管理等四个方面。

(1) 政治风险识别

大量与政治风险相关的研究都在致力于识别和分析跨国企业面临的政治风险,例如,战争暴乱风险、汇兑限制风险、投资限制风险、政府征收或国有化风险、政府违约风险、政府对跨国企业的歧视等(Ashley et al.,1987;Howell et al.,1994;Hastak et al.,2000;Han et al.,2007;Sachs et al.,2008)。还有一批学者在政治风险识别的基础上对政治风险进行了分类,例如 Root(1968)将政治风险分为转移风险、经营风险和资本控制风险三类。转移风险指潜在的对资金、产品、技术和人员的限制;经营风险指国外有关妨碍企业业务管理的政策或政府行政管理程序的不确定性;资本控制风险是指对外国企业的歧视或征收等。Kobrin(1980)将政治风险分为微观政治风险和宏观政治风险两类。其中微观政治风险是指那些具有针对性的,只影响特定行业、企业、项目的政治风险,包括政府对某些商品的关税调整,对某些行业的投资限制,对某些行业的政策调整,对个别公司的制裁等;而宏观风险是指在某个国家内,能影响到所有商业活动的政治风险,包括战争、冲突、物价调整、非歧视的税率调整、控制货币自由兑换等。Al Khattab 等(2007)依据政治风险的来源将政治风险分为三类:一是与东道国政府相关的政治风险,包括征收和国有化、政府违约、汇兑限制、所有权或人员的限制、税收或进出口的限制；二是与东道国社会相关的政治风险，包括恐怖主义、游行示威、暴乱、暴动、革命、政变和内战；三是与国际社会相关的政治风险，包括战争、经济制裁。

国内的王晨光等（2011）将政治风险分为公司特定风险、国家特定风险和不稳定风险。黄河和Starostin（2016）将政治风险分为"传统"政治风险和"非传统"政治风险，其中"传统"政治风险包括战争、政局动荡、政策变动等，而"非传统"政治风险是指由于企业和东道国政府双方在观念上、利益上的冲突导致双方互不信任引发的不利后果，包括政府对企业的制裁、采取歧视性措施等。

政治风险分类的多样性也反映出政治风险的风险来源和表现形式的多样性。需要指出的是，跨国企业所面临的政治风险经常是以综合的形式呈现的，比如可能同时面临投资限制和汇兑限制风险，同时面临战争和恐怖主义风险等。

（2）政治风险的影响因素

政治风险的影响因素是指那些能够引发政治风险或影响政治风险水平的变量（Chang et al., 2018b）。许多学者通过探讨变量与政治风险的关系来识别政治风险的影响因素。通过总结学者们的研究结论可以得出，政治风险不仅源于政治因素，还受到多方面、不同层次因素的影响。

在诸多政治风险的影响因素中，那些反映东道国的政治、社会、法律制度、经济系统稳定性的变量被广泛认为是影响政治风险的主要来源。其中与政治相关的因素主要包括公众对政府的支持、政府/政权的稳定程度、派系冲突、即将独立的事件等（Hastak et al., 2000；Rios-Morales et al., 2009；Yaprak et al., 1984；Alon et al., 2009；Ling et al., 2006；Ashley et al., 1987）；与社会相关的因素有收入和财富的分配不均、文化差异、宗教和宗族关系紧张、种族歧视和仇外心理等（Bing et al., 1999；Howell et al., 1994）；与法律制度相关的因素有政策的不确定性、低效率的公众决策过程、官僚主义、法律法规的含糊不清、低效的执法机制、低效的法律体系、司法和行政的独立性（Ling et al., 2010；Simon, 1984；Oetzel, 2005；Rios-Morales et al., 2009；Bing et al., 2005）；与经济相关的因素有GDP增长速度、失业率、通货膨胀率、政府在经济上控制的程度、经济改革进程等（Alon et al., 2006；Deng et al., 2014a；Torre et al., 1988；Alon et al., 2009）。

一些与国际经济、政治环境相关的变量也被认为能作用于政治风险，如国际商务纠纷与贸易战争、国际经济危机、东道国与跨国公司的母国或者第三国的关系等（Bing et al., 1999；Ring et al., 1990；Ashley & Bonner, 1987；Alon & Martin, 1998）。除此之外，一些学者还从微观的角度来识别可能影响企业所面临政治风险的因素，包括企业的运营特点、企业与当地政府的关系、企业与权力组织的关系、企业的本地化程度等（Ashley & Bonner, 1987；Alon & Herbert, 2009）。

（3）政治风险评估

现有对政治风险评估和预测的模型多是在国内外评估机构发布的政治风险评估模型的基础上建立的（Deng et al., 2013a；Mortanges et al., 1996；Howell et al., 1994；Bjelland, 2012）。例如，Ferrari和Rolfini（2008）在世界银行发布的治理指数的基础上建立起了外商投资的政治风险评估模型，李媛等（2015）在PRS集团（The PRS Group）发布的国家风险国际指南综合指数（The International Country Risk Guide，ICRG）的基础上建立了中国企业海外投资的政治风险评估模型,杨嵘等(2014)在 SACE 指数模型的基础上建立了中国石油企业海外投资的政治风险评估模型。

国际上比较有代表性的与政治风险评估相关的模型有美国商业环境风险评估公司(Business Environment Risk Intelligence,BERI)发布的"政治风险指数"ICRG,摩根保证信托(JP Morgan Chase)发布的"国别评估报告",英国经济学人智库(Economist Intelligence Unit,EIU)发布的"国家风险指数",世界市场研究中心(World Markets Research Center,WMRC)发布的"国际风险评级"。国内比较有代表性的与政治风险评估相关的模型有中国出口信用保险公司发布的"国家风险分析报告",以及北京工商大学世界经济研究中心发布的"国际贸易投资风险指数"。

如表 1-2 所示,尽管这些评估机构在对政治风险评价时所采用的指标不同,但基本上只关注与政治、经济、社会、制度等相关的宏观指标。还有一些学者通过自己的方法对政治风险进行评价,例如 Tsai 和 Su(2002)建立了一套政治风险评估模型,对位于东亚地区的五个港口的政治风险进行了评价,Agliardi 等(2012)建立了一种政治风险评估方法用来测量新兴国家市场的政治风险水平,Mortanges 和 Allers(1996)对跨国公司在加拿大的政治风险指数进行了评价。然而有关国际工程政治风险评估模型的研究相对较少。

表 1-2 政治评估机构评价政治风险的指标

机构	评价指标
美国商业环境风险评估公司(BERI)	分权和分权机构的权利,语言、道德和宗教信仰,维护权利所采取的限制性条件,社会条件,激进政府的组织和权力,对主要敌对势力的依赖程度,区域政治势力的负面影响
PRS 集团(The PRS Group)	领导权、政府稳定性、社会经济条件、投资利益、外部冲突、内部冲突、腐败、宗教紧张、法律和社会秩序、军队对政治的干涉、种族紧张、民主、官僚主义
摩根保证信托(JP Morgan Chase)	政治、经济、对外金融、政局稳定性
经济学人智库(EIU)	政治/机构、经济结构、经济政策、宏观经济
世界市场研究中心(WMRC)	政府等稳定性、政治的民主性、政府权力、政治生活的安定
中国出口信用保险公司	政治稳定性、政府干预、社会稳定性、国际环境
北京工商大学	社会、政治、经济、法律、双边关系

(4) 政治风险管理

学者们从不同角度对跨国企业的政治风险管理、防范、应对进行了研究。其中多数学者讨论了企业层面的政治风险管理措施。例如,马迅(2012)提出了采用不同的投资方式、购买政治风险保险、利用多边投资担保机构、诉诸国际仲裁机构等措施来应对能源企业在海外投资的政治风险;陆以全(2012)提出企业应该采用与东道国政府签订国家契约、利用海外投资保险制度、向东道国有管辖权的法院起诉、通过外交保护和国际仲裁等法律措施来应对政治风险;Hainz 和 Kleimeier(2012)则认为开发银行贷款以及无追索的项目融资方式能够降低企业经营的政治风险;Braga-Alves 和 Morey(2012)探讨了企业管理水平对企业应对政治风险能力的影响。

在文献中常见的与企业相关的政治风险管理措施还包括多元化投资(Butler &

Joaquin，1998），寻找合作伙伴（Delios & Henisz，2000），建立良好的企业形象（Ashley & Bonner，1987），采用适应性的组织文化（Alon & Herbert，2009）等。除了企业层面的政治风险管理措施，还有其他学者探讨了母国政府的相关措施对企业应对政治风险的帮助，例如母国与东道国政府保持良好的关系（Al Khattab et al.，2007），与东道国签订投资保护协议（Bing et al.，1999），通过发布信息对企业的海外投资进行引导（Deng et al.，2013a），可以有效降低企业在海外投资的政治风险水平。

1.2.2 国际工程的研究综述

1.2.2.1 Citespace 文献分析

采用 Citespace 对 Web of science 数据库中与"International Construction"主题相关的英文文献（Article or Review）进行分析。如图 1-4 所示，可以看出国际上对国际工程的研究主要集中在国际工程项目的施工管理、绩效管理、安全管理、风险管理、合同管理、投融资、成本管理，跨国建筑企业的战略管理、组织管理、知识管理、竞争优势，以及部分国家的建筑行业或建筑市场等几个领域。按中心度值高低可对国际上国际工程研究的热点主题词排序为国际工程、绩效、管理、风险管理、联营体、中国、策略、企业、承包商、项目、建筑行业、风险评估、影响、文化、决策、市场、中国承包商、项目管理、市场准入、投资、国际化、知识、组织问题、多样化、行为、发展中国家、生产力、竞争力、利润、基础设施、关键成功因素等。

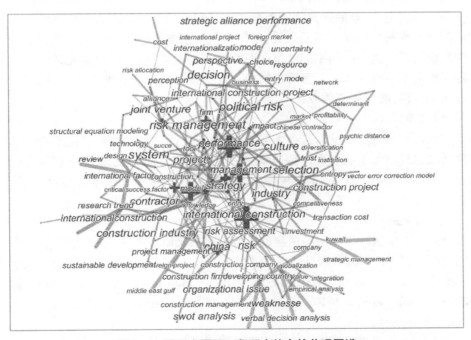

图 1-4 国际上国际工程研究热点的共现图谱

用 Citespace 对 CSSCI 数据库中与国际工程主题相关的中文文献进行分析。国内对国际工程的研究除了关注项目管理、合同管理、风险管理、项目承发包模式等传统热点问题外，还较为关注中国政府提出的与中国企业走出去相关的政策。在中文文献中，国际工程方向的研究热点排序为承包商、本位币、美元、营业额、企业管理、业主、对外承包、分包商、合同额、总承包商、业绩、工程咨询、美国、竞争力、工程承包、风险管理、北美洲、外汇风险、人力资源、"一带一路"、走出去、仲裁、合同。

从国际上对于国际工程的研究趋势来看，2000年之前，国际上关于政治风险的文章数量较少，这段时间对于国际工程的研究主要集中在工程成本、质量、劳动力、投标、合同等传统的国际工程管理问题上(Proverbs et al., 1998; Abdel-Razek, 1998; Bakens, 1997; Hancher et al., 1998)。进入2000年后，国际工程市场开始进入第二次繁荣期(李启明，2010)，与此同时，国际上有关国际工程的研究也开始增多。

在21世纪的头一个十年，有关国际工程的研究可以说是遍地开花，研究的热点从传统的质量、工期、成本、合同管理拓展到了资源消耗、环境污染、工人的健康和安全、企业的社会责任、建筑企业的战略管理、竞争优势等多个方面。进入2010年后，有关国际工程的研究更加多元化、个性化，包括以中国承包商为主的研究(Jia et al., 2017; Liu et al., 2016)、以PPP项目为主的研究(Zou et al., 2014; Carbonara et al., 2015)、以大型复杂工程为主的研究(Giezen et al., 2015)，以及现代化信息技术在国际工程上的应用等研究(Olawumi et al., 2018)开始增多。

国内对国际工程的研究也是从20世纪末开始增多。特别是在中国加入WTO后，中国建筑企业开始大量走出去，但因为国际经验不足、资金短缺、经营水平不高等原因，在国际市场上遇到了一系列的问题。国内的学者也开始针对中国承包商在海外的国际工程项目进行了一系列的研究，主要的研究领域为合同管理和风险管理等。在2011年后，中国对外承包营业额开始突破1000亿美元大关，中国承包商从参与国际市场的小角色成长为国际承包商中的佼佼者。这个时候中国承包商面临的问题朝向更多元、复杂化的方向发展。国内对国际工程的研究也逐步从工程管理领域上升到跨国建筑企业的海外经营战略、国家的全球产业布局、可持续发展等领域。

1.2.2.2 代表文献分析

对于国际工程的研究涉及建筑市场准入、招标与投标、成本管理、合同管理、风险管理、采购管理、保险与担保、争端解决、施工管理等方方面面。其中风险管理一直是国际工程研究的热点。总体上看，对于国际工程风险管理的研究主要集中在两个方面，即风险的识别和风险管理的方法。

(1) 风险的识别

国内外关于识别国际工程中的风险或风险因素的文献有很多，学者主要从以下几个角度来识别国际工程中的风险：项目阶段(Ward et al., 1995; Zou et al., 2008)、风险源(Buqammaz et al., 2009)、风险效应(Chan et al., 1997; Han et al., 2007)，风险与工程项目的关系影响(Zavadskas et al., 2010; Barlish et al., 2013; Sharma, 2013)，或者以上几个方面的集合(Simon, 1982)。

从风险来源的角度识别风险的方法适用于所有类型项目，并有助于风险识别人员搜集信息，因此在国际工程风险的识别中使用最多。例如，Liu等(2016)从风险来源的角度识别了国际工程项目的风险并把其分为21类：与宏观经济相关的、与东道国政府相关的、与公众相关的、法律风险、社会风险、与物价波动相关的、与东道国市场资源不足相关的、与合同问题相关的、与施工现场条件相关的、与项目标准和规范相关的、与设计问题相关的、与设计变更相关的、与提高生产力相关的、与现金流相关的、与技术或信息传递相关的、与其他项目参与者能力不足相关的、与相关利益者之间的关系相关的、与业主相关的、与承包商缺乏经验相关的、与承包商缺乏管理技能相关的、与项目复杂性相关的。Zhi(1995)建立了一个包含国家、行业、企业、项目四个层次的识别国际工程项目风险的框架；Hastak 和 Shaked(2000)识别出了 73 种国际工程项目风险因素，并以其来源把它们分为宏观层面的、市场层面的、项目层面的三类；Dikmen 和 Birgonul(2006)依据风险的来源将国际工程中的风险分解为 45 个子风险，并把它们分为与项目相关和与国家相关的两类。

除此之外，还有一些学者致力于识别特定项目中的特定风险。例如 Ling 和 Hoang(2010)调查了跨国建筑企业在越南建筑市场上面临的政治、经济、法律风险；Deng 和 Low(2013b)从风险源的角度识别了国际工程中的政治风险；Han 等(2007)关注于国际工程项目中的财务风险。

（2）风险管理的方法

有大量的学者也在不断地探索国际工程风险管理的方法，提出了国际工程风险管理的理念。在风险识别的基础上，风险管理的过程还包括风险评估和风险处置两个方面(Cooper et al.，2005)。有关风险评估的方法主要包括两种：定性风险评估和定量风险评估(Fitzpatrick，1983；Mortanges et al.，1996)。定量风险评估方法的使用需要一定的技术基础和物质基础，而定性风险评估的方法更灵活、简单、低成本。相关的实证研究表明企业在对国际工程项目进行风险评估时更常用主观定性的评价方法(Kobrin，1980；Mortanges et al.，1996)。

定性的风险评估方法又可以分为结构化的定性方法（如德尔菲法）和非结构化的定性方法（如专家评价法和管理者主观判断法）。非结构化的定性评估法比较依赖企业管理者的经验或者评估专家的能力和其掌握的信息，而结构化的定性方法则比较依赖风险评价过程中的判断标准。在结构化的定性评估方法中，评价标准是静态的、一次性的，因此难以预测不断变化的风险(Al Khattab et al.，2007)。

相对于定性的评估方法，定量的风险评估方法常使用数学模型、计算机软件以及媒体、行业、国家统计部门等机构发布的数据来评价风险，风险评估的结果相对客观(Jarvis et al.，2007)。定量的风险评估方法要求使用者掌握一定的分析方法，比较依赖数据的来源。采用定量的评估方法最大的弊端是客观的数据发布往往具有延迟性，导致评估者难以获得及时有效的、连续的数据(Mortanges et al.，1996)。

风险处置的方法主要分为两个方向：降低风险发生的概率和降低风险的影响(Cagliano et al.，2015)。具体的方法包括回避高风险事件(Leitch，2010)，对威胁事件的积极响应，对风险因素的不断监测(Rose，2013)，将风险转移给有承担能力的一方(Mills，2001；Medda，2007)等。

1.2.3 现有研究的评述

（1）现有对政治风险的研究成果很多，但主要跟外商直接投资、跨国企业管理、国际联营体、国际贸易等传统的国际商务相关，与国际工程政治风险相关的研究较少。因为不同的行业、企业、业务遭遇政治风险的因素不同，过程不同，风险所产生的影响也不同，因此与传统国际商务相关的政治风险理论不一定完全适用于国际工程业务。针对国际工程承包商在政治风险管理上的需求，对国际工程中的政治风险进行研究是十分必要。

（2）有关风险管理的研究在国际工程领域占有很大的比重，但政治风险往往被作为国际工程中众多外部风险中的一种风险被学者所关注，专门针对国际工程政治风险的研究起步较晚，研究成果较少。尽管一些学者开展了有关国际工程政治风险的研究，但也主要停留在分析和评价国际承包商在某些国家的政治风险、识别政治风险因素、提出风险应对措施等基础的研究层面，缺乏对国际工程政治风险的形成机理、度量方法以及应对策略的深入分析。

（3）许多学者仅从政治风险的涌现过程角度对政治风险的机理做简单的描述，或者从分析风险因素与因素之间的关系出发探讨政治风险的形成过程，缺乏从政治风险行动者之间、风险起源、风险事件和风险后果之间的关系的角度来解释国际工程政治风险形成的机理。

（4）现有的研究主要从外部环境的角度来评价跨国企业面临的政治风险，在相关的指标和方法中缺乏对内部因素的考虑。政治风险的产生是一个由外向内或者内外互动耦合的过程。尽管一些学者探讨了一些内部因素在政治风险形成过程中的效应，但现有的研究中缺少能综合涉及内部因素和外部因素的政治风险度量模型。

（5）现有的定性的风险评估方法虽然操作和实时性较强，但具有极大的主观性；定量的风险评估方法虽然相对客观和准确，但较为依赖数据来源。由于以上原因，现有对政治风险的评价方法主要以定性为主，缺乏能够有效利用客观数据的政治风险的定量评估方法。

（6）现有与政治风险对策相关的文献主要集中在传统的国际商务领域。尽管一些文献对国际工程政治风险的管理进行了探讨，但也主要是基于项目层面的。国际工程中的政治风险不仅会影响项目的绩效，严重时还会给企业的财务、声誉、稳定、战略实施甚至生存带来影响。仅在项目层面实施风险管理策略会表现出一些缺点：项目管理人员往往只关注与项目相关的信息，缺乏对政治风险详细而全面的了解；容易只去关注与项目绩效相关的短期目标，缺乏对企业整体战略目标的考虑；受制于有限的资源或者资源在不同项目之间的分配；缺乏与企业当中其他有风险管理经验人的沟通和分享机制。仅从项目层面的政治风险管理不足以帮助跨国建筑企业在建筑市场上长期可持续地应对政治风险。

1.3 研究的目的与意义

本书将在现有的政治风险管理和国际工程风险管理的相关理论基础上对国际工程中的政治风险进行针对性的研究，重点探索国际工程政治风险的机理、度量方法和应对策略，其具有的研究意义如下：

（1）理论意义

通过识别和分析国际工程政治风险的事件、行动者、风险后果、影响因素之间的关系，结合风险传导理论和脆弱性理论深入揭示国际工程政治风险的机理；应用脆弱性理论、木桶理论、预警理论、大数据技术等多学科交叉技术对国际工程中的政治风险进行度量；识别政治风险在各个阶段的策略及其在国际工程政治风险管理中发挥的作用，是对现有有关国际工程管理和政治风险理论知识的扩充。

(2) 现实意义

从国际工程的角度对政治风险进行研究，研究结果更利于国际承包商的接纳和理解。在风险度量的方法中涉及了国际工程的特性以及"中国"因素，并考虑了度量方法使用的实用性和客观性。最后通过管理信息系统构建的方法建立了国际承包商和研究人员之间的联系，可以更加有效地帮助中国承包商在海外运营时识别、度量和应对政治风险。

1.4 主要研究内容

本研究围绕国际工程政治风险的机理、度量和对策三个关键问题，开展了五方面的主要研究内容：

(1) 中国承包商海外经营的政治风险现状调研

在进行相关理论研究前，通过问卷调研法全面了解中国承包商在海外运营时有关政治风险管理的困难、能力、手段、重点和难点。调研的内容包括企业的基本信息、关注的政治风险和因素及企业的政治风险管理实践三个部分。

(2) 国际工程政治风险的机理分析

首先按风险的直接来源识别了国际工程中的政治风险事件及其分类。其次通过分析风险行动者之间、风险行动者和风险事件之间的关系，探索了风险事件在社会网络中的几种作用方式。最后通过研究风险因素、风险事件、风险后果之间的关系，揭示国际工程政治风险的传导结构，并着重分析了脆弱性因素（项目和企业相关因素）在整个风险传导过程中的独特作用。

(3) 国际工程政治风险的度量

在风险机理的基础上，首先识别与国际工程政治风险相关的外部威胁性指标，建立国际工程政治风险的外部威胁性度量模型，并结合世界银行、中国商务部等发布的二手数据以及大数据的方法来评价国际工程项目在东道国所面临的环境（国别风险水平）。其次，识别与国际工程政治风险相关的脆弱性指标，建立国际工程政治风险的脆弱性度量模型，并结合来自项目和企业的数据度量国际工程项目的脆弱性。最后综合运用木桶理论和脆弱性理论，并在外部威胁性指标和内部脆弱性指标的基础上构建一套国际工程政治风险的集成度量模型，用来定量评价国际工程的政治风险水平。评价结果可以为风险预警、风险分析和对策选择提供依据。

(4) 国际工程政治风险的对策研究

首先识别了国际工程政治风险管理的对策，通过对各项对策的有效性进行评价，并依据对策的类别和内涵，结合风险管理理论探究其在项目决策和准备阶段、项目实施阶段、风险发生后阶段所发挥的作用。然后通过分析对策与对策之间的关系，强调了全面实施的政治风险管理对策的重要性。最后构建了项目前期阶段国际承包商的运营策略选择模型。

(5) 国际工程政治风险管理信息系统

通过现代化的信息技术，集成国际工程政治风险度量和决策选择时的数据搜集、处理和分析等工作，建立一套国际工程政治风险管理信息系统，可以充当国际工程政治风险管理实践和本研究理论之间的媒介，辅助国际工程承包商进行国际工程政治风险的评价和应对等工作,并为后续的国际工程政治风险的大数据研究提供基础。

1.5 研究方法与技术路线

1.5.1 研究方法

本研究综合运用风险管理理论、风险传导理论、扎根理论、木桶理论、脆弱性理论等多学科理论以及社会问卷调查法、社会网络分析法、解释结构模型、结构方程模型、非参数检验法、大数据分析法等多技术方法对以上内容进行了深入的研究,其中用到的核心理论和方法如下:

(1) 脆弱性理论

本研究引入脆弱性理论重点解释了与项目和企业相关的变量在国际工程政治风险传导过程中所发生的作用,并据此建立了适合国际工程的政治风险度量模型。

(2) 木桶理论

本研究引入木桶理论进行定量的政治风险评估。尽管定量的风险评估结果往往难以直观反映出具体的风险威胁和特征,但能在风险的定性分析以及风险对策的选择中发挥巨大的作用。传统的综合评价法更适合用在不同项目系统之间的政治风险水平的对比上,而在风险管理实践中,强调系统发生风险下限的木桶理论更能在风险预警和风险决策中发挥重要作用。

(3) 问卷调查法

由于国际工程政治风险涉及的因素众多,难以获得足够有效的客观数据,因此本研究的主要理论研究部分的数据是通过问卷调查法获得的,包括国际工程度量指标的重要性评价的数据、风险对策的重要性评价的数据以及定量化的风险案例的数据。

(4) 社会网络分析法

国际工程政治风险涉及大量的风险事件以及事件的行动者,通过社会网络分析法能够分析得出行动者在社会网络中所处的地位,以及风险事件在行动者之间的作用形式。

(5) 解释结构模型

通过解释结构模型,将国际工程政治风险的影响因素、风险事件以及风险后果之间的关系直观地展示出来,从而探究国际工程政治风险的传递路径以及风险的影响因素在整个过程中所发挥的作用。

(6) 结构方程模型

通过结构方程模型验证国际工程政治风险的外部威胁性指标体系和内部脆弱性指标体系的合理性,以及风险对策之间的层次结构和相互关系。

1.5.2 技术路线

本研究遵循从应用领域调研到理论文献总结再到相关模型建立并进行实证分析的研究路径,依据研究目标和研究内容,以层层递进的方式展开研究,所采用的技术路线如图1-5所示。

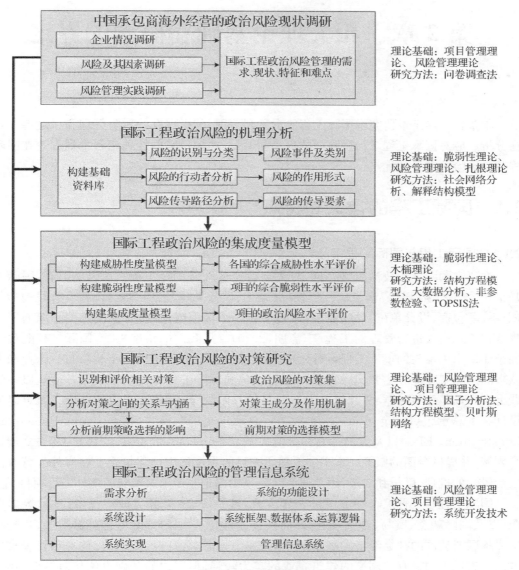

图 1-5 技术路线图

第 2 章　相关理论基础和概念的界定

本章旨在界定本研究中国际工程的含义和范围,分析现有的风险管理和风险传导理论在分析和应对国际工程政治风险中的启示和不足,并探讨脆弱性理论和木桶理论在国际工程政治风险管理上的优点。

2.1　国际工程的含义和特点

2.1.1　国际工程与国际工程市场

在研究国际工程政治风险之前,首先要讨论什么是国际工程。从定义上看,国际工程是指一个工程项目从咨询、投资、招投标、施工、设备采购、培训到运营,各个阶段的参与者(业主、承包商、设计单位、供应商等)来自不止一个国家或地区,并且按照国际上通用的工程项目管理模式进行管理的工程(李启明,2010)。从我国的角度来看,国际工程既包括我国企业走出去参与的境外工程项目,也包括外企参与的我国国内的工程项目。企业和人员从事的国际工程业务主要集中在国际工程承包和国际工程咨询两个领域。但从以往的实践上来看,国际工程的业务领域并没有明显的界限划分,一些有实力的企业甚至可以通过设计施工总承包(Design-Build,DB)、项目总承包交钥匙模式(Engineering-Procurement-Construction,EPC)以及建设运营移交模式(Build-Operate-Transfer,BOT)等方式涉及多个领域,并提供全面的服务。本书主要的研究目的是探索中国建筑企业在海外经营时面临政治风险的机理、度量和对策,因此研究对象是中国企业走出去参与的境外工程项目。

国际工程是一种综合性的国际合作方式,涉及资金、劳务、材料、设备、技术等多项资源,以及国际融资、贸易、合伙经营、外商投资、跨国经营、国际租赁、国际派遣等多项业务。世界各国或地区的社会经济发展水平不同,在市场需求、资源、生产力、技术和管理水平等方面的表现不同。有的国家的建筑企业的实力较强,但国内的基础设施相对健全,建筑市场较为饱和;而有的国家建筑行业发展水平较低,本国建筑企业的实力较弱,但建筑市场的需求较高。国际工程有利于世界各国的优势和资源互补,有利于建筑行业和相关行业的高速发展。对于东道国政府而言,可以通过在全球范围内选择最合适的国际承包商,满足其对于工程项目的需求,有利于其降低工程成本,学习更先进的技术和管理理念。

国际工程市场最早形成于 19 世纪中叶。过去几十年,随着世界经济的发展以及国际经济合作的深入,国际工程承包业务规模不断扩大。根据 ENR 的统计数据,全球最大 250 家国际承包商在 2019 年度的海外营业收入达到 4 730.7 亿美元,比 2008 年的 3 900.1 亿美元增长了 21.3%,比 1998 年的 1 163.9 亿美元增长了 306.5%(ENR,2009;ENR,2021)。

国际承包市场上长期的繁荣和大量的机遇一直吸引着来自不同国家的承包商。对于承包商而言,参与国际工程项目,有利于其合理配置企业资源,分散市场风险,提高企业生产力,降低运营成本,获取更高的利润(Ashley et al.,1987)。然而需要注意的是,国际承包商的海外营业额的走势也存在一些波动。如图2-1所示,全球的主要政治、经济事件,如全球或地区范围内的金融危机、国际冲突、战争都给国际承包市场的发展带来了负面的影响。

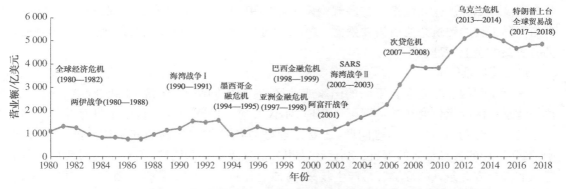

图2-1　1980—2018年全球最大225/250家国际承包商的海外营业额变化趋势

第二次世界大战期间,国际工程市场一度受战争的影响而衰落。二战后到20世纪60年代,各国开始发展经济、重建家园,建筑市场逐渐兴起,增速不高但平稳持续。20世纪70年代到80年代,中东国家因石油带来了巨大财富,开始了大规模建设高潮,东南亚地区政局稳定,贸易兴旺,经济稳定增长,国际工程市场经历了第一次繁荣发展期。在80年代后的30多年,包括全球经济危机、墨西哥金融危机、亚洲金融危机、巴西金融危机、两伊战争、海湾战争、阿富汗战争、乌克兰危机、SARS等事件都对国际工程市场的发展产生了负面的影响。20世纪80年代到90年代初,世界经济形势开始逆转,发达国家经济增速下降,拉美国家债务沉重,非洲地区经济困难,国际工程市场再一次进入经济危机调整期。

20世纪90年代到2001年,随着世界经济的增长和全球化水平的日益提高,国际工程市场进入了相对稳定发展期。2002年至2007年,国际经济持续繁荣发展,全球建筑市场持续兴旺,进入了第二次繁荣发展期。2007年至2008年,美国爆发次贷危机,席卷美国、欧盟和日本等世界主要金融市场,对全球经济带来了巨大冲击,国际工程市场的发展受到了严重的阻碍,国际承包商的营业额开始下降。2008年美国次贷危机后至2013年,全球经济触底,给国际建筑业的发展提供了良好的经济环境,亚洲、非洲、拉美等地区发展中国家致力于基础设施建设,国际建筑业再一次得到了繁荣发展。

2014年,全球经济发展放缓,不少新兴经济面临着下滑挑战。久拖不决的乌克兰危机不仅使大国关系面临严峻的考验,导致俄罗斯与西方国家陷入了冷战,地区局势紧张,而且还对乌克兰经济、俄罗斯经济、欧洲经济、美国经济乃至世界经济产生了不容忽视的影响,在此背景下,2014年国际建筑市场出现了负增长现象,全球承包商的总营业额下降了4.1%。2016年后,全球经济开始复苏,各国在发展本国经济的同时,注重基础设施的建设,全球国际工程市场逐渐复苏。但随着特朗普的上台,贸易战、地区保护主义抬头,阻碍了全球经济一体化的发展,也给未来国际工程市场的发展带来了极大的不确定性。

2.1.2 国际工程的特点

相对于普通的工程项目,国际工程涉及更多的相关利益者,处在不同的法律、政治、经济、文化、社会等环境下,展现出了其独特的特点。

(1) 多维度的规则束缚

建筑企业在海外运营时,除了要遵守东道国的法律、政策、制度外,还要遵循相关的国际准则及母国的法律和政策。在多规则多方位的束缚下,企业更容易出现违规行为,因此参与国际工程的建筑企业更需要熟悉、了解、遵守国际市场上更多元的规则、法律和制度,拥有更高的企业管理水平。

(2) 管理难度大

国际工程的参与方来自不同的国家或地区,有着不同政治、经济、文化、社会、语言、法律等背景。国际承包商在参与国际工程时,不仅要应对国际工程项目中本身存在的技术、资金、安全、计划、质量、成本等问题,还要处理好与各参与方的沟通和协作。虽然在合同中,国际工程的各参与方的责、权、利已经被相关条款所限定和明确,但在实施过程中,不同背景的参与方对条款的理解容易产生歧义,造成合作过程中的不顺畅。因此对于国际承包商而言,国际工程项目的管理难度更大,需要其在人员配置和培训方面有着更多的投入。

(3) 涉及多方利益

国际工程项目不仅涉及业主、合作方、当地群众等相关方的利益,还可能牵扯到项目东道国政府、承包商的母国政府或者第三国政府的利益。一些规模较大、技术密集性强、战略地位高的国际工程,还会被视为一国地缘战略的载体和延伸,企业之间的项目的竞争还伴随着背后各国政府政治力量的博弈和外交互动。

(4) 高风险高收益

与国内的工程相比,国际工程项目技术复杂程度高,周期长,所处的环境更复杂,项目的实施具有高度的不确定性和不可预见性。从事国内工程业务,承包商只需要面对与市场或项目相关的特定风险,但从事国际工程业务,身处他国,承包商不得不直面更多、更复杂的外部风险,例如,地方保护主义、崩溃或危机、国家治理失败、国际经济危机、贸易战争、战争、地区冲突、恐怖袭击等。但在国际承包商市场上,风险和机遇是并存的(Mills,2001)。一般来说,当其他条件相同时,国际工程项目面临环境越复杂,风险越高,其竞争就相对较小,承包商所能获利的可能性和空间也就越大(Everett et al.,1998)。

(5) 经验难以积累

国际工程具有一次性、唯一性、地域性的特点。不同的国家或地区有着不同的法律、制度、技术和商业规范,国际承包商在其他地区所形成的工程实践经验往往是无效的,即使是企业竞争力强的国际承包商也无法保证其在一个新的地区所承揽的国际工程项目的成功。而当一个项目结束后,国际承包商在整个过程期间所积累的经验、教训又难以完全复制到其他的国际工程项目中。这就要求从事国际工程的承包商拥有更高的多元化水平、国际化水平、灵活的应变能力,以及知识的转化、共享、传递能力。

(6) 合同条件、技术标准、规范和规程庞杂

国际工程不是完全按照一国或地区的法律、法规或者行政指令来管理的,而是采用国际上已经形成的标准化的合同条件、技术和规范要求、国际惯例来管理。其中合同常采用

国际上权威组织或者项目东道国编制的英文合同范本,并受国际惯例的约束,而材料、设备、工艺等的技术要求通常采用国际上被广泛接受的标准、规范和规程,如美国国家标准学会标准、英国国家标准等,但也涉及所在国或地区使用的标准、规范和规程。还有些发展中国家经常使用自己的尚待完善的暂行规定(刘尔烈,2003)。

2.2 风险管理理论

2.2.1 风险的定义

风险是一种社会观念,因此不同的人可以从不同的角度对风险进行定义或者概念化的处理。Haynes(1895)最早提出了风险的概念,后来又有大量的学者对风险的定义进行了探讨,形成了不同的风险学派,较有代表性的观点包括:

(1) 风险是未来可能结果发生的不确定性

该观点从企业经营的角度来讨论风险与企业经营目标之间的关系,强调风险是偏离企业既定经营目标的可能性。这种相对于企业既定经营目标的偏离既可以是正面的也可以是负面的。该观点突出了风险的概率特征,强调以概率的方式对风险进行度量。

(2) 风险是损失发生的不确定性

该观点强调风险带来的负面结果,并着重探讨风险结果与不确定性之间的关系。这种观点还可以再具体分为主观学说和客观学说两类。其中主观学说认为,不确定性是人们对风险的一种个人的心理上的判断,不能以客观的方法进行度量,不确定的范围包括是否产生的不确定性、发生事件的不确定性、变化形势的不确定性和影响程度的不确定性;而客观学说则认为风险的不确定性是客观存在的,使用科学的观察手段以及数学和统计学的方法就能对风险的不确定性加以度量。

(3) 风险是损失的大小和发生的可能性

Gratt(1987)将风险定义为负面事件发生的概率及其发生后的损失。该观点认为,风险是在一定条件下和一定时期内由于各种结果发生的不确定性而导致的行为主体遭受损失的大小以及损失发生的概率的乘积,因此风险可以用潜在损失发生的概率和大小两个维度来度量。

(4) 风险是风险要素相互作用的结果

风险因素、事件、结果是构成风险的基本要素。风险因素是风险产生的必要条件,是风险形成的起因;风险事件是在风险因素的作用下导致风险结果的事件,是风险产生的充分条件;而风险结果是风险的最终表现。在整个风险中,风险事件占据着中心地位,是风险由可能性变为现实的媒介。

不管哪一学派对风险的定义都反映了风险的特性,存在着其合理性。对于风险的深入理解还是要站在具体的学科或者现实问题上。

2.2.2 工程项目风险

关于工程项目的风险,定义也是多种多样的,例如,Baccarini等(2004)将项目风险定义为事件发生的可能性,该事件会对项目的目标产生负面影响,并且根据可能性和后果来衡量该风险。Rose(2013)和Leitch(2010)将项目风险定义为不确定的事件或条件,当其发生时,会对项目的原定目标产生正面或负面影响。项目原定的目标包括工期计划、预算、质量、范围、安全性和客户满意度都会受到风险的影响(Morris et al.,2011)。除了项目层面的目标外,Thamhain(2013)还认为项目中的风险还会给企业的声誉、市场准入、市场份额、投资回报率、竞争优势等方面产生影响。

正如 Lefley(1997)所提到的那样,商业活动中唯一确定的就是未来存在不确定性。工程项目在建设过程中,无论是工程、成本、设计方案的变化,还是外界环境的波动,都存在着较大的不确定性。工程项目的不确定性的表现是多种多样的,包括随机的不确定性、偶然的不确定性、认知的不确定性和看不见的不确定性。

(1) 随机的不确定性

风险事件可能会发生,也可能不会,一旦风险事件发生可能会影响工程项目的一个目标或者多个目标。因此风险发生的概率是随机的,影响的范围也是随机的。

(2) 偶然的不确定性

有些事件的存在是确定的,但不确定的是其对项目有关工期、成本、缺陷率、资源使用率和生产率方面的影响大小,事件所造成的影响可能会高于预估值也可能会低于预估值。此类风险只能通过蒙特卡罗模型、贝叶斯等方法对风险的影响范围和概率分布进行定量的描述。

(3) 认知的不确定性

项目风险的不确定性除了来自风险事件本身的属性外,还来自人们对风险判断的不确定性,例如,工程项目面临一项新的法规,此项法规并没有被项目管理者所完全理解,因此对于其对项目所造成多大程度的影响的认知存在着较大的不确定性。

(4) 看不见的不确定性

有些风险是新出现的或者超出了项目管理者的经验和视野范围,尽管其的确存在,但是却无法被描述和判断,但造成后果往往是很严重的。

2.2.3 国际工程风险

根据历史的经验和数据,国际工程中的风险包括系统风险和非系统风险两大类。其中系统风险是指项目在实施过程中,由于受到超出企业或项目决策者可控范围的政治、经济、社会、法律环境的影响而遭受损失的风险。一般来说,这类风险带有极大的偶然性,因而无法准确预测。而非系统风险是指国际工程项目在实施过程中出现的与项目自身相联系的风险。如图 2-2 所示,国际工程项目的系统风险包括政治风险、经济风险、法律风险和社会风险,贯穿于项目的各个阶段。非系统风险包括决策准备阶段的投标风险、融资风险、准备不充分风险,以及项目实施阶段的成本超支风险、质量风险、工期延误风险、技术风险、供给风险、自然条件风险等。

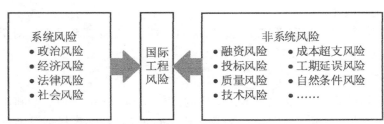

图 2-2 国际工程中的风险

2.2.4 风险管理方法

风险管理是指采用系统的方法处理风险,是对潜在的意外损失进行辨识、评估、预防和控制的系统过程。风险管理的意义在于通过对风险的认知、衡量与控制,以最低成本使风险损失降至最低限度。

按照系统理论的观点,环境力量影响到项目管理体系,并将此类力量转化为风险信号。项目管理系统包括决策、行为反应、技能与技术以及组织结构。这些子系统内部相互依赖,并依赖整合机制来协调它们的活动,以实现项目的整体目标。从这一意义上说,风险信号从环境传过来,随后被项目管理系统中的参与方收集化解。

风险管理的方法是一个"多阶段的风险分析",其中包括确认、评估、控制及风险管理。风险管理程序由风险识别、风险评估、风险决策、风险监测和风险响应等五个主要环节组成,是一个动态循环的过程(图2-3)。其中项目风险的识别和评估是项目风险的重要基础工作,只有对项目风险做出正确的辨析和评估,才能找到管理和控制项目风险的方法和途径,设计出最佳的风险应对方案。风险决策、风险监测和风险响应是在风险的识别和评估后的应对。其中风险决策包括确定风险的分担方案和机制、确定风险的防范方案、制订风险管理计划,风险监测包括对风险状况的持续性观察和及时的预警,而风险响应是指对产生的风险进行处置和控制。

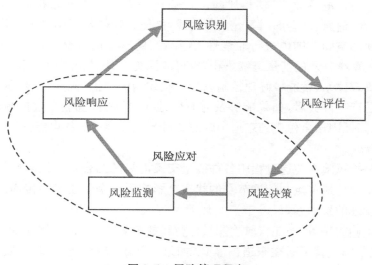

图 2-3 风险管理程序

2.3 风险传导理论

风险不是无缘无故出现的,其产生、传递一直到作用是一个有规律的过程。石友蓉(2006)将风险的传导过程描述为一个由风险源引发,经过风险传播载体传播到风险承受者的过程(图2-4)。其中,风险源、传播载体、传播节点、风险承受者等就构成了风险传导的四要素。

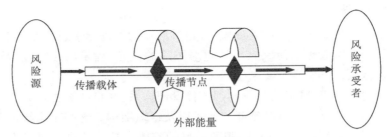

图 2-4 　风险传导机理

(1) 风险源

风险源就是风险的起源。从风险能量理论上来讲,风险源也是风险能量释放的源头,为风险的传导提供原动力。一个系统在正常情况下会处于一个平稳的运营状态,但是在不稳定因子的作用下,系统内部会产生风险能量,在多因素的共同作用下,风险能量会不断累积,当其积累到一定的程度后便会释放出来,就产生了风险。对企业来讲,对风险源的检测和控制是最有效的风险管理手段,其能将风险总能量限定在一个范围内,从源头上降低风险水平。

(2) 传播载体

当风险产生后,"涟漪效应"使得风险能量通过一系列载体开始扩散。风险的载体由人、物、资金、技术、信息、社会部门等元素所构成,能使风险能量以不同的速度、多样化的渠道在一定的时间和空间范围内进行非线性、连锁性、跨时空的耦合传播。风险能量在传播中可能会受吸收系统外新的能量继续累积,也可能因为向外界释放而慢慢变小。如果企业有良好的风险管理体系,就能较好地控制风险在载体内的传播,例如,国际承包商在当地工程中因薪资问题产生冲突后,如果能够及时有效地应对冲突,就能有效控制该事件所产生的影响,就可以降低因该事件遭到东道国政府或者当地社会反对的可能性。

(3) 传播节点

传播节点是指风险在传递过程中各种能量交叉汇集的结合点。风险能量在扩散之中,不可避免地会出现传播节点。传播节点的状态会影响下一个阶段风险传递的方向、方式和能量。从风险管理的层面看,风险节点与风险管理人员的决策密不可分,企业能在关键的传播节点做出正确的决策,便能将风险能量进行释放或者逐步消散,例如,如果项目东道国发生了战争,战争的危害不断在东道国蔓延,如果国际承包商能够及时有效地实施应急预案,将自己保护起来,就能在该传播节点将风险能量释放或阻断。

(4) 风险承受者

风险承受者是指风险最终的作用对象。风险能量通过载体不断扩散,最终传递到风险承受者,如果风险承受者不能承受或者转嫁风险能量,就会承受损失,损失的程度与风险承受者的风险应对能力成反比。

除了风险传导的要素外,风险在传导过程中还涉及风险传导速度、风险周期的理念。风险的传导速度又包括风险的空间传导速度和风险的时间传导速度,而风险周期包括风险的酝酿期、爆发期、传递期、作用期和恢复期。总的来讲,风险的传导强调风险是一个从产生、传递到作用的动态周期过程。

2.4 脆弱性理论

2.4.1 脆弱性的概念

脆弱性一词最早来源于拉丁文,是"伤口"或者"会受伤"的意思。牛津词典对该词的解释为"一个对象由于其自身的暴露使得其受到袭击或者损害的可能性",例如,未安装杀毒软件的电脑容易受到木马攻击,冬天穿衣服少的人容易感冒等。从脆弱性一词的定义来看,脆弱性不是主体受到损害的结果,而是表示主体目前存在的一种状态,这种状态可能会导致其受到损害。

最早用到脆弱性理念的研究主要集中在自然灾害领域,主要的研究对象是风险或者灾害。近些年来,脆弱性的理念越来越多地被其他学科所运用,如医学、生态学、金融学、工程学、计算机学等。由于学科和研究对象之间的差异,不同学者对脆弱性的定义也不同。目前有关脆弱性的定义主要有以下几类:

(1) 脆弱性是系统固有的特性

该理念认为,脆弱性是一个系统与生俱来的属性,它与外界干扰无关,无论是否有外部干扰,系统的脆弱性都是存在的(Gallopin,2003;Agarwal et al.,2007)。

(2) 脆弱性是遭受损害的可能性和影响程度

该理念认为脆弱性是指系统在不利影响下遭受损害的可能性(Cutter et al.,2000;Zapata et al.,2000)。在这种概念中,脆弱性与自然灾害中"风险"的概念相似,但更关注对灾害潜在影响的分析。

(3) 脆弱性是遭受扰动后的适应能力

很多研究中把脆弱性看作是系统在受外界扰动时自身的适应能力。该种观点认为,系统在遭遇扰动后如果通过自身的调整,保持自身的状态,系统便是稳定的,若不能够保持原来的状态,系统便具有脆弱性。

(4) 脆弱性是一个相对的概念

还有一部分学者认为脆弱性是一个相对的概念,当采用一个标准来判断系统的稳定程度时就会涉及比较。这个时候系统的脆弱性是系统状态与"标准"状态相比较所得出的结论,体现了脆弱性的相对性。当人们采用的评判标准不同时,系统相对的脆弱性也不同。系统在某些干扰下可能是脆弱的,而在其他干扰下则可能是稳定的。这种观点把系统的脆弱性和外部干扰紧密结合了起来,强调系统的脆弱性由系统本身的属性和外部的干扰共同决定。

此外,还有学者在上述定义的基础上进行了综合,如刘燕华和李秀彬(2007)指出脆弱性最终可归为三层含义:①它表明该系统或个体存在的内在不稳定性;②该系统或个体对外界的干扰和变化(自然的或人为的)比较敏感;③在外来和外部环境变化的胁迫下,该系统或个体易遭受某种程度的损失或损害,并且难以复原。

2.4.2 国际工程的脆弱性

Deng 等(2014b)指出,国际工程是一个由项目和承包商组成的二元项目系统(图 2-5)。这个系统是在特定的时间、特定的地点、有限的资源约束下形成的。系统外部面临着由东道国、承包市场、跨国企业、母国等构成的复杂外部环境。该系统的稳定状态是指二元项目系统在外部环境波动的干扰下能否完成既定的项目目标。

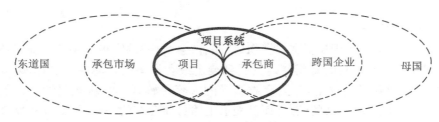

图 2-5　二元项目系统构成

因此国际工程的"脆弱性"可以理解为：
(1) 二元项目系统本身存在的缺陷；
(2) 该缺陷来自项目和承包商的固有状态；
(3) 其是独立存在的；
(4) 在与外部干扰的共同作用下会影响项目系统达到既定的目标；
(5) 反映了系统对外部干扰的应对能力和受影响后的恢复能力；
(6) 与项目目标偏离得越多，系统的脆弱性就越大。

风险暴露和系统的适应能力是构成系统脆弱性最重要的两个部分（Smit，2006）。国际工程项目系统面临的外部环境是时刻变化的，当环境的变化可能会影响到项目系统的状态时，就对项目系统产生了干扰。当项目系统遭受到外界的干扰时，如果自身无法适应，又有一个潜在的风险暴露与之契合，就会产生风险。相反，如果系统可以通过自身的适应能力及时应对外界的干扰，降低风险暴露，风险能量进行有效释放，项目系统的脆弱性就会降低。

2.5　木桶理论

木桶理论最早由美国管理学家彼得提出。最初的木桶理论主要考虑的是系统的短板效应，如图 2-6 所示，它强调一个木桶是由多个木板所组成，该木桶的盛水量由木桶的最短板决定。这块最短板就是限制木桶盛水量的"限制因素"，发挥了短板效应。若要使木桶的盛水量增加，就要换掉短板，或者将短板加长。短板效应最初被广泛应用到组织学、企业管理、个人竞争力和团队协作当中，将木桶理论作为企业或个人综合提高自身竞争力的理论依据。

近些年来，该理论也逐渐被应用于系统评价中，例如，微软公司就采用短板效应来评价电脑系统的优劣，即一个电脑系统的得分是由其最差的那部分硬件所决定。其秉承的观点就是，一个电脑系统最差配件的性能决定着系统的整体性能。当最差的部件的性能出现瓶颈时，其余部分性能再好也很难发挥出作用。

随着理论的发展，人们还认为，一个木桶的盛水量除了受限

图 2-6　木桶理论示意图

于木桶的短板外,还与木桶的直径有关。例如,不同的企业的大小不同,所掌握的资源总量不同,这就构成木桶中的直径。短板决定企业是否能完全发挥自身的全部优势,而直径共同决定了其在市场中的地位。除此之外,还有学者强调通过将木桶倾斜(图2-7),用扬长避短的方式也可以增加木桶的盛水量。

图 2-7 木桶倾斜理论

借鉴木桶理论的观念,我们可以得出一个结论:一个企业抗击风险的能力是由其自身的劣势(短板)和企业的综合竞争力(桶径)所决定的。企业的短板决定了企业是否能够稳定运行以及遭受风险的下限,而企业的综合竞争力决定了企业与企业之间相对的应对风险的能力。而企业的策略选择,又可以看成是木桶的倾斜,即在自身属性不改变的情况下,通过扬长避短的方式提高企业的抗风险水平。

2.6 本章小结

(1)界定了国际工程的概念和范围,明确了本书的研究对象为中国承包商在海外参与的工程项目。

(2)依据风险管理理论可以得出:国际工程项目的风险是由多因素所共同造成的项目偏离既定目标的可能性。国际承包商可以通过风险识别、风险评估、风险决策、风险监测和风险响应等五个主要环节对国际工程中的政治风险进行管理。

(3)依据风险传导理论,可以得出:风险的形成是一个由风险源引发,经过风险传导载体传播到风险承受者的过程。风险源、传播载体、传播节点、风险承受者等构成了风险传导的四要素。

(4)依据脆弱性理论,国际工程是一个由项目和承包商组成的二元项目系统,而项目和承包商的属性就决定了系统自身存在的脆弱性,当系统的脆弱性与外部干扰共同作用时便会产生风险。

(5)依据木桶理论,项目系统是否会承受风险是由系统的短板所决定的,而项目系统的整体情况又决定了项目整体的抗风险能力。在自身条件不变的情况下,承包商可以通过合理的决策,即通过木桶倾斜(扬长避短)的方式来降低风险水平。

第 3 章　中国承包商海外经营的政治风险现状

本章旨在调查中国承包商在海外运营时的政治风险现状,从而了解目前中国承包商在海外运营时有关政治风险管理的重点和难点。本次调研包括三部分内容:受访者所在企业的基本信息、企业关注的政治风险及因素和企业的政治风险管理实践,其中第一部分代表受访企业的基本背景,而第二和第三部分是本章的主要研究内容。由于一个大型国有企业往往是由多个子公司组成,不同子公司在承接海外业务时的重点、管理水平、所面临的问题也存在较大的差异,因此在此次调研时,隶属于一个集团公司下在海外承接项目的不同子公司被看作是不同的承包商。最终,共有来自 165 家不同中国承包商的业界代表回复了问卷,这些业界代表以企业中从事海外项目的中高层管理者为主。

3.1 企业的基本情况

3.1.1 企业的所有制性质

中国承包商泛国有化的企业背景被认为是其遭受政治风险的主要因素之一(邓小鹏等,2015)。如图 3-1 所示,在本次所调研的 165 家中国承包商中,来自中央企业的承包商共有 121 家(占比 73.3%),来自非央企的国有企业的承包商共有 23 家(占比 13.9%),来自民营企业的承包商共有 21 家(占比 12.7%)。这表明现阶段走向国际工程市场的承包商还是以大型央企为主。其主要原因如下:

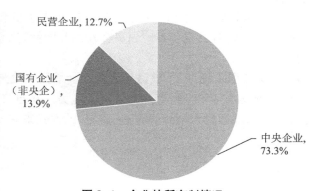

图 3-1　企业的所有制情况

(1) 中国承包商最早是通过援建项目走向国际工程承包市场的,而最早走出去的中国承包商都来自大型央企,因此相对于地方国企和民营企业,央企有着更为丰富的国际工程经验(李启明,2010)。

(2) 相对于地方国企和民营企业,央企的综合实力更强,业务范围更广,所能承建的项目类别更多,技术难度也更高,因此在国际市场上更有竞争力,能够更加顺利地走出去并增长市场份额。

(3) 过去几十年在"走出去"战略的背景下,中国承包商走出去往往是以政策为导向的,而央企在这过程中发挥了巨大的带头作用。

(4) 对于地方国企特别是民营企业来讲,过去几十年繁荣的国内市场已经给企业的生存和发展留有一席之地,加上缺乏国际市场经验,企业实力薄弱,走出去的动力不足,阻碍较大。但是随着"一带一路"倡议以及"中国建造2035"战略的提出,许多地方国企和民营企业也表现出了强烈的"走出去"愿望(辜胜阻等,2017)。

3.1.2 企业的国际化水平

企业的国际化水平越高,其面临的政治风险威胁越小(Deng et al.,2014b)。来自当地员工所占企业员工的比例是衡量企业国际化水平的重要指标。如图3-2所示,在本次所调研的165家中国承包商中,有6家(占比3.6%)的当地员工占比为0~10%,有76家(占比46.1%)的当地员工占比为11%~15%,有48家(占比29.1%)的当地员工占比为16%~20%,有31家(占比18.8%)的当地员工占比为21%~30%,仅有4家(占比2.4%)的当地员工占比在30%以上。

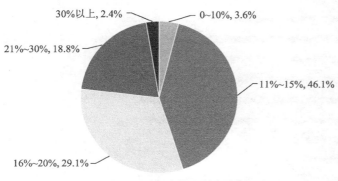

图3-2 当地员工所占比例

可以看出,中国企业在海外市场所使用的当地员工还是维持在一个相对较低的比例,主要的原因如下:

(1) 很多企业没有相应的使用外国劳工的需求、计划,大多数企业更愿意使用自己的员工。

(2) 外国员工可能在文化沟通、劳动效率、生活习惯上与企业的组织文化和经营目标相差过大,导致大多数企业不愿意使用外国员工(潘玥,2017)。

(3) 使用外国员工会面临更多、更复杂的问题,如处理与劳工组织的关系、宗教组织的关系、面临更多的风险。因此很多中国企业尽管雇用了一些本地员工,但很多都是在当地政策的要求下,不得不使用一些当地员工,而这些员工所能从事的工作内容有限,给企业的帮助有限。

但是随着中国承包商的国际化程度越来越提高,增强其国际化的经营理念和水平势在必行(方慧等,2017)。在本次调研的过程中,很多企业也表示,由于国内劳动力价格上涨、人们生活水平提高,年轻人走向海外工程市场的意愿下降,导致劳工短缺,特别是专业人员和管理人员的短缺成了中国承包商近阶段在海外市场面临的重大挑战之一。

因此不管是从跨国企业发展的规律上来看,还是中国面临的客观挑战来看,增强企业的国际化用工水平,特别是专业人员和管理人员的本地化水平是一条不可回避的发展之路。其实对于企业而言,目前发展中国家的一些劳动力价格还维持在一个较低的水平,另外本地的员工在处理外事工作,特别是与当地采购、法律相关的工作中拥有着中国人不具有的优势。因此,从理论上来讲,采用本地的员工对企业而言同样有益处。目前对于中国承包商而言,如何建立多元的组织文化,合理雇用本地员工,使本地员工融入企业的文化环境、工作流程中是急需解决的问题。

3.1.3 近五年业务涉及行业

根据 ENR 的分类,国际工程承包商共涉及房建、交通、石油、电力、工业、水利、排水排污、制造、电信、有害废物处理 10 个行业。如图 3-3 所示,在本次所调研的 165 家中国承包商中,有 45 家(占比 27.3%)的业务涉及房屋建筑业,有 43 家(占比 26.1%)的业务涉及交通行业,有 32 家(占比 19.4%)的业务涉及石油行业,有 28 家(占比 17.0%)的业务涉及电力行业,有 37 家(占比 22.4%)的业务涉及工业行业,有 43 家(占比 26.1%)的业务涉及水利行业,有 18 家(占比 10.9%)的业务涉及排水排污行业,有 15 家(占比 9.1%)的业务涉及制造业,有 8 家(占比 4.8%)的业务涉及电信行业,有 7 家(占比 4.2%)的业务涉及有害废物处理行业。

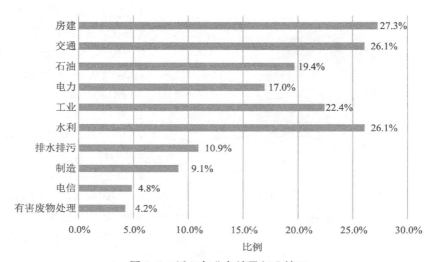

图 3-3 近五年业务涉及行业情况

从数据上来看,近五年中国企业的海外业务呈现多元化的特点,但主要集中在房屋建筑、交通、工业等传统优势领域,这与 ENR 报告所发布的中国承包商在各个行业的营业额分布是基本吻合的(宋文婷等,2018)。随着"一带一路"倡议的提出,未来"一带一路"沿线地区将是中国海外业务的主要发展地区(李建军等,2018)。从目前各国的近期发展需求和规划来看,交通、水利、电力等基础设施的建设将会是未来各国的发展重点。因此,中国承包商应根据国际市场的项目需求,合理制定企业的发展规划,合理配置企业的资源,从而更好地扩大市场份额。

3.1.4 近五年业务区域分布

从这些企业近五年的海外业务所在地区分布情况来看(图 3-4),在东南亚有业务的承包商有 46 家(占比 27.9%),在东亚有业务的承包商有 8 家(占比 4.8%),在中亚有业务的承包商有 26 家(占比 15.8%),在南亚有业务的承包商有 33 家(占比 20%),在中东和北非有业务的承包商有 58 家(占比 35.2%),在撒哈拉以南非洲有业务的承包商有 21 家(占比 12.7%),在欧洲有业务的承包商有 3 家(占比 1.8%),在大洋洲有业务的承包商有 2 家(占比 1.2%),在北美有业务的承包商有 9 家(占比 5.5%),在拉丁美洲有业务的承包商有 9 家(占比 5.5%)。

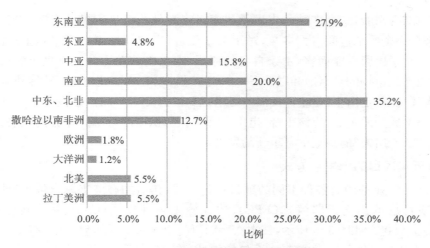

图 3-4 近五年业务地区分布情况

从统计结果上来看,亚洲和非洲是中国企业海外业务的主营区域,而在欧美地区有海外业务的中国承包商较少。根据 ENR 的统计,近几年来,中国承包商在亚非拉的项目占中国承包商海外项目的比例一直维持在 90% 以上(ENR,2020)。随着"一带一路"倡议的提出,近几年来中国承包商在亚非拉地区又不断收获大型工程项目的订单,相信中国承包商在海外业务的分布格局将会长期维持。但是,相对于发达国家的大型国际承包商,中国承包商承建的海外项目的利润率普遍较低、项目的风险普遍较高(裴昌林等,2001)。这也是跟项目所在的国家的国情密切相关的。因此,对于中国承包商来说,如何维持在发展中国家建筑市场上的优势并走进发达国家的建筑市场是企业未来要考虑的主要问题以及努力的方向。

3.1.5 未来五年海外业务规划

从企业的海外业务规划来看,如图 3-5 所示,在本次所调研的 165 家中国承包商中,没有承包商期望在未来五年大幅减少海外业务,仅有 2 家承包商(占比 1.2%)表示将在今后五年温和减少海外业务,有 55 家承包商(33.3%)期望在今后五年大幅增加海外业务,有 84 家承包商(50.9%)期望在今后五年温和增加海外业务,有 24 家承包商(14.5%)期望在今后五年保持原计划。

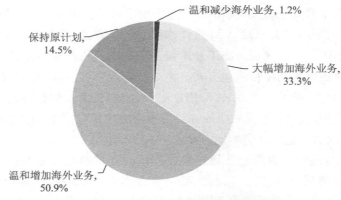

图 3-5 未来五年的海外业务规划

从调研结果来看,绝大多数的中国承包商对于海外业务呈积极的态度。当然,在本次调研中,来自央企的承包商占大多数,对于央企而言,走向海外市场不仅是主观需求,更是政策导向。对于民营企业而言,由于自身的原因,走出去的动力并没有央企那么强烈。但是随着国内建筑市场的日渐饱和以及"一带一路"倡议和"中国建造2035"等战略的不断推进,在此大环境下"走出去"是企业发展的必由之路。因此对于那些还没有走出去的企业或者走出去还不成功的企业,应该重视"走出去"的问题,积极制订海外业务的发展计划,抓住机遇,争取在"走出去"的浪潮下寻求新的发展。

3.1.6 近五年项目的承发包方式

在国际工程业务中有各种不同的项目承包方式,典型的有施工总承包、设计施工总承包(DB)、项目总承包交钥匙模式(EPC)、快速施工管理模式(CM)、建设运营移交模式(BOT)、专业分包。如图3-6所示,在本次所调研的165家中国承包商中,有128家承包商(占比77.6%)近五年采用过施工总承包的方式,有45家承包商(占比27.3%)近五年采用过DB的承包方式,有89家承包商(占比53.9%)近五年采用过EPC的承包方式,有25家承包商(占比15.2%)近五年采用BOT的承包方式,有45家承包商(占比27.3%)近五年采用过专业分包的承包方式,有32家承包商(占比19.4%)近五年采用过劳务分包的承包方式。

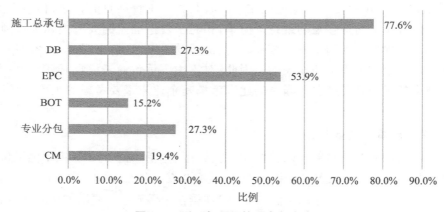

图3-6 近五年项目的承发包方式

从调研的结果来看,施工总承包和EPC是中国承包商在国际市场上最常用的项目承包方式,较少的承包商采用DB、BOT、CM这样的项目承包方式,还有部分中国承包商采用专业分包的方式参与国际工程项目。施工总承包是最基本的项目承包方式,也是以大型央企为主的中国承包商最擅长的项目承包方式。相对于施工总承包,EPC项目对于国际承包商而言,资金的投入量大、技术要求高、管理难度更大、门槛更高。但是目前EPC模式在国际建筑市场上被广泛应用。BOT模式一般在政府投资类项目中使用,是政府吸引社会资本的一种模式,对企业的管理能力和资本能力要求更高(李启明,2010)。

在本次调研中,还有不少的企业通过专业分包的方式参与国际工程项目,这些企业主要是民营企业和小型国企,往往是以与大型企业合作的方式进入国际市场。对于企业而言,不同项目承包方式对企业的要求不同,所面临的风险和所获取的报酬也不同,因此企业应该根据自己的条件合理选择项目承包方式。

3.1.7 企业走向海外动因

如图3-7所示,在不考虑政治因素的前提下,在本次所调研的165家中国承包商中,有14家(占比8.5%)选择了获取先进技术和经验为其走向海外的动因,有32家(占比19.4%)选择了东道国优惠政策为其走向海外的动因,有8家(占比4.8%)选择了回避贸易壁垒为其走向海外的动因,有68家(占比41.2%)选择了利用海外市场降低成本为其走向海外的动因,有125家(占比75.8%)选择了扩大市场占有率为其走向海外的动因,有72家(占比43.6%)选择了海外市场利润更高为其走向海外的动因,有45家(占比27.3%)选择了拓展品牌为其走向海外的动因。

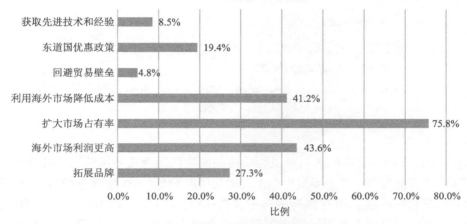

图3-7 企业走向海外的动因

国家的战略方针以及相应的政策在中国承包商走出去的过程中发挥了重要的催化作用。但除去政治因素之外,扩大市场占有率、利用海外市场降低成本以及追求海外市场的高利润成了中国承包商走向海外最重要的三个因素。扩大市场占有率是企业的本性。近几十年来蓬勃发展的国内建筑市场也加速了中国建筑企业的成长,可以说大批的中国建筑企业成长为承包商中的"巨人",因此走向海外市场、扩大市场占有率、充分发挥企业的产能、维持企业的经营目标是中国承包商发展的必经之路。

除了企业的自身因素之外,国内的建筑行业竞争激烈,竞争环境下企业的利润空间也越来越小,因此有不少企业盼望走向国际市场从而追求更高的利润(Chang et al.,2018a)。近几年来,随着国内物价和劳动力价格的上涨,以及业务量的增速放缓,建筑企业维持运营的成本越来越高。走向国际市场,特别是开拓相对滞后的发展中国家的建筑市场有利于企业降低成本。

3.2 关注的政治风险及因素

3.2.1 关注的风险类型

中国企业在国际工程市场上主要面临政治风险、金融风险、宏观经济风险、法律风险、税收风险、劳务风险和社会风险。如图 3-8 所示，在本次所调研的 165 家中国承包商中，有 154 家（占比 93.3）比较关注政治风险，有 59 家（占比 35.8%）比较关注金融风险，有 45 家（占比 27.3%）比较关注宏观经济风险，有 121 家（占比 73.3%）比较关注法律风险，有 31 家（占比 18.8%）比较关注税收风险，有 23 家（占比 13.9%）比较关注劳务风险，有 64 家（占比 38.8%）比较关注社会风险。

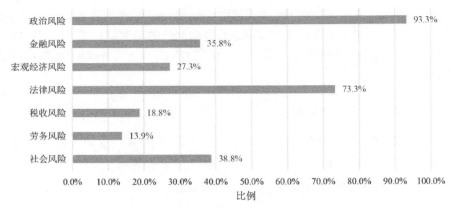

图 3-8 企业关注的风险类型

从调研的结果来看，中国承包商最为关注的三类风险为政治风险、法律风险和社会风险。中国承包商的海外业务主要集中在欠发达的国家和地区，这些地方的政治、经济、法律和社会系统都相对不健全，产生风险的概率较高（Deng et al.，2013b）。政治风险往往跟东道国的政权不稳定等因素密切相关，一旦发生将会给企业造成难以估量的损失。由于东道国良莠不齐的法律制度，以及承包商薄弱的法律意识和合同管理意识，其面临法律的风险也较大。社会风险主要由宗教、民族矛盾以及经济环境恶化等因素引起。虽然各种风险的起因、发展过程以及对企业的影响有所不同，但不同的风险与风险之间也有着密切的关系（Chang et al.，2018a；Liu et al.，2016）。

3.2.2 关注的政治风险类型

中国企业在国际工程市场上面临的政治风险主要有汇兑限制风险、对华关系风险、政府违约风险、政府征收/国有化风险、战争暴乱风险和行政监管风险。如图 3-9 所示，在本次所调研的 165 家中国承包商中，有 133 家（占比 80.6%）比较关注汇兑限制风险，有 65 家（占比 39.4%）比较关注对华关系风险，有 91 家（占比 55.2%）比较关注政府违约风险，有 21 家（占比 12.7%）比较关注政府征收/国有化风险，有 78 家（占比 47.3%）比较关注战争暴乱风险，有 107 家（占比 64.8%）比较关注行政监管风险。

在政治风险中，中国承包商最关注的是汇兑限制风险，这是因为对于国际承包商而言，通过参与国际承包业务输出其技术和服务，获得相应的回报，是企业的主要经营目标（Ashley et al.，1987）。因此，国际承包商对现金流是否通畅通常是极其敏感的。换句话说，国际承包商在国际市场上所获取的利润只有成功汇兑回国时才算是成功完成企业的经营目标。但近年来，不管是发达国家还是发展中国家都存在着以维护本国利益为目的，不同程度地对跨国企业所获取利润的汇兑限制。有些国家甚至要求外商所赚取的利润只能

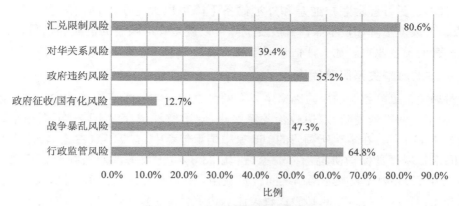

图 3-9 企业关注的政治风险类型

在项目东道国再投资。中国承包商第二关注的就是行政监管风险。国际工程业务诸多事项都与项目东道国政府的行政监管密切相关,一旦发生了行政监管风险,不仅会阻碍项目的顺利进行,造成工期拖延,还会增加企业运营成本甚至使企业声誉受损。中国承包商第三关注的就是政府违约风险。中国承包商承建的项目多以大型工程项目为主,项目的工期较长,在长工期内容易因各种因素遭受政府违约的风险,政府违约风险的后果可能是项目的停工、政府的延期付款、拒付款、单方面变更等。

3.2.3 关注的汇兑限制风险因素

与东道国汇兑限制风险相关的因素主要有经常账户逆差、有外汇管制历史、外汇储备下降、投资开放度下降、资本账户开放度下降等。

如图 3-10 所示,在本次所调研的 165 家中国承包商中,有 72 家(占比 43.6%)比较关注经常账户逆差,有 121 家(占比 73.3%)比较关注有外汇管制历史,有 98 家(占比 59.4%)比较关注外汇储备下降,有 102 家(占比 61.8%)比较关注投资开放度下降,有 90 家(占比 54.5%)比较关注资本账户开放度下降。

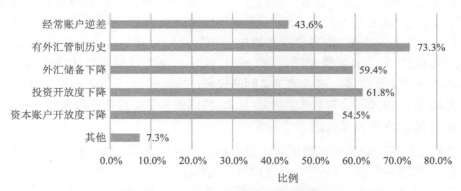

图 3-10 企业关注的汇兑限制风险因素

外汇限制是指项目东道国政府为了平衡国际收支平衡而采取的限制外汇的措施。一般来说,有外汇管制历史的国家在汇率稳定和国际收支平衡上做得并不好,其抵抗宏观经济危机的能力也较差,这样的国家更容易在后面继续出现外汇管制的现象(Maldonado et al.,1983)。另外经常账户逆差和外汇储备下降可以说是东道国国际收支不平衡的表象,而投资开放度下降和资本账户开放度下降可以说是外汇限制的前兆和信号。关注这些风险因素有助于企业更好地去评估外汇限制风险。

3.2.4 关注的对华关系风险因素

与对华关系风险相关的风险因素主要有两国之间未签署投资保护协定、双边投资依存度下降、两国之间投资受阻、双边政治关系恶化、双边贸易依存度下降、两国之间没有免签等。如图 3-11 所示,在本次所调研的 165 家中国承包商中,有 94 家(占比 57.0%)比较关注两国之间未签署投资保护协定,有 55 家(占比 33.3%)比较关注双边投资依存度下降,有 121 家(占比 73.3%)比较关注两国之间投资受阻,有 147 家(占比 89.1%)比较关注双边政治关系恶化,有 43 家(占比 26.1%)比较关注双边贸易依存度下降,有 22 家(占比 13.3%)比较关注两国之间没有免签。

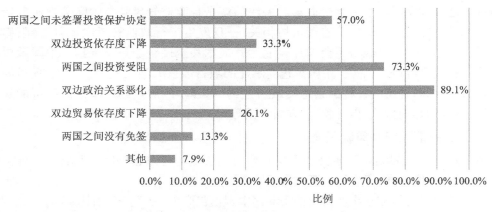

图 3-11 企业关注的对华关系风险因素

双边政治关系恶化是影响项目东道国对华关系的最重要因素,一般来说,两国政治关系恶化后,双方之间的经济合作和往来也会受到严重的影响。在双方交恶的情况下,可能发生撕毁协议、终止双边合作等风险。项目东道国政府甚至会对企业实施制裁,冻结企业资产,终止项目。两国之间投资保护协定是两国之间重视经济合作的实质性体现和措施,也是两国友好关系的主要表现,一般来说,在与母国签订投资保护协定的国家,企业面临的政治风险要小得多。通常两国之间的投资往来越密切,双方之间的经济依存度和贸易依存度越高,两国之间的关系就会越好,反之,两国的关系就存在着较大的不确定性。

3.2.5 关注的政府违约风险因素

与政府违约风险相关的风险因素主要有政府更迭频繁、东道国政府财政压力变大、双边关系恶化、东道国外债压力变大、东道国存在违约记录、政府有效性下降、监管政策变化、反对派/民众等向政府施压。如图 3-12 所示,在本次所调研的 165 家中国承包商中,有 121 家(占比 73.3%)比较关注政府更迭频繁,有 96 家(占比 58.2%)比较关注东道国政府财政压力变大,有 43 家(占比 26.1%)比较关注双边关系恶化,有 38 家(占比 23.0%)比较关注东道国外债压力变大,有 42 家(占比 25.5%)比较关注东道国存在违约记录,有 51 家(占比 30.9%)比较关注政府有效性下降,有 19 家(占比 11.5%)比较关注监管政策变化,有 85 家

(占比51.5%)比较关注反对派/民众等向政府施压。

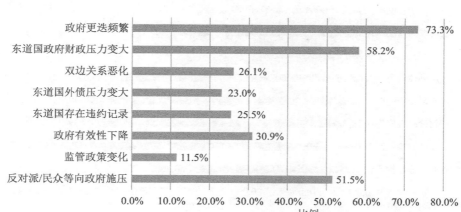

图3-12 企业关注的政府违约风险因素

从调研的结果来看,跨国企业普遍认为政府更迭、东道国政府财政压力变大、反对派/民众等向政府施压是造成政府违约的最重要的三个因素。政府更迭不仅会造成政策上的不连续,给企业的经营战略和运作方式带来冲击,甚至会造成已签协议的撕毁。对于中国承包商而言,政府对协议的履行关乎项目的生存,而随着政府的更迭,新任领导人不同的个人风格和倾向会给双边已奠定的协议是否顺利履行带来极大的不确定性。反对派、民众和来自新闻媒体的舆论压力也是中国承包商比较关注的风险因素。即使承包商能与政府保持较好的关系,得到政府的支持,但有时在外界的压力下政府也不得不终止项目或者改变相应的计划。由于中国承包商的海外市场以发展中国家的建筑市场为主,这些国家中大多数都面临着外债过高、财政负担严重的问题,因此项目所在地政府财政压力变大时,会造成政府无力再负担花费巨大的项目,从而造成政府违约风险。

3.2.6 关注的政府征收/国有化风险因素

与政府征收/国有化风险相关的风险因素主要有法治程度不佳、经济发展状况不佳、存在征收记录、政府外债压力变大、政府财政压力变大、即将面临政府换届、政府稳定性差、宏观政策连续性不佳。如图3-13所示,在本次所调研的165家中国承包商中,有48家(占比29.1%)比较关注法治程度不佳,有55家(占比33.3%)比较关注经济发展状况不佳,有19家(占比11.5%)比较关注存在征收记录,有74家(占比44.8%)比较关注政府外债压力变大,有82家(占比49.7%)比较关注政府财政压力变大,有78家(占比47.3%)比较关注即将面临政府换届,有89家(占比53.9%)比较关注政府稳定性差,有50家(占比30.3%)比较关注宏观政策连续性不佳。

国际工程承包业务主要是以输出技术、劳务和服务的方式为主,涉及较少的固定资产投资以及资源外运,所以遭受政府征收和国有化的风险并不大(Ashley et al.,1987)。中国承包商普遍关注的与政府征收和国有化相关的风险因素主要是两类:第一类是包括政府换届、政策不连续、政府稳定性差在内的政治因素,第二类就是与政府财政有关的经济因素。整体上来看,政府征收/国有化的风险因素与政府违约的风险因素在类别上有极大的相似性,只是政府征收/国有化风险更为极端,造成的影响更大。

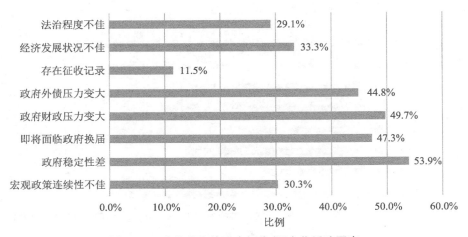

图 3-13 企业关注的政府征收/国有化风险因素

3.2.7 关注的战争暴乱风险因素

与对华关系风险相关的风险因素主要有暴力(含恐怖主义)、地区分裂、种族冲突、利益集团冲突、军事干预、外部冲突等。如图 3-14 所示,在本次所调研的 165 家中国承包商中,有 131 家(占比 79.4%)比较关注暴力(含恐怖主义),有 65 家(占比 39.4%)比较关注地区分裂,有 101 家(占比 61.2%)比较关注种族冲突,有 49 家(占比 29.7%)比较关注利益集团冲突,有 53 家(占比 32.1%)比较关注军事干预,有 88 家(占比 53.3%)比较关注外部冲突。

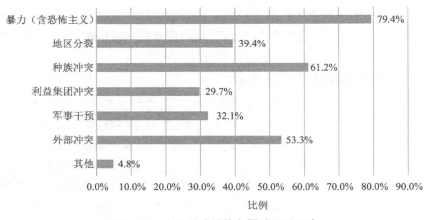

图 3-14 企业关注的战争暴乱风险因素

从调研的结果来看,中国承包商最关注的三类战争暴乱风险因素是暴力(含恐怖主义)、种族冲突和外部冲突。经济是社会安定的基础,战争暴乱是不同群体之间利益冲突的产物。一般来说,经济发展不好的区域由于底层人民的生存需求、贫富差距大等导致的社会矛盾容易引发战争暴乱风险。中国承包商海外业务集中的亚非地区也是近几年发生战争暴乱风险最高的区域。战争和暴乱风险会给企业造成难以估量的损失。

近几年来,虽然大规模的武装冲突和战争在世界范围内有所减少,但暴力活动特别是恐怖主义活动猖獗。国际市场上时有发生挟持中国员工，甚至造成中企员工伤亡的恶性事件，给企业的安全带来了巨大威胁。种族冲突也是造成战争暴乱风险很重要的因素，不同种族之间因文化不同、宗教信仰不同，更倾向于以冲突和斗争来解决矛盾。民族之间的差异越大，对立的程度也会越大。强势的一方会通过各种手段和措施压缩弱势一方的生存和利益空间，而弱势的一方会为争取自身利益进行反抗，从而爆发冲突。种族冲突也催生恐怖主义的发展，如穆斯林什叶派和逊尼派之间的冲突，犹太人与巴勒斯坦人之间的冲突都是中东恐怖主义活动的重要根源。因外部冲突爆发的战争暴乱风险主要包括地区冲突、边境冲突甚至是局部战争。外部冲突可以造成地区安全形势恶化，即使没有爆发战争，冲突双方也可能引发暴力事件。

3.2.8 关注的行政监管风险因素

与对华关系风险相关的风险因素主要有行政许可审批风险、劳务政策风险、行政效率低下、行政腐败、税收政策风险、投资限制风险等。如图 3-15 所示，在本次所调研的 165 家中国承包商中，有 85 家（占比 51.5%）比较关注行政许可审批风险，有 73 家（占比 44.2%）比较关注劳务政策风险，有 112 家（占比 67.9%）比较关注行政效率低下，有 135 家（占比 81.8%）比较关注行政腐败，有 52 家（占比 31.5%）比较关注税收政策风险，有 21 家（占比 12.7%）比较关注投资限制风险。

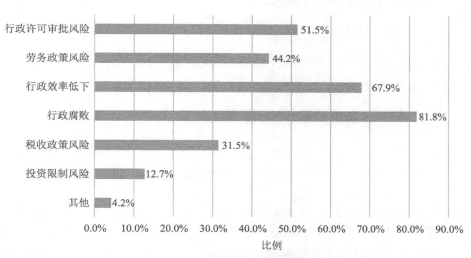

图 3-15　企业关注的行政监管风险因素

从调研的结果来看，有超过半数的企业关注的行政监管风险因素包括行政腐败、行政效率低下以及行政许可审批风险。行政监管以及行政审批是建设工程项目在批复、施工到竣工过程中不可避免的环节。因此，政府的工作效率以及透明度对企业的运营和经营活动影响巨大。目前行政腐败的现象在发展中国家普遍存在，行政腐败会加大企业运营的不确定性，也会致使企业不得不花费巨大的精力和成本来应对政府官员的"特殊要求"。在行政腐败的环境下就意味着相关工作的进行不取决于合理正当的工作流程，而取决于相关政府人员的态度。例如在东南亚某些国家入境过关时，腐败的官员会暗示中国游客给"小费"，过关的时间和顺利程度取决于是否给"小费"。除了腐败之外，一些国家由于文化原因或者办事效率极其低下等原因造成了工程进度等审批难的现象,一旦遭遇行政审批不顺利就会给工期带来极大的影响。因此在行政腐败、行政效率低下的国家,企业应该重视与政府之间的关系,熟悉东道国的各项流程和习惯,沟通和相关工作先行,为工程进度的顺利进行扫除障碍。

3.3 企业的政治风险管理实践

3.3.1 近五年经历过的风险事件

关于企业在国际工程市场上近五年的风险经历,如图3-16所示,在本次所调研的165家中国承包商中,有85家(占比51.5%)经历过政治风险,有55家(占比33.3%)经历过劳务风险,有35家(占比21.2%)经历过金融风险,有34家(占比20.6%)经历过宏观经济风险,有75家(占比45.5%)经历过法律风险,有46家(占比27.9%)经历过税收风险,有49家(占比29.7%)经历过社会风险。

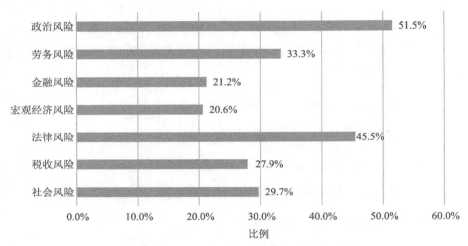

图3-16 企业近五年经历过的风险事件

从调研结果上来看,过去五年中国承包商经历最多的三类风险依次是政治风险、法律风险和劳务风险。这也表明无论是从企业关注的角度还是企业以往经验的角度,政治风险都是国际工程市场上最值得关注的风险。政治风险的种类繁多,造成政治风险的因素众多,所以企业遭遇政治风险的原因、类型以及风险发生后对企业造成的影响也有着较大的不同。除此之外,有些企业遭遇政治风险后会元气大伤,而有些企业能够较好地应对。因此对于政治风险这样关键的问题进行针对性的研究、分析和管理是十分必要的。

以往的经验在国际工程实践中发挥着重要的作用,然而,走出国门,企业将面临陌生且纷繁的法律条文,在国内的经验无法发挥作用的情况下更容易遭遇法律风险。除此之外,有相当一部分的国家的法律制度不健全,法律对企业的保障力度不够,也会加剧企业海外经营的法律风险。国际工程项目用工数量大,目前绝大多数的中国承包商依赖本国的劳务派遣。然而,劳务派遣程序复杂,周期较长,招工难度大,在这种情况下能否维持用工成本、劳务队伍的稳定对工程的成败至关重要。因此中国承包商在对外经营的同时应加强自营劳务队伍建设,并在合理的规划下加大本地劳工或者外籍劳工的用工比例。

3.3.2 近五年经历过的政治风险事件

关于企业在国际工程市场上近五年的政治风险经历,如图 3-17 所示,在本次所调研的 165 家中国承包商中,有 32 家(占比 19.4%)经历过汇兑限制风险,有 6 家(占比 3.6%)经历过对华关系风险,没有经历过政府征收/国有化风险,有 21 家(占比 12.7%)经历过政府违约风险,有 21 家(占比 12.7%)经历过战争暴乱风险,有 53 家(占比 32.1%)经历过行政监管风险。

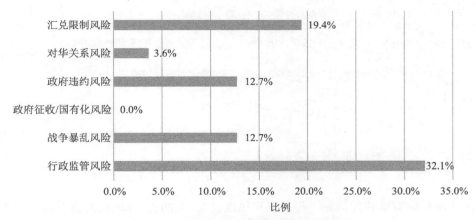

图 3-17 企业近五年经历过的政治风险事件

从统计上来看,中国承包商近五年来经历最多的政治风险是行政监管风险,这也表明在海外运营过程中,中国承包商普遍面临行政腐败、行政效率低下等问题。面对这一风险,中国承包商应重视与项目东道国政府的沟通与联系,在合规经营范围内增强双方之间的信任与友谊,建立政企双赢的和谐关系,从而提高在与有关政府部门对接过程中的工作效率。此外,还有中国承包商分别经历过汇兑限制风险、政府违约风险、战争暴乱风险。这就要求企业在海外运营过程中积极关注项目东道国有关政治、政策、社会安全等方面的因素,并与当地的中国大使馆或者领事馆保持密切的联系,建立相应的风险防范机制,从而更好地应对风险。

3.3.3 认为未经历风险的原因

未经历风险事件的原因主要有:投资期较短,风险尚未显现;投资所在地风险较低,无太多风险事件;与当地关键政治领导人关系紧密,受到特殊照顾;在当地经营多年,投资经验丰富,能够做到防患于未然;已进行风险分析与调查,已采取有效的风险管控措施;项目/投资进行中对风险进行实时跟踪与分析。如图 3-18 所示,在本次所调研的 165 家中国承包商中,有 112 家承包商(占比 67.9%)选择了投资期较短,风险尚未显现;有 32 家承包商(占比 19.4%)选择了投资所在地风险较低,无太多风险事件;有 92 家承包商(占比 55.8%)选择了与当地关键政治领导人关系紧密,受到特殊照顾;有 45 家承包商(占比 27.3%)选择了在当地经营多年,投资经验丰富,能够做到防患于未然;有 82 家承包商(占比 49.7%)选择了已进行风险分析与调查,已采取有效的风险管控措施;有 67 家承包商(占比 40.6%)选择了项目/投资进行中对风险进行实时跟踪与分析。

从统计结果上来看,投资期较短,风险尚未显现被大多数中国承包商认为是部分企业未发生风险事件的原因,是企业面对海外项目的风险问题时不自信的表现。究其原因主要有两点:

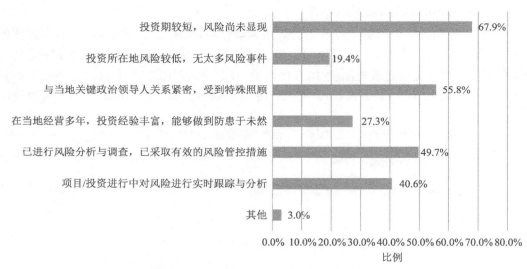

图 3-18 企业认为未经历风险事件的原因

（1）中国承包商承建的国际工程项目往往规模大、工期长，在较长的施工周期间很难不受到外部环境波动的影响，这是国际工程项目风险发生的客观规律。

（2）中国承包商风险防范和应对的能力和水平普遍不高，容易受到外部环境和客观因素的影响，这也是中国承包商海外经营的主观特点。

有超过一半的企业认为与当地关键政治领导人关系紧密，受到特殊照顾是未发生风险事件的原因，这表明中国承包商运营时重视与东道国政府和政治人物之间的关系，并认为其在防范风险中能发挥积极的作用。此外，有将近一半的企业认为已进行风险分析与调查，已采取有效的风险管控措施起到了风险预防的作用。这也表明企业对风险的前置性管理工作的肯定，认为有效的事前分析能够达到较好的风险防范效果。

3.3.4 风险管理体系建设措施

企业在海外的风险管理体系建设措施主要包括建立风险管理组织体系、建立风险评估标准体系、建立风险预警系统、建立风险应急管理机制、培育形成风险管理文化等。如图3-19所示，在本次所调研的165家中国承包商中，有108家承包商（占比65.5%）建立了风险管理组织体系，有73家承包商（占比44.2%）建立了风险评估标准体系，有53家承包商（占比32.1%）建立了风险预警系统，有65家承包商（占比39.4%）建立了风险应急管理机制，有72家承包商（占比43.6%）培育形成了企业的风险管理文化。

从调研的结果来看，大多数中国承包商的企业风险管理体系建设并不完善，这也是中国承包商在海外经营风险较高的主要原因之一。企业的风险管理组织体系在企业的风险管理中发挥着重要的作用，其包括风险管理的组织架构，组织架构中各项工作的责任人的权利和职责，以及相应的工作流程。一般来说，企业的风险管理组织体系涉及了企业董事长、公司管理层、职能部门、业务部门等各级员工。企业的风险管理组织体系越健全，企业的风险管理水平就越高。在风险管理组织体系中，有效的风险评估标准体系、风险预警系统、相应的风险应急管理机制也对风险管理工作至关重要。除此之外，企业的风险管理文

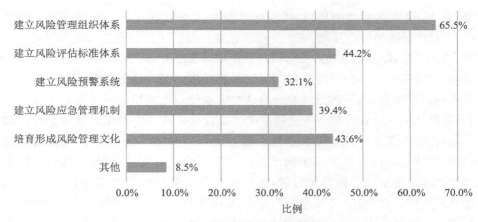

图 3-19　风险管理体系建设措施

化在企业的风险管理中发挥着重要的作用,良好的企业风险管理文化应该以企业的战略目标为导向,把企业的风险管理与战略管理相融合。风险管理工作不是仅对风险本身进行考量和应对,而是应该扩展到企业的财务、运营等各项工作中,进行全面的风险管理。

3.3.5　意向采用的风险管控工具

企业在海外可能采用的风险管控工具主要有购买政治风险保险、随着熟悉当地环境逐渐投资、与当地的公司合作、做好风险评估、参与当地社区工作、制定详细的应急预案、与政府保持密切联系得到支持、使用咨询服务、参与非政府组织、建立多个分支机构对冲风险等。

如图 3-20 所示,在本次所调研的 165 家中国承包商中,有 131 家承包商(占比 79.4%)有意购买政治风险保险,有 72 家承包商(占比 43.6%)有意随着熟悉当地环境逐渐投资,有 21 家承包商(占比 12.7%)有意与当地的公司合作,有 86 家承包商(占比 52.1%)有意做好

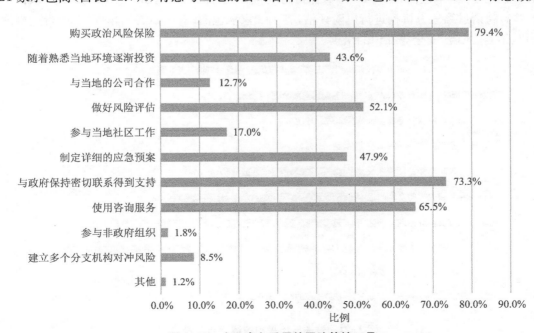

图 3-20　企业意向采用的风险管控工具

风险评估，有 28 家承包商（占比 17.0%）有意参与当地社区工作，有 79 家承包商（占比 47.9%）有意制定详细的应急预案，有 121 家承包商（占比 73.3%）有意与政府保持密切联系得到支持，有 108 家承包商（占比 65.5%）有意使用咨询服务，有 3 家承包商（占比 1.8%）有意参与非政府组织，有 14 家承包商（占比 8.5%）有意建立多个分支机构对冲风险。

从调研的结果来看，购买政治风险保险是中国承包商最常用的风险防控工具。但值得注意的是，虽然政治风险保险对企业进行政治风险评估以及风险发生时减少企业的损失有一定的作用，但并不等于一定能降低企业在海外运营的风险。除此之外，与政府保持密切联系得到支持、使用咨询服务也是中国承包商最常用的风险管控工具。也就是说，中国承包商在风险管理中较多地依赖外部力量，而对企业自身管理和营运策略的关注还不够，像参与当地社区工作、与当地公司合作等与企业运营管理相关的风险管控工具使用得较少。尽管外部力量能够帮助企业在一定程度上应对风险，但中国承包商要想在国际市场上获得长期、稳定、可持续的发展，就必须加强企业的自身管理，从提高自身竞争力和风险应对能力的角度去降低风险。

3.3.6 过去五年采用的风险防范措施

企业在海外可能采用的风险防范措施有制定风险防范规程、设置专门机构并配置相关人员、设置风险防范专项基金、制定应急预案并定期开展演练、制定风险监测及预警系统、保持与利益相关方的定期沟通、聘请第三方机构进行风险评估、对员工进行培训等。

如图 3-21 所示，在过去五年中，在本次所调研的 165 家中国承包商中，有 118 家承包商（占比 71.5%）制定过风险防范规程，有 62 家承包商（占比 37.6%）设置过专门机构并配置相关人员，有 21 家承包商（占比 12.7%）设置过风险防范专项基金，有 15 家承包商（占比 9.1%）制定过应急预案并定期开展演练，有 71 家承包商（占比 43.0%）制定了风险监测及预警系统，有 97 家承包商（占比 58.8%）保持与利益相关方的定期沟通，有 102 家承包商（占比 61.8%）聘请过第三方机构进行风险评估，有 132 家承包商（占比 80.0%）对员工进行过当地文化、语言、风险、安全等知识的培训。

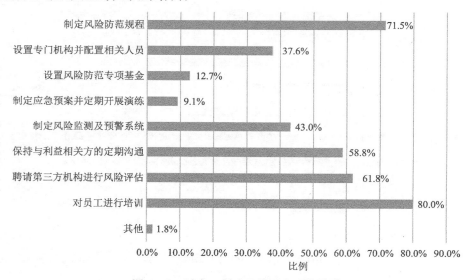

图 3-21 过去五年采用的风险防范措施

在风险管理中,风险的事前防范是极其重要的,其不仅可以降低风险发生的概率,还能在风险发生后降低企业的损失。从调研的结果来看,大多数的中国承包商在过去五年都采取了相应的风险防范措施,但部分风险防范措施的使用率并不高。要重视一样工作就应该设立与该项工作相关的专业人员和专项资金,这样才能保证企业在风险发生时临危不乱,处理得当,而不必在紧要关头因为职责、流程、资金方面的限制错过风险应对的最佳时间,在恰当的时间做正确的事情才能保障工作的效率。除此之外,对于一些风险,如战争和动乱,制定应急预案并定期开展演练是十分必要的,这样能够保证风险发生后企业员工能在最快的时间内做出最正确的反应,从而更好地保障自身的生命和财产安全。

3.3.7 过去五年风险评估的外部合作机构

企业进行风险评估的外部合作机构主要有咨询公司、银行、律师事务所、会计师事务所、中国信保、投资银行等。如图3-22所示,在过去五年,在本次所调研的165家中国承包商中,有95家承包商(占比57.6%)通过与咨询公司进行合作的方式进行风险评估,有74家承包商(占比44.8%)通过与银行进行合作进行风险评估,有112家承包商(占比67.9%)通过与律师事务所进行合作进行风险评估,有92家承包商(占比55.8%)通过与会计师事务所进行合作进行风险评估,有85家承包商(占比51.5%)通过与中国信保合作进行风险评估,有56家承包商(占比33.9%)通过与投资银行进行合作进行风险评估。

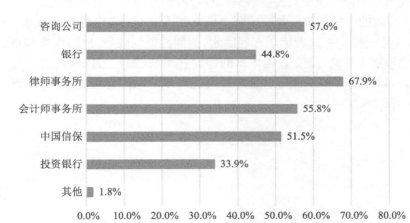

图3-22 过去五年企业风险评估的外部合作机构

与外部机构进行合作也是企业进行风险评估工作的一种有效手段,从调研的结果来看,各类投资机构都与中国承包商有广泛的合作,中国承包商采用不同机构的频次有所不同,但差异并不大。这也表明企业在风险评估的外部机构中有诸多选择。但不同机构在风险评估中的特长也不同,例如绝大多数的律师事务所更擅长分析企业面临的与法律相关的风险,银行更擅长评价与宏观经济等相关的风险,会计师事务所更擅长评估与财务相关的风险,投资银行更擅长分析与投资成败相关的风险。所以企业在外部合作机构的选择中,应根据自身的需求和机构的特长合理选择相应机构辅助自身的风险评估工作。

3.4 本章小结

（1）从所调研的背景来看，目前中国对外承包商主要以央企为主，企业的国际化水平普遍不高。企业的业务主要集中在房建、交通等传统优势领域，分布在亚非拉等发展中国家和地区。施工总承包和 EPC 是企业最常采取的项目承发包模式。绝大多数的企业有着积极的发展海外业务的规划，并希望通过海外项目扩大市场份额，降低企业的运营成本，获得高额的报酬。地方国有企业和民营企业也有着较强的参与国际工程项目的意愿。对于大型国企而言，如何提高企业自身竞争力和国际化管理水平进入欧美等发达地区的建筑市场是企业未来的难题。

（2）中国承包商在走出去的同时也非常关注其在国际市场上可能面临的风险，在诸多风险中，政治风险是中国承包商最为关注的风险。在政治风险的类型中，除了政府征收/国有化风险外，汇兑限制风险、对华关系风险、政府违约风险、战争暴乱风险、行政监管风险都受到了较多企业的关注，表明中国承包商海外经营高度重视可能面临的多元化的政治风险。国际市场上的政治风险的表现形式是多样的，风险与风险之间，风险与风险因素之间，风险因素与风险因素之间的关系也是极其复杂的。研究国际工程政治风险的形成机理和建立相应的政治风险度量模型对企业理解和评价政治风险是十分必要的。

（3）绝大多数的中国承包商都在国际市场上经历过一定程度的政治风险。对于未经历风险的原因，企业更倾向将其归因于客观因素，例如投资期较短，风险尚未显现。中国企业整体的风险管理水平不高，风险管理体系的建设并不完善，较为依赖外部力量或客观条件来防范风险。因此，迫切需要研究企业自身因素对政治风险管理的影响，提高企业自身的风险管理意识和水平。

第 4 章　国际工程政治风险的机理分析

本章对国际工程政治风险的机理分析主要包括：识别国际工程中的政治风险及其类别；分析国际工程政治风险的社会网络中行动者所发挥的作用及行动者与风险事件的关系；探索国际工程政治风险的传导要素、传导路径以及项目和企业相关的变量在国际工程政治风险传导中所起到的作用。

4.1　国际工程政治风险的识别与分类

4.1.1　国际工程政治风险的识别

4.1.1.1　风险的识别策略

风险的准确识别是风险控制、转移或者管理的基础(Bajaj,1997)。从现有的研究来看，从事件源的角度出发识别风险是最常用的政治风险识别方法(Simon,1982)。依据 Al Khattab 等(2007)的研究，政治风险事件的直接来源有三种：东道国政府、东道国社会、东道国外部。本章以这三种政治风险事件的直接来源为角度，通过以下三个步骤来识别国际工程项目中的政治风险：

（1）首先通过文献综述法识别跨国公司在海外运营中可能遇到的所有类型的宏观政治风险事件。

（2）再进一步去识别建筑行业可能遇到的特定类型的政治风险事件。

（3）最后通过阅读大量的国际工程政治风险的案例，检查并补充可能遗漏的政治风险事件。

4.1.1.2　国际工程中的政治风险

如表 4-1 所示，通过文献综述法本研究共识别了 24 种对国际工程项目有潜在影响的政治风险事件，其能涵盖已有案例中国际工程项目所发生过的全部的政治风险事件。

（1）征收或国有化

征收或国有化是指东道国政府出于某些原因，将国际承包商对财产的所有权、控制权或收益权收归国有的措施。根据征收或国有化的方式，征收或国有化还可以分为直接征收或国有化和蚕食性征收或国有化，后者是目前跨国企业面临的主要的征收或国有化方式。由于国际工程主要以输入劳务、技术服务为主，对固定资产的投资较少，因此遭遇征收或国有化的风险事件的概率较低。

（2）法律/政策的变化

法律/政策的变化是指东道国国内的与国际工程业务相关的所有法律政策的变化，包括建筑行业和相关行业内的法律政策的变化,以及与外商直接投资、税务、资质审查等多方面的法律政策的变化。东道国法律政策变化的原因包括政府的变动、政府的改革以及对外资企业或者某些行业态度的转变等。

(3) 政府违约

政府违约是指东道国政府作为国际工程项目的业主时违反合同约定的行为,包括非正常情形下的工程的全部变更或部分变更、项目终止、合同撕毁等。

表 4-1 国际工程中的政治风险

编码	风险事件	代表性文献							
		Ashley & Bonner, 1987	Al Khattab et al., 2007	Sachs et al., 2008	Howell & Chaddick, 1994	Hastak & Shaked, 2000	Simon, 1984	Wang et al., 1999	Deng & Low, 2013a
来自东道国政府									
R1	征收或国有化	X	X		X	X	X	X	
R2	法律/政策的变化	X		X	X	X		X	X
R3	政府违约		X	X	X			X	X
R4	延期支付				X				X
R5	腐败/官僚主义			X	X			X	X
R6	汇兑限制							X	X
R7	对进出口管制							X	
R8	对物价/工资的管制	X						X	X
R9	对行政许可的管制							X	
R10	对技术转移的管制							X	X
R11	对环境保护的管制				X	X	X	X	X
R12	对建筑行业的限制				X	X	X	X	
R13	歧视性的法律裁决			X				X	
R14	地方保护	X	X	X		X	X	X	X
来自东道国社会									
R15	恐怖袭击		X				X		
R16	罢工	X	X	X			X		X
R17	骚乱	X	X	X		X			
R18	内战/革命	X	X	X	X	X	X		
R19	种族/宗教冲突	X			X	X	X		X
R20	公众对项目的反对	X							X
R21	向政府施压制裁外企	X					X		X
来自东道国外部									
R22	国际制裁		X				X		X
R23	跨国战争		X				X		
R24	边境冲突						X		

注:X 表示因素的出处,该因素在对应文献中出现。

(4) 延期支付

延期支付是指东道国政府作为业主时,未按照合同的约定时间向国际承包商支付工程款。一般来说,举债能力较差的东道国政府容易因为财政压力而导致无力支付工程款甚至无力偿还债务。

(5) 腐败/官僚主义

腐败/官僚主义是指东道国的公共官员为谋取私利,在工作中未能履行正当的工作程序,不尽职,滥用职权等现象。国际工程领域的腐败/官僚主义往往会出现在工程招投标、行政审批和审查等环节。腐败/官僚主义会损害企业的正当利益,增加企业的政治寻租成本。

(6) 汇兑限制

汇兑限制是指东道国政府在国际货币兑换方面的限制。限制包括兑换方式的限制以及兑换额度的限制。汇兑限制是为了限制国内资本的外流或者稳定汇率。对国际承包商来说,如果无法将工程回报及时汇兑回国将造成重大的损失。

(7) 对进出口管制

对进出口管制是指东道国政府以维护国家利益为目的,对某些商品、仪器、设备方面的进出口限制。限制的方式包括关税和非关税的壁垒,其中非关税壁垒包括进口配额制、歧视性的政府采购等。

(8) 对物价/工资的管制

对物价/工资的管制是指东道国政府对物价或者工资标准方面的控制,包括对工程所需材料价格的调控以及制定工人的最低工资标准等。

(9) 对行政许可的管制

对行政许可的管制是指东道国政府在工程审批和行政许可方面的要求和限制。国际工程项目的顺利实施离不开行政许可的有效配合,然而在一些国家,东道国政府出于自身利益,在行政许可过程中刻意刁难国际承包商,阻碍了工程进度。

(10) 对技术转移的管制

对技术转移的管制是指东道国政府对国际工程项目中涉及的相关先进技术方面的管制。在发展中国家的一些涉及先进技术的国际工程项目中,有的东道国政府会以技术转移为条件跟国际承包商进行谈判。

(11) 对环境保护的管制

对环境保护的管制是指东道国政府以国际承包商不满足环境保护制度为由对其采取的限制、制裁等行为。大型的工程项目在建设和运营过程中会产生废气、废水、废渣等污染物,对周围的环境造成影响。在对环境保护要求高的国家,国际承包商可能会因为自身的不当行为,或者政府在环境保护方面要求的提高而遭遇此类风险事件。

(12) 对建筑行业的限制

对建筑行业的限制是指东道国政府对建筑行业的准入限制、资质限制、资本金限制、项目类型限制等。在一些国家,东道国政府会以限制国际承包商在某些领域投标的组织形式,对国际承包商设置信用壁垒,限制国际承包商在公司所有权方面的占比等。

(13) 歧视性的法律裁决

歧视性的法律裁决是指国际承包商在与项目东道国合作单位发生纠纷时,因为司法部门对本国企业的维护而受到的不公平的裁决。

（14）地方保护

地方保护是指项目东道国政府为了维护本国企业的利益，对跨国企业在本国投资时设立比本国企业更高的要求和条件，在建筑领域的地方保护包括必须在本地设立子公司或者分公司，擅自设立更多的审批要求，要求本地雇员数量达到一定的比例等。

（15）恐怖袭击

恐怖袭击是指国际承包商受到极端分子发起的不符合国际道义的攻击方式。恐怖袭击的手法有很多种，常见的有使用爆炸物、枪击、劫持重要人物或纵火等。国际承包商可能只是在偶然的情况下遭遇恐怖袭击事件，也可能会因为指向性（作为东道国政府的合作伙伴、作为母国的代表）而受到恐怖袭击。

（16）罢工

罢工是指东道国的工人为了引起雇主、政府的注意，满足自身的诉求而采取的集体拒绝工作的行为。发生在东道国的大规模的罢工事件会导致交通瘫痪、商业活动中止，延误工程计划。

（17）骚乱

骚乱是指东道国社会陷入动乱或不安定，骚乱会造成整个社会治安的恶化。

（18）内战/革命

内战/革命是指东道国内部各利益集团之间为了争夺统治或管理国家的权力以及其他分歧而发生的一系列武装冲突。

（19）种族/宗教冲突

种族/宗教冲突是指东道国社会内部因种族/宗教之间的矛盾发生的暴力冲突事件。这样的事件在社会经济发展滞后、民族构成多样的国家更容易发生，会给国际承包商的安全环境造成威胁。

（20）公众对项目的反对

公众对项目的反对是指东道国公众因国际工程项目在融资、建设方案、环境保护等方面不满足其利益诉求而发起的反对抗议国际工程项目的行为。

（21）向政府施压制裁外企

向政府施压制裁外企是指东道国民众、媒体、社会组织、商业团体等因自身的利益诉求，向政府施压期待政府采取措施制裁外资企业，例如，希望政府取消国际工程项目的建设或改变项目实施方案，暂停与某个国家的企业之间的合作，加强对本地企业的保护等。

（22）国际制裁

国际制裁是指国际承包商因其他国家政府对项目东道国的制裁而受到的波及，例如，因为美国对伊朗的制裁而导致与伊朗合作的企业受到美国政府的处罚。

（23）跨国战争

跨国战争是指项目东道国与其他国家发生的战争，例如利比亚战争、海湾战争、阿富汗战争、伊拉克战争、两伊战争等。在战争的影响下，国际承包商会面临项目停工、合同无法履行、人员伤亡等风险后果。

（24）边境冲突

边境冲突是指东道国与邻国因边境争议问题发生的武装冲突事件，会给国际工程的运营安全造成威胁。在亚洲和非洲地区,边境冲突屡见不鲜,也有不少国际承包商的企业人员在项目东道国的边境冲突事件中伤亡。

4.1.2 国际工程政治风险的分类

如图 4-1 所示,在 Simon(1982)对政治风险分类的基础上,可以把直接来源为东道国社会的政治风险事件定义为社会事件,其包括恐怖袭击(R15)、罢工(R16)、骚乱(R17)、内战/革命(R18)、种族/宗教冲突(R19)、公众对项目的反对(R20)、向政府施压制裁外企(R21);可以把直接来源为东道国外部的政治风险事件定义为外部事件,包括国际制裁(R22)、跨国战争(R23)、边境冲突(R24);可以把直接来源为东道国政府的政治风险事件定义为政府事件。

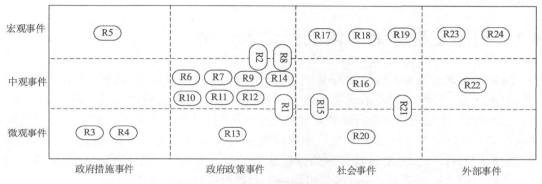

图 4-1 国际工程政治风险事件分类

按风险事件是否与法律政策相关还可以把政府事件细分为政府措施事件和政府政策事件。其中,政府措施事件的发生与东道国的法律政策并不相关,其包括政府违约(R3)、延期支付(R4)、腐败/官僚主义(R5);而政府政策事件的产生依托东道国社会的某些法律政策,其包括征收或国有化(R1)、法律/政策的变化(R2)、汇兑限制(R6)、对进出口管制(R7)、对物价/工资的管制(R8)、对行政许可的管制(R9)、对技术转移的管制(R10)、对环境保护的管制(R11)、对建筑行业的限制(R12)、歧视性的法律裁决(R13)、地方保护(R14)。

除此之外,依据不同风险事件产生影响的范围还可以把国际工程中的政治风险分为宏观事件、中观事件和微观事件三个类别。其中宏观事件是指其有能力对在东道国内的所有的商业活动造成影响的政治风险事件,该类事件的受影响者不是特定的行业或者企业,包括法律/政策的变化(R2)、腐败/官僚主义(R5)、对物价/工资的管制(R8)、骚乱(R17)、内战/革命(R18)、种族/宗教冲突(R19)、跨国战争(R23)、边境冲突(R24);中观事件是指有能力对某个或几个行业,或者某一类企业(如全体中资企业)产生影响的政治风险事件,包括征收或国有化(R1)、法律/政策的变化(R2)、汇兑限制(R6)、对进出口管制(R7)、对物价/工资的管制(R8)、对行政许可的管制(R9)、对技术转移的管制(R10)、对环境保护的管制(R11)、对建筑行业的限制(R12)、地方保护(R14)、恐怖袭击(R15)、罢工(R16)、向政府施压制裁外企(R21)、国际制裁(R22);微观事件指那些只针对某个国际承包商的政治风险事件,包括征收或国有化(R1)、政府违约(R3)、延期支付(R4)、歧视性的法律裁决(R13)、恐怖袭击(R15)、公众对项目的反对(R20)、向政府施压制裁外企(R21)。

在这 24 类政治风险事件中,有些风险事件根据其发生时的具体内容不同又可以分别属于两个不同的层次。对于"法律/政策的变化(R2)",如果该法律政策是针对某些行业时则为中观事件,否则是宏观事件;对于"对物价/工资的管制(R8)",如果物价只是针对某些商品,或者工资标准只是针对某些行业时属于中观事件,否则属于宏观事件;对于"征收或国有化(R1)",如果只是针对某一国际承包商时为微观事件,如果是针对某一类型的企业(如外资企业、能源类企业)时则为中观事件;对于"恐怖袭击(R15)",如果只是针对某一国际承包商时为微观事件,如果是针对某一类人员(如全体天主教信徒、全体美国人)时为中观事件;对于"向政府施压制裁外企(R21)",如果只是要求制裁某一国际承包商时为微观事件,如果是针对某一类企业时(如某一行业的外资企业或来自某一国家的外资企业)为中观事件。

4.2 国际工程政治风险的行动者分析

国际工程政治风险的行动者是指与国际工程政治风险事件发起、传播、行动、影响相关的组织或人员。传统的对政治风险的研究多从线性影响的角度来评价风险或者风险行动者,较少考虑政治风险事件与行动者之间的关系,或者行动者与行动者之间的关系。然而,这些行动者之间复杂多样的关系是政治风险发生的主要原因之一。本节旨在识别国际工程政治风险的行动者,并通过社会网络分析法来分析这些行动者之间的相互关系,以及它们与风险案例之间的关系来进一步探讨国际工程政治风险的作用形式。

4.2.1 数据搜集

本节所采用的基础数据是网络上的有关国际工程政治风险案例的数据,来源有三类:
(1) 人民网、搜狐网、新华网等网站有关的国际工程政治风险的新闻报道;
(2) 中英文论文、专著等文献中所提到的案例;
(3) 微信公众号等自媒体所公开的案例。

数据的内容包括具体的风险事件、风险因素、项目的信息、承包商的信息以及风险造成的影响。如表 4-2 所示,共搜集到国际工程的政治风险案例 63 份。

表 4-2 国际工程政治风险案例

编号	项目名称	地区	承包商	风险事件	时间
1	贾拉拉巴德公路修复项目	阿富汗	中国中铁	恐怖袭击	2004 年
2	拉各斯至卡诺段铁路项目	尼日利亚	中国中铁	政府违约	2008 年
3	林同氧化铝项目	越南	中铝国际	地方保护、环境保护	2009 年
4	139/151 公路铁路项目	阿尔及利亚	中土集团	地方保护、政府违约	2010 年
5	波兰 A2 高速公路	波兰	中海外	向政府施压制裁外企	2011 年
6	中资密松大坝	缅甸	中国电力	民众反对	2011 年
7	的黎波里—西尔特铁路	利比亚	中铁建	战争、骚乱	2011 年
8	达特卡—克明变电工程	吉尔吉斯斯坦	中国特变电工股份有限公司	骚乱	2012 年

(续表)

编号	项目名称	地区	承包商	风险事件	时间
9	苏丹乌姆—阿布公路工程	苏丹	中国水电	内战	2012年
10	土瓦火电站项目	缅甸	泰国意大利泰公司	环境保护	2012年
11	中缅天然气管道	缅甸	中石油	民众反对	2012年
12	库达尔瓦油田项目	乍得	中石油	环境保护	2013年
13	墨西哥高铁项目	墨西哥	中铁建	民众反对、政府违约	2014年
14	东海岸铁路	马来西亚	中交建	本地保护、政府违约	2018年
…	…	…	…	…	…

从案例发生的地点来看，这 63 个案例分别来自阿富汗、尼日利亚、越南、阿尔及利亚、波兰、缅甸等 42 个国家，其中来自亚洲和非洲的案例数量为 45 个，占比 71%，与中国承包商海外营业额分布比例整体上一致。从项目类型来看，案例涉及交通、电力、水利、石油、房建等多个领域的工程项目，以大型基础设施项目为主。从承包商来看，案例中的国际承包商以中国的大型央企为主，也有少量地方国企、民营企业以及其他国家的国际承包商，如泰国意大利泰公司。从风险事件来看，风险事件涵盖了宏观、中观、微观多个层次以及政府政策类、政府措施类、社会类、外部类多个类别。尽管所搜集到的案例的数量有限，但从案例的数据来看，案例覆盖面较广，具有一定的代表性。

通过对案例相关内容的梳理，共识别出 9 大类与国际工程政治风险相关的行动者：东道国社会、东道国商界、东道国媒体、东道国政府、国际承包商、母国政府、外资企业、国际组织和外国政府（表 4-3）。

表 4-3 国际工程政治风险的行动者

编号	行动者	解释
1	东道国社会	除媒体、商界以外的社会团体和民众
2	东道国商界	国际承包商在项目东道国除政府以外的合作伙伴、竞争对手
3	东道国媒体	是指那些发布与国际承包商或者国际工程项目相关新闻报道的机构
4	东道国政府	包括作为业主的政府代表以及制定相关政策、实施相关职能的政府部门
5	国际承包商	国际工程政治风险的作用对象
6	母国政府	国际承包商母国那些与外交、国际商务相关的政府部门
7	外资企业	是指与国际承包商有竞争或合作关系的来自其他国家的企业
8	国际组织	包括国际媒体、国际环保组织、国际金融机构等
9	外国政府	是指除承包商母国和项目东道国之外的其他国家的政府

在这 9 类角色中，国际承包商是政治风险事件的承受者，东道国社会、东道国政府、东道国商界、东道国媒体、母国政府、外资企业、国际组织和外国政府都可以作为政治风险事件的发起者，东道国社会和东道国政府还可以是政治风险事件的传递者和实施者。

4.2.2 社会网络分析

社会网络分析是一种利用网络研究社会结构的方法(Tichy et al., 1979)。社会网络的结构由节点和节点之间的连线构成,其中节点代表网络中的个体、人、物或者组织,而连线则代表节点之间的联系。通过社会网络分析中的可视化方法可以将社会结构,例如社交媒体网络、商业网络、知识网络、熟人网络、亲属关系等直观地表示出来(朱庆华和李亮,2008)。社会网络分析法已成为现代社会学研究的一项关键技术,在人类学、生物学、人口学、经济学、组织学、历史学、政治学、心理学、地理学等领域得到了广泛的关注。近几年来,社会网络分析法也被广泛应用到分析风险与风险以及风险与人之间的关系中(Christley et al., 2005; Zheng et al., 2016; Yuan et al., 2018)。

社会网络分析的软件有很多,例如 UCINET、NetMiner、NetDraw 和 Pajek。相对于其他几个软件,UCINET 的安装和使用都较为简单。因此本研究将采用 UCINET 进行社会网络分析。UCINET 能够处理的原始数据为矩阵格式,该软件提供了大量数据管理和转化工具,但并不包括可视化的图形程序(蒋小荣等,2017)。因此,本研究在使用 UCINET 的基础上还利用了 NetDraw 程序来绘制相关可视化图形。本研究中的社会网络分析主要包括三部分内容:原始矩阵数据的构建,行动者的 1-Mode 社会网络的中心性分析,以及行动者-风险事件的 2-Mode 社会网络的可视化分析。

4.2.2.1 互动矩阵构建

本研究将 63 个国际工程政治风险案例的资料作为社会网络分析的基础数据,如图 4-2 所示,通过整理 9 类政治风险的行动者参与每个政治风险案例中的情况,在 UCINET 中构建出 9×63 的 2-Mode 社会网络矩阵。在矩阵中,横排数据表示每一类行动者是否在 63 个风险案例中出现,而纵列中的数据则代表每个案例中是否出现了某一类相关者,其中 0 表示没有出现,而 1 表示出现。

	C1	C2	C3	C4	C5	C6	C7	C8	C9	C10	C11	C12	C13	C14	C15	C16	C17	C18	C19	C20	C21	C22	C23	C24	C25	C26	C27
东道国社会	0	0	0	0	1	0	0	0	0	1	1	0	1	0	0	1	0	1	1	0	0	0	1	1	1	0	0
东道国商界	1	0	0	1	0	1	0	0	0	0	0	1	0	0	0	0	0	0	0	0	0	0	0	0	0	0	0
东道国媒体	0	0	0	0	0	0	1	0	0	0	0	0	0	1	0	0	0	1	0	0	0	0	0	0	0	0	0
母国政府	0	0	0	0	0	0	0	1	0	0	0	0	0	0	0	0	0	0	0	0	0	0	0	0	0	0	0
外资企业	0	0	1	0	0	0	0	0	0	0	0	0	0	0	0	0	1	0	1	0	0	0	0	0	0	0	0
国际组织	0	0	0	0	0	0	0	0	1	0	0	0	0	0	0	0	0	0	0	0	0	0	0	0	0	0	0
外国政府	0	0	0	0	0	0	0	0	0	0	0	0	0	0	1	0	0	0	0	0	0	0	0	0	0	0	0
东道国政府	1	1	1	1	1	1	1	1	1	1	1	1	1	1	1	1	1	1	1	1	1	1	1	1	1	1	1
国际承包商	1	1	1	1	1	1	1	1	1	1	1	1	1	1	1	1	1	1	1	1	1	1	1	1	1	1	1

图 4-2 风险事件与行动者的 2-Mode 社会网络矩阵

如果两类行动者同时出现在某一案例中,则代表二者之间存在互动关系。为了更加清楚地表示国际工程政治风险行动者之间的关系,在构建 2-Mode 社会网络矩阵后,可以通过软件中"2-Mode to 1-Mode"的功能,将政治风险案例与行动者之间的 2-Mode 社会网络矩阵转换为行动者与行动者之间的互动关系矩阵(图 4-3),在互动关系矩阵中,数值代表各类行动者在 63 个案例中的共现频次。

4.2.2.2 行动者 1-Mode 社会网络的中心性分析

中心性是量化某个节点在社会网络中的重要的指标,在行动者 1-Mode 社会网络中,位于中心位置的行动者更容易获得资源和信息,拥有更大的影响力。度量社会网络中心性的

	东道国社会	外资企业	东道国政府	国际组织	东道国媒体	东道国商界	外国政府	母国政府	国际承包商
东道国社会	24	3	9	17	24	1	3	3	0
外资企业	3	11	0	11	11	0	0	0	0
东道国政府	9	0	16	11	16	0	1	1	0
国际组织	17	11	11	55	55	3	6	7	1
东道国媒体	24	11	16	55	63	3	6	7	1
东道国商界	1	0	0	3	3	3	0	0	0
外国政府	3	0	1	6	6	0	6	2	0
母国政府	3	0	1	7	7	0	2	0	0
国际承包商	0	0	0	1	1	0	0	0	1

图 4-3 国际工程政治风险行动者的共现矩阵

主要指标包括度中心性、接近中心性和中间中心性（Knoke & Yang, 2019）。

（1）度中心性

度中心性是用来衡量社会网络中节点的中心指数，其用来反映各节点在社交网络中的凝聚力（Badi et al., 2017）。在无向的社会网络中，节点的度中心性就等于一个节点与其他节点之间的直接联系，联系越多，它的度中心性就越大，即在社会关系中拥有较大的凝聚力。采用UCINET软件中的"中心性-度"分析功能对国际工程政治风险行动者共现矩阵进行分析，得到行动者的度中心性数据。

如表 4-4 所示，该 1-Mode 无向社会网络的网络中心势（Network centralization）为 22.76%，数值较小，表示该网络的集中趋势较弱，网络中的联系主要集中在少数几个行动者之间。从行动者的数据来看，9 类国际工程政治风险行动者的绝对中心性（Degree）的均值为 45.111，相对中心性（NrmDegree）的均值为 10.253，在 9 类行动者中，只有 3 类的度中心性的数据高于均值，它们分别是国际承包商、东道国政府和东道国社会。

表 4-4 国际工程政治风险行动者的度中心性

编号	相关者	Degree	NrmDegree	Share
5	国际承包商	123.000	27.955	0.303
4	东道国政府	111.000	25.227	0.273
1	东道国社会	60.000	13.636	0.148
3	东道国媒体	38.000	8.636	0.094
2	东道国商界	25.000	5.682	0.062
8	国际组织	21.000	4.773	0.052
7	外资企业	18.000	4.091	0.044
6	母国政府	8.000	1.818	0.020
9	外国政府	2.000	0.455	0.005

Network centralization=22.76%, Heterogeneity=20.60%, Normalized=10.67%

国际承包商的度中心性最高，它在社会网络中的凝聚力体现在它是所有政治风险事件的最终承受者，也就是说，所有其他行动者都可以通过发起、传递或者实施相应的风险事件与国际承包商建立联系。而作为政治风险的承受者,国际承包商虽然不能反向发起相关的事件,但其自身的特性会赋予其他行动者一定的感受,例如,国际承包商的行为让东道国社会产生厌恶,国际承包商市场份额的增加让外资企业的压力增大等。东道国政府和东道国社会在社会网络中的高凝聚力体现在其既可以自发地发起、实施针对承包商的政治风险事件,也可以在受其他相关者影响的情况下间接地发起、传递、实施针对承包商的政治风险事件。而东道国媒体、东道国商界、国际组织、外资企业、母国政府、外国政府在社会网络中的凝聚力较低,它们往往只会伴随东道国政府或东道国社会一起出现,也就是说,它们需要通过东道国政府或东道国社会对国际承包商产生影响。

(2) 接近中心性

接近中心性是度量一个节点到其他节点最短路径平均长度的指数。一个节点如果和其他节点的距离越近,那么它的接近中心性就越高,其将处在社会网络空间的中心位置上(Almahmoud & Doloi,2018)。接近中心性能反映一个节点在对其他节点建立联系时的自主能力。一个节点的接近中心性越高,那么它在与其他节点联系时越不容易受到控制。采用 UCINET 软件中的"中心性-接近性"分析功能对国际工程政治风险行动者共现矩阵进行分析,得到行动者的接近中心性数据。

如表 4-5 所示,整个社会网络的标准化接近中心势为 53.65%,表明该网络在整体上节点与节点之间在信息传递过程中的相互依赖性较强。从行动者的数据来看,9 类国际工程政治风险行动者的 Farness 均值为 10.253,nCloseness 均值为 77.743。其中国际承包商、东道国政府、东道国社会、国际组织的接近中心性的参数小于平均值,而东道国媒体、外资企业、母国政府、东道国商界、外国政府的接近中心性大于平均值,但总体上 9 个节点的接近中心性差距不大。这表明在该社会网络中不存在拥有绝对自主能力的行动者,9 类行动者之间建立联系的阻碍也较小。国际承包商在海外运营时很容易受到其他行动者的影响,自身的运营也很容易受到其他行动者的关注,所以应重视与每一个行动者之间的联系。

表 4-5 国际工程政治风险行动者的接近中心性

编号	相关者	Farness	nCloseness
5	国际承包商	8.000	100.000
4	东道国政府	8.000	100.000
1	东道国社会	9.000	88.889
8	国际组织	10.000	80.000
3	东道国媒体	11.000	72.727
7	外资企业	11.000	72.727
6	母国政府	12.000	66.667
2	东道国商界	13.000	61.538
9	外国政府	14.000	57.143

Network centralization=53.65%

(3) 中间中心性

中间中心性是度量节点在社会网络中的活跃程度的指数。如经过一个节点的最短路径最多,则该节点的中间中心性就越高(Mok et al.,2015)。在社会网络中,中间中心性高的节点往往处在其他点对的中间,起到中介作用。通过 UCINET 软件中的"中心性-中间度"分析功能对国际工程政治风险行动者共现矩阵进行分析。如表 4-6 所示,在 9 类行动者中,东道国媒体、东道国商界、外资企业、母国政府、外国政府的中间中心性为零,这表明这 5 类行动者在该网络中不起任何中介作用,正处于网络的边缘位置。

表 4-6 国际工程政治风险行动者的中间中心性

编号	相关者	Betweenness	nBetweenness
5	国际承包商	4.833	17.262
4	东道国政府	4.833	17.262
1	东道国社会	1.833	6.548
8	国际组织	0.500	1.786
3	东道国媒体	0.000	0.000
2	东道国商界	0.000	0.000
7	外资企业	0.000	0.000
6	母国政府	0.000	0.000
9	外国政府	0.000	0.000

Un-normalized centralization=31.500, Network centralization index=14.06%

剩下 4 类行动者按中间中心性从高到低依次为国际承包商、东道国政府、东道国社会、国际组织。尽管国际承包商是政治风险事件的承受者,但其也在社会网络中起着最重要的中介作用。就国际工程政治风险案例而言,国际承包商的存在是其他行动者出现联系的前提条件,不同的行动者会共同关注国际承包商的某些属性,在目的和利益上会达成一定的"共识",所以才会在同一风险案例中出现。东道国政府和东道国社会在该社会网络中的中介作用也较为明显,其他所有中间中心性为零的节点都是通过这两个节点与国际承包商建立起联系的,所以再一次体现了二者在该社会网络中的重要角色。

4.2.2.3 行动者-风险事件的 2-Mode 社会网络

在 2-Mode 社会网络数据的基础上,通过 NetDraw 软件中的可视化功能,可以绘制出行动者-风险事件的 2-Mode 社会网络图谱,可以更加清晰地展示行动者与案例中的政治风险事件的关系。在社会网络图谱中,圆点代表每一个政治风险的行动者,而方块则表示每一个风险事件,每条连线则表示某行动者参与了一次该风险事件(图 4-4、图 4-5)。

(1) 中心度的可视化分析

通过中心度的可视化分析可以清楚地在网络图形中显示出每个节点在网络中的位置,

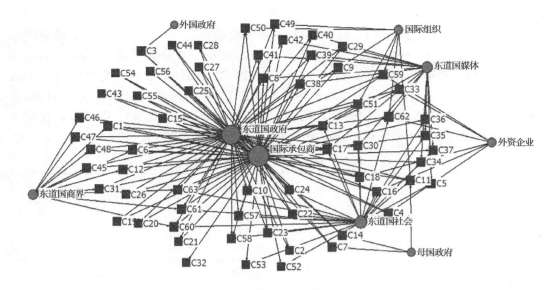

图 4-4 2-Mode 的中心度可视化分析

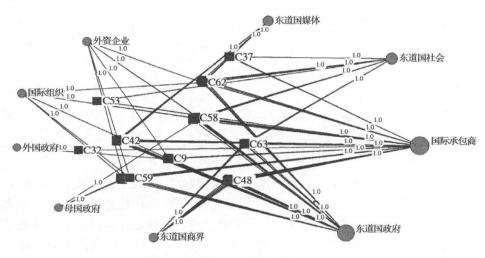

图 4-5 2-Mode 的主成分可视化分析

并通过节点的大小来判断每个节点在网络中位置的核心程度。通过 NetDraw 软件中的"中心性"功能绘制出行动者-风险事件的 2-Mode 社会网络图谱。如图 4-4 所示,每个风险事件的中心度并没有明显的差异,而风险行动者按中心度从高到低依次为国际承包商、东道国政府、东道国社会、东道国媒体、东道国商界、国际组织、外资企业、母国政府、外国政府,其参与政治分析案例的频次分别为 63 次、55 次、24 次、16 次、11 次、7 次、6 次、3 次、1 次。这表明在行动者-风险事件的 2-Mode 社会网络中,除国际承包商本身外,东道国政府和东道国社会出现的概率较高,也较为重要。

(2) 主成分的可视化分析

通过主成分的可视化分析,可以把 2-Mode 社会网络图谱的风险事件或者行动者依据其共性归为几个主成分。通过 NetDraw 软件中的"主成分"功能绘制出行动者-风险事件的 2-Mode 社会网络图谱。如图 4-5 所示,9 个相关者之间没有明显的共性,每个都代表一个主成分,而 63 个风险事件可以被聚类为 10 个主成分。

依据每个主成分中涉及的风险行动者,这 10 个主成分具有明显的特征(表 4-7)。

表 4-7 国际工程风险事件的作用形式

作用形式	风险事件/特征
东道国政府-国际承包商	征收或国有化、法律/政策的变化、政府违约、延期支付、腐败或官僚主义、汇兑限制、对进出口管制、对物价/工资的管制、对行政许可的管制、对技术转移的管制、对环境保护的管制、对建筑行业的限制、歧视性的法律裁决、地方保护
东道国社会-国际承包商	恐怖袭击、罢工、骚乱、内战、革命、种族/宗教冲突、公众对项目的反对
东道国社会-东道国政府-国际承包商	向东道国政府施压,引起或加重政府类风险事件
东道国商界-东道国政府-国际承包商	向东道国政府施压,引起或加重政府类风险事件
东道国媒体-东道国社会-国际承包商	通过舆论影响公众对国际承包商的态度,引起或加重社会类风险事件
东道国媒体-东道国政府-国际承包商	通过舆论影响东道国政府对国际承包商的态度,引起或加重政府类风险事件
母国政府-东道国政府-国际承包商	双边关系恶化引发的报复性的政府类风险事件
国际组织-东道国政府-国际承包商	向东道国政府施压,引起或加重政府类风险事件
外资企业-东道国政府-国际承包商	影响东道国政府对国际承包商的态度,引起或加重政府类风险事件
外国政府-东道国政府-国际承包商	国际制裁、跨国战争、边境冲突;影响东道国政府对国际承包商的态度,引起或加重政府类风险事件

① 东道国政府-国际承包商。有一些风险案例中仅出现了东道国政府和国际承包商。这类案例中涉及的政治风险事件有东道国政府直接发起的政府类事件,例如,东道国政府对物价和工人工资的控制,在环境保护上面的管制,在货币汇兑方面的管制,对承包商的财产进行没收,腐败或官僚主义等;也有因东道国政府内部部门之间的相互作用而间接引起的政府类事件,例如,突然性的政府变动导致的法律、政策的变化,以及政府违约事件。

② 东道国社会-国际承包商。有一些风险案例中仅出现了东道国社会和国际承包商。这类案例与东道国政府-国际承包商类的情况类似,涉及的政治风险事件有东道国社会直接发起的针对国际工程项目或者国际承包商的社会类政治风险事件,例如恐怖袭击、对国际承包商的抗议、公众对项目的反对;也有一些由东道国社会内部之间的相互作用引发的能对国际承包商造成间接影响的社会类事件,例如全国、地区范围内的工人大罢工,社会骚乱,以及种族或宗教冲突引起的安全环境恶化等。

③ 东道国社会-东道国政府-国际承包商。有一些案例中除了东道国政府和国际承包商外,还出现了东道国社会。这类案例中涉及的政治风险事件与东道国政府-国际承包商

类的并没有显著区别。其主要的特点是东道国社会在风险事件的发生过程中起到了推动作用,而最终风险事件的实施者还是东道国政府,例如,当东道国社会认为一项国际工程项目的建设会损害他们的利益时,或者与国际承包商因薪资、文化、宗教问题发生矛盾时,会通过向东道国政府施压,引发政府类政治风险事件。除此之外,当东道国政府对国际承包商或者国际工程项目的态度冷淡时,来自东道国社会的反对会加速或者加重政府类风险事件的发生。

④ 东道国商界-东道国政府-国际承包商。有一些案例中除了东道国政府和国际承包商外,还出现了东道国商界。这里的东道国商界主要指国际承包商在项目东道国除政府以外的合作伙伴或者竞争对手。这类风险事件包括国际承包商因与其他企业发生纠纷而引发的政府类事件,例如,不公平的法律裁决,对国际承包商的处罚等,也包括存在竞争的东道本土企业向政府施压,从而引起或加重针对所有外资企业或国际承包商的政府类风险事件。

⑤ 东道国媒体-东道国社会-国际承包商。有一些案例中还共同出现了东道国媒体、东道国社会、国际承包商。在这类案例中,东道国媒体在影响东道国社会对国际承包商或者国际工程项目的态度方面起到了关键作用,例如在有些案例中,东道国媒体过度报道或宣扬国际承包商在环境保护等方面的不足之处或者不当行为,导致了东道国社会对国际工程项目的反对。

⑥ 东道国媒体-东道国政府-国际承包商。东道国媒体不仅能影响东道国社会的情绪,还能影响东道国政府的态度。在一些风险案例中,东道国媒体通过舆论不断向政府施压,最后导致政府不得不采取某些措施,从而导致了政治风险事件的发生,例如,在墨西哥高铁项目的案例中,媒体大肆报道中国承包商在投标过程中的不当合作行为,不断地向政府施压,最后导致中国承包商的中标结果被取消。

⑦ 母国政府-东道国政府-国际承包商。国际承包商的母国政府同国际工程项目的东道国政府之间的关系也是影响东道国政府对待国际承包商的态度的重要变量。当母国政府和东道国政府之间建立了合作伙伴关系时,国际承包商能够得到互惠的待遇,但是如果双方交恶,可能会引起项目东道国政府对国际承包商的报复性行为。

⑧ 国际组织-东道国政府-国际承包商。国际组织包括国际媒体、区域或全球性的贸易组织、环保组织等也会通过向东道国政府施压而造成政府类的政治风险,例如,在一些政治风险案例中,"美国之音"等国际媒体大肆宣扬中国承包商的负面信息,增大项目东道国政府同中国承包商合作的压力,从而导致政府违约事件的发生。

⑨ 外资企业-东道国政府-国际承包商。在一些违约类的政治风险案例中,第三国的外资企业在政治风险事件发生的过程中也扮演了重要的角色,例如,在中国承包商同印尼政府就印尼高铁项目的谈判过程中,日本企业不断地向印尼政府展示自己的高铁技术,不断地游说印尼政府,从而导致印尼政府对高铁项目一拖再拖,不断改变高铁项目的招标和建设方案(宋汝欣,2018)。

⑩ 外国政府-东道国政府-国际承包商。一方面,大国之间的博弈不仅是军事、政治上的博弈,还包括对经济上话语权的争夺。一些具有战略意义的大型国际工程项目,例如,高铁、港口、铁路、油田的建设往往会引起多国政府的关注。因此,在这种情况下,项目东道国政府的态度还可能会受到其他国家政府的影响,从而导致政治风险事件的发生。另一方面,当项目东道国政府与他国政府之间发生冲突时,例如战争、边境冲突等,可能会影响项

目所在地的环境,从而发生政治风险。

4.3 国际工程政治风险的传导路径

4.3.1 风险传导要素

依据风险传导理论,国际工程中的政治风险应该是一个风险起源、传递,最终造成风险后果的过程。国际工程政治风险的影响因素、风险事件、风险后果构成了政治风险的传导要素。本研究将利用扎根理论的研究方法,从上文中收集到的63份国际工程政治风险案例中识别出国际工程政治风险传导要素。

扎根理论是一种质化分析的方法,其作用是通过对资料的系统深入分析来发展出新理论(费小冬,2008;贾哲敏,2015)。扎根理论适合学者在对一些概念没有完全理清或者没有理清概念之间的关系时使用。采用扎根理论方法所形成的理论不以验证学者所提的假设为基础,而以原始资料中的经验事实为依据,所以通过扎根理论形成的相关理论能与实际吻合,更有利于指导实践(李志刚等,2006)。

扎根理论的原始资料既可以是文献、新闻报道中的二手资料,也可以是研究者通过访谈、观察、记录所得到的一手资料。扎根理论的研究流程如图4-6所示。其中开放性编码、主轴编码和选择性编码是扎根理论研究流程的编码分析部分。在这63个国际工程政治风险的案例中,43个案例将被作为编码分析的原始数据资料,余下的20个案例将被作为理论饱和性检验的样本。

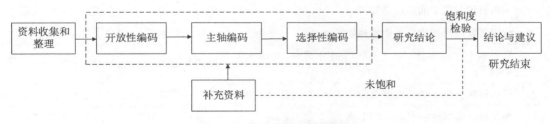

图4-6 扎根理论的研究流程

4.3.1.1 开放性编码

开放性编码是将资料分解、审视、比较、概念化和范畴化的过程。该过程中需要研究者持开放、严谨的态度,摒弃个人对研究内容的主观界定,对每一份原始资料进行细致登录分析,从而保证不错过任何一条有价值的原始信息(Wu et al.,2015)。首先,将国际工程政治风险案例的相关资料打散,保留与国际工程政治风险相关的客观语句,经分析、比较、审视将这些原始语句分解成独立的现象,之后对这些现象进行命名,形成概念。命名结束后,要分析生成的概念的属性和维度,将描述同一类现象的概念归为同一类,形成范畴。如表4-8所示,本研究从国际工程政治风险的案例中提炼出了256个概念,并将其归为环境保护、外部的干涉、政治不稳定、派系冲突、政府的有效性、公众对项目的反对、政府违约等46个范畴。

表 4-8 开放性编码结果

编号	原始语句	概念化	范畴
1	管道将经过缅甸许多村庄,引发强制拆迁、环境破坏	破坏环境	环境保护
2	西方媒体诋毁中缅合作	国际负面舆论	外部的干涉
3	由于政局不稳,政府宣布解散国会下议院	政局不稳	政治不稳定
4	军方发动政变	政变	派系冲突
5	迅即引发反对派强烈不满,爆发运动	反对派的意见	政府的有效性
6	民众示威要求政府叫停该项目	公众抗议	公众对项目的反对
7	中泰高铁合作项目彻底终止	项目终止	政府违约
8	融资方案无法获得当地有效的社会支持	融资方案不受欢迎	项目资金来源
9	日本的方案和技术刺激了巴育政府和泰国社会	其他企业干预	向政府施压制裁外企
10	西方势力利用反坝组织遏制中国在东南亚地区的影响力	西方势力干预	外部的干涉
11	在政策上倾向于着重发展基础设施薄弱的乡村和外岛	政策倾向其他领域	东道国对项目的期望
12	政府在社会、经济和国防政策等其他领域都需要大量投资	政府	项目资金来源
13	受大选影响出现短暂的社会分裂	大选	政府的稳定性
14	在野党对政府的制约	政府效力	派系冲突
15	项目耗资超过政府预期	项目耗资过大	成本超支
16	政府开支需要投入其他领域	政府投资重点	东道国对项目的期望
17	该项目不是印尼的迫切需要	项目不被需要	东道国对项目的期望
18	政府需要应对国内反对修建高铁的声音	反对修建项目	公众对项目的反对
19	深受本土主流媒体,以及英国广播公司和"美国之音"影响	受西方媒体影响	外部的干涉
20	当地村民百余人随后持棍棒闯入工地,发生群殴事件	与群众冲突	治安混乱
21	墨西哥社会对政府渐渐有所不满	社会对政府不满	公众对政府的支持
22	反腐政策执行无法令民众满意	腐败	公众对政府的支持
23	利比亚局势动荡,持续抗议活动引发流血冲突和人员伤亡	人员伤亡	公众对政府的支持
24	根据国家经济形势中止项目对政府来说是理性的选择	经济形势	东道国对项目的期望
25	苏丹反政府军和政府武装发生武装冲突	武装冲突	派系冲突
26	在印度政府相关部门的批准环节遇到了麻烦	政府批准	政府的有效性
27	一处建筑工地遭恐怖分子袭击	恐怖袭击	恐怖袭击
28	新政府干涉,合同被终止	新政府	政府违约
29	股价暴跌,品牌信誉受到严重影响	品牌信誉受影响	企业声誉
31	中国工人 11 人死亡,4 人重伤	工人伤亡	治安混乱
32	高层变动频繁,推翻前任决定,对项目进行重新审查	政府不稳定	政府的稳定性
33	政府效率低下,资金拨付不到位甚至被搁置,项目严重拖期	政府效率低下	政府的有效性

(续表)

编号	原始语句	概念化	范畴
34	中国投资者没有完全履行与当地居民达成的就业协议	未履行就业协议	承包商的不当行为
35	中国公司的一台挖掘机作业时撞死了当地居民的一匹马	作业事故	承包商的不当行为
36	没有及时支付当地人工资	拖欠工资	承包商的不当行为
37	没有按时向波兰分包商支付货款	拖欠工程款	承包商的不当行为
…	…	…	…

4.3.1.2 主轴编码

主轴编码是依据所分析现象的条件、脉络、行动、互动的策略和结果把开放性编码所得到的范畴联系起来形成主范畴的过程。这些联系可以是因果关系、类型关系、对等关系、功能关系、过程关系等(Charmaz，2015)。

在主轴编码的过程中，每次只围绕一个范畴寻找与其相关的其他范畴，例如，先选定"政治不稳定"为轴心，政治不稳定是指项目东道国政治系统无法保持动态的有序性和连续性，其与"公众对政府的支持""派系冲突"存在对等的关系，于是可以把其归入同一个类属。

如表4-9所示，经过主轴编码，开放性编码所得到的46个范畴可以被归纳为15个主范畴：政治环境(A)、制度环境(B)、社会环境(C)、经济环境(D)、国际环境(E)、双边关系(F)、企业特性(G)、项目特性(H)、政府态度(I)、社会态度(J)、政府措施(K)、政府政策(L)、外部事件(M)、社会事件(N)、风险后果(O)。

表4-9 主轴编码的结果

主范畴	解释
A：政治环境	指与国际工程政治风险相关的政治因素，包括政治的稳定性、群众对政府的反对等
B：制度环境	指与国际工程政治风险相关的法律、政策、行政因素，包括法律的有效性、政府的有效性等
C：社会环境	指与国际工程政治风险相关的社会因素，包括社会治安状况、宗教和种族关系等
D：经济环境	指与国际工程政治风险相关的经济因素，包括宏观经济环境、经济自由度等
E：国际环境	指能影响项目东道国营商环境的外部因素，包括国际组织或其他国家的干预、地缘政治等
F：双边关系	指项目东道国与承包商母国之间的关系，包括外交关系、经济上的相互依赖、双边合作等
G：企业特性	指国际承包商的运营特点和措施行为，包括与当地政府的关系、对当地经济的贡献等
H：项目特性	指国际工程项目在经济、技术、管理等方面的指标，包括项目的资金来源、管理的复杂性等
I：政府态度	指当地政府对国际承包商或国际工程项目的态度，包括政府对项目的期望、对外企的好感等
J：社会态度	指社会公众对国际承包商以及国际工程项目的态度，包括公众对项目的需求等
K：政府措施	指来源于政府但与法律不相关的那一类政治风险事件
L：政府政策	指来源于政府但与法律相关的那一类政治风险事件
M：外部事件	指来源于东道国外部的那一类政治风险事件
N：社会事件	指来源于东道国社会的那一类政治风险事件
O：风险后果	指风险事件造成的不利后果，包括项目终止、工期拖延、成本超支、财务损失、人员伤亡等

4.3.1.3　选择性编码

选择性编码是在系统层面上将主范畴组织起来识别出核心范畴,并把核心范畴同其他范畴予以联系,进一步精炼理论的过程(Fu et al.,2019)。在选择性编码阶段,首先要去观察这些主范畴是否可以在一个概括层面上属于一个更大的分析类属,之后在这些类属中概括出一个比较重要的核心,并围绕这个核心把这些类属串联起来。

如表 4-10 所示,通过选择性编码,找到了主轴编码得到的 15 个主范畴之间的一些联系,可以把这 15 个主范畴归类为更大的三个类别。

(1) 在"影响因素"下有政治环境(A)、制度环境(B)、社会环境(C)、经济环境(D)、国际环境(E)、双边关系(F)、企业特性(G)、项目特性(H)、政府态度(I)、社会态度(J)。

(2) 在"风险事件"下有政府措施(K)、政府政策(L)、外部事件(M)、社会事件(N)。

(3) 在"风险后果"下有风险后果(O)。

此外,通过对资料再次审查发现"风险事件"在所有类属中占据中心位置,在原始资料中频繁出现,比较稳定,与其他类属之间的关联比较紧密,因此把"风险事件"定义为核心范畴,并依据该核心范畴与其他类属之间的联系建立国际工程政治风险要素的扎根理论:国际工程中的政治风险事件是由国际工程政治风险的影响因素引发的,国际工程的政治风险事件的发生会导致一系列的政治风险后果。

表 4-10　选择性编码的结果

编号	类别	主范畴
1	影响因素	政治环境(A)、制度环境(B)、社会环境(C)、经济环境(D)、国际环境(E)、双边关系(F)、企业特性(G)、项目特性(H)、政府态度(I)
2	风险事件	政府措施(K)、政府政策(L)、外部事件(M)、社会事件(N)
3	风险后果	风险后果(O)

4.3.1.4　理论饱和度检验

理论饱和度检验是指当搜集新的数据不再产生新的理论见解时,扎根理论所得到的类属及其之间的关系就达到饱和了。通过使用余下的 20 个案例中的数据,重复上述"开放性编码—主轴编码—选择性编码"的执行分析过程,与上述分析结果相比较,并没有增加或改变相应的结论,证明上文编码分析的结果已经达到饱和,可以停止理论抽样。

4.3.2　解释结构模型

解释结构模型法(Interpretative Structural Modeling,ISM)是现代系统工程中常用的一种结构模型分析方法。采用 ISM 方法可以通过梳理系统要素之间已知但凌乱的直接二元关系来揭示系统的内部结构(Sagheer et al.,2009)。其基本原理是,先通过矩阵描述已知的系统要素之间的直接二元关系,在此基础上进一步运算、推导来解释系统结构的特点。

传统的建筑工程风险管理方面的研究主要以风险识别和评价为主,较少关注风险要素之间的关系和结构。近几年来,越来越多的学者开始注重有关风险结构、风险产生机理方面的研究。在这些研究中,有不少学者采用了 ISM 方法去揭示风险传递的路径(Iyer et al.,2009;Pfohl et al.,2011)。相对于文字、数字、公式等描述性方法,ISM 方法以层级拓扑图的方式来展示系统各要素之间的关系、层级结构,结果更加清晰直观。在上文中,我们通过扎根理论识别了国际工程政治风险传导要素的15个主范畴。本节将采用ISM方法来揭示国际工程政治风险要素主范畴之间的逻辑结构,进一步验证国际工程政治风险的传导路径。

4.3.2.1　建立关系矩阵

ISM方法使用的基础是识别了系统的全部要素以及这些要素之间的直接二元关系。因此本研究使用ISM方法的第一步是组织ISM小组,明确国际工程政治风险要素集以及它们之间的直接二元关系,并据此建立这些要素之间的关系矩阵。ISM小组由5名学术界经验丰富的专家学者构成,他们分别为3名从事相关研究的大学教授以及2名来自产业界的具有国际工程经验的建筑企业高级管理者。小组谈论的内容包括:再次审视通过扎根理论确定的国际工程政治风险传导要素的主范畴是否全面、合理;讨论各主范畴之间的二元直接关系,直到意见达成一致。

通过小组讨论,主范畴集没有发生改变,并确立了各类要素之间的关系。如表4-11所示,确立的要素之间的影响关系有四种:

(1) 要素 i 与要素 j 之间无影响关系,符号为 X;
(2) 要素 i 与要素 j 之间存在相互影响关系,符号为 T;
(3) 要素 i 能影响要素 j,符号为 Y;
(4) 要素 i 能被要素 j 影响,符号为 W。

表 4-11　政治风险要素的关系矩阵

$S(i,j)$	A	B	C	D	E	F	G	H	I	J	K	L	M	N	O
A	—	X	X	X	X	X	X	W	X	X	W	X	X	X	X
B	X	—	X	X	X	X	X	X	X	X	W	X	X	X	X
C	X	X	—	X	X	X	X	X	X	X	X	X	X	X	X
D	X	X	X	—	X	X	X	X	X	X	X	X	X	X	X
E	X	X	X	X	—	X	X	X	W	X	W	X	X	X	X
F	X	X	X	X	X	—	X	X	X	X	X	X	X	X	X
G	X	X	X	X	X	X	—	X	X	X	X	X	X	X	X
H	X	X	X	X	X	X	X	—	W	X	W	X	X	X	X
I	Y	X	X	Y	Y	Y	Y	Y	—	W	X	W	X	X	X
J	Y	Y	Y	Y	Y	Y	Y	Y	Y	—	W	X	X	X	X
K	X	X	X	X	X	X	X	X	Y	Y	—	X	X	X	W
L	Y	Y	X	X	X	X	X	X	X	X	X	—	X	X	W
M	X	X	X	X	X	X	X	X	X	X	X	X	—	X	X
N	X	X	X	X	X	X	X	X	X	X	X	X	X	—	W
O	X	X	X	X	X	X	X	Y	Y	X	Y	Y	Y	Y	—

4.3.2.2 建立邻接矩阵

邻接矩阵中的元素只有 0 或者 1,用来表示要素之间的两两相互影响关系。其中值 1 表示要素 i 到 j 之间有长度为 1 的通路,而 0 表示 i 到 j 之间无直接通路。将关系矩阵中的四种符号转换成 0 和 1,得到国际工程政治风险要素的邻接矩阵(表 4-12),具体规则如下: 在关系矩阵中,若 $S(i,j)$ 的符号为 Y 或者 T,则邻接矩阵中 $A(i,j)$ 的值为 1;在关系矩阵中,若 $S(i,j)$ 的符号为 X 或者 W,则邻接矩阵中 $A(i,j)$ 的值为 0。

4.3.2.3 建立可达矩阵

可达矩阵 M 的元素同样只有 0 或者 1,用来表示要素 i 是否可以通过一定的长度到达要素 j 的矩阵。其中值 1 表示要素 i 到 j 之间有通路,而 0 表示 i 到 j 之间无通路。可达矩阵 M 可由邻接矩阵与单位矩阵运算求得。具体过程为对矩阵 $A+I$ 进行幂运算,直到 $M=(A+I)^{n+1}=(A+I)^n\neq\cdots(A+I)^2\neq(A+I)$ 成立。通过计算机运算得出国际工程政治风险要素的可达矩阵如表 4-13 所示。

4.3.2.4 确定层级

首先要计算每个因素的可达集 $R(S_i)$ 和依赖集 $A(S_i)$。$R(S_i)$ 指的是因素 i 及可以到达因素 i 的其他因素的集合,$A(S_i)$ 指的是因素 i 及其他可以到达因素 i 的因素集合。然后再计算可达集 $R(S_i)$ 和依赖集 $A(S_i)$ 的交集,即重复集 $C(S_i)$。当一个要素的 $C(S_i)$ 等于它的 $R(S_i)$ 时,那么该元素便隶属于该结构模型的第一层。在求得第一层的所有要素后,

表 4-12 国际工程政治风险要素的邻接矩阵

$A(i,j)$	A	B	C	D	E	F	G	H	I	J	K	L	M	N	O
A	0	0	0	0	0	0	0	0	0	0	0	0	0	0	0
B	0	0	0	0	0	0	0	0	0	0	0	0	0	0	0
C	0	0	0	0	0	0	0	0	0	0	0	0	0	0	0
D	0	0	0	0	0	0	0	0	0	0	0	0	0	0	0
E	0	0	0	0	0	0	0	0	0	0	0	0	0	0	0
F	0	0	0	0	0	0	0	0	0	0	0	0	0	0	0
G	0	0	0	0	0	0	0	0	0	0	0	0	0	0	0
H	0	0	0	0	0	0	0	0	0	0	0	0	0	0	0
I	1	0	0	1	1	1	1	1	0	0	0	0	0	0	0
J	0	0	0	1	1	1	1	1	1	0	0	0	0	0	0
K	0	0	0	0	0	0	0	0	0	0	0	0	0	0	0
L	1	1	0	0	0	0	0	0	1	0	0	0	0	0	0
M	0	0	0	0	1	0	0	0	0	0	0	0	0	0	0
N	0	0	1	0	0	0	0	0	0	1	0	0	0	0	0
O	0	0	0	0	0	0	1	1	0	0	1	1	1	1	0

表 4-13 国际工程政治风险要素的可达矩阵

$M(i,j)$	A	B	C	D	E	F	G	H	I	J	K	L	M	N	O
A	1	1	0	0	0	0	0	0	1	0	0	1	0	0	0
B	0	1	0	0	0	0	0	0	0	0	1	0	0	0	0
C	0	0	1	0	0	0	0	0	0	0	0	0	0	1	0
D	0	0	0	1	0	0	0	0	0	0	0	0	0	0	0
E	0	0	0	0	1	0	0	0	1	1	0	0	1	0	0
F	0	0	0	0	0	1	0	0	1	1	0	0	0	0	0
G	0	0	0	0	0	0	1	0	1	1	0	0	0	0	0
H	0	0	0	0	0	0	0	1	1	1	0	0	0	0	0
I	1	0	0	1	1	1	1	1	1	1	1	0	0	0	0
J	0	0	0	1	1	1	1	1	1	1	0	0	0	1	0
K	1	0	0	1	1	1	1	1	1	1	1	0	0	0	1
L	1	1	0	0	0	0	0	0	0	0	0	1	0	0	0
M	0	0	0	0	0	0	0	0	0	0	0	0	1	0	0
N	0	0	1	1	1	1	1	1	0	1	0	0	0	1	1
O	1	1	1	1	1	1	1	1	1	1	1	1	1	1	1

剔除这些要素,继续计算剩余要素的 $R(S_i)$、$A(S_i)$、$C(S_i)$,用同样的办法推算得出第二层的要素,依此类推,直至得出所有层级与其所包含的所有要素。

如表 4-14 所示,经 ISM 方法可以得出,国际工程政治风险传导的要素共分为四层。其中第一层包含一个要素:"风险后果(O)";第二层共包含四个要素:"政府措施(K)""政府政策(L)""外部事件(M)""社会事件(N)";第三层共包含两个要素:"社会态度(J)"和"政府态度(I)";第四层共包含八个要素:"政治环境(A)""制度环境(B)""社会环境(C)""经济环境(D)""国际环境(E)""双边关系(F)""企业特性(G)""项目特性(H)"。

表 4-14 政治风险传导要素的层级划分

S_i	$R(S_i)$	$A(S_i)$	$C(S_i)$	层级
A	A,I,K,L,O	A	A	4
B	B,L,O	B	B	4
C	C,N,O	C	C	4
D	D,J,I,N,K,L,O	D	D	4
E	E,J,I,M,N,K,L,O	E	E	4

(续表)

S_i	$R(S_i)$	$A(S_i)$	$C(S_i)$	层级
F	F,J,I,N,K,L,O	F	F	4
G	G,J,I,N,K,L,O	G	G	4
H	H,J,I,N,K,L,O	H	H	4
I	I,J,K,L,O	A,D,E,F,G,H,I,J	I,J	3
J	J,K,L,O	A,D,E,F,G,H,J	J	3
K	K,O	A,D,E,F,G,H,I,J,K	K	2
L	L,O	A,B,D,E,F,G,H,I,J,L	L	2
M	M,O	E,M	M	2
N	N,O	A,C,D,E,F,G,H,J ,N	N	2
O	O	A,B,C,D,E,F,G,H,I,J,K,O	O	1

如图 4-7 所示,风险后果在风险结构中位于第一层,即是风险传导路径的终点,几类风险事件均隶属风险结构的第二层,而风险因素则位于风险结构的第三层或者第四层。从整体上看,风险因素的层级均低于风险事件的层级,而风险事件的层级均低于风险后果的层级,表明经 ISM 方法得出的有关国际工程政治风险传导要素的层级关系的结论与风险传导理论一致。依据脆弱性理论,风险是系统外部威胁性和内部脆弱性耦合的结果。因此我们把位于底层的政治环境、经济环境、社会环境、制度环境等因素称为威胁性因素,把项目特性和企业特性称为脆弱性因素。除此之外,我们把位于第三层的政府态度和社会态度称为中介因素。

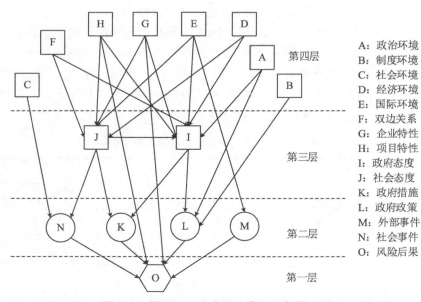

图 4-7 国际工程政治风险传导要素的 ISM

4.3.2.5 讨论

依据 ISM 的结论,可以绘制出国际工程政治风险传导的类比模型图。如图 4-8 所示:

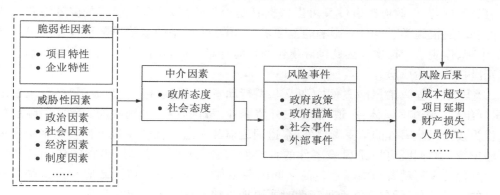

图 4-8 国际工程政治风险传导的概念模型

国际工程政治风险的形成是一个由因到果的复杂的传导过程。在该过程中各要素发挥着独特的作用,其对国际工程政治风险管理的借鉴意义如下:

(1) 国际工程政治风险的起源不只是外部威胁性因素,还包括由项目特性和企业特性构成的脆弱性因素,以及由政府态度和社会态度所构成的中介因素。在这三类因素当中,威胁性因素会直接造成宏观或中观层面的政治风险事件,例如,由项目东道国的种族紧张因素引起的社会冲突事件,由对华关系恶化引发的对中资企业的集体报复行为;脆弱性因素与威胁性因素共同作用,通过影响中介因素造成针对国际工程项目的微观政治风险事件,例如,在项目东道国经济不景气的情况下,那些工期过长、花费过高、社会期望值不高的工程项目会遭受较低的社会或政府好感,从而引发政府违约事件。

(2) 与已有的研究观点不同,本研究认为由项目特性和企业特性构成的脆弱性因素不仅是微观政治风险事件的直接诱因之一,也是影响最终风险后果的关键因素之一。即使在宏观政治风险事件作用下,项目系统的脆弱性因素不同,风险后果也会不同。综合脆弱性理论以及风险传导理论可以得出国际工程政治风险的传递路径是复链式的。从宏观或者中观的政治风险角度出发,威胁性因素引发风险事件,在风险事件和脆弱性因素共同的作用下产生风险后果;从微观政治风险角度出发,威胁性因素和脆弱性因素共同作用引发中介因素,中介因素引发风险事件,风险事件导致风险结果。

(3) 在传统的风险管理理论下,学者和产业界主要从估算风险事件发生的概率和可能产生的影响的角度来评价风险,评价的重点主要放在风险后果和风险事件上。如上所述,脆弱性因素和威胁性因素是导致风险事件和风险后果的最初源头,因此可以通过评价国际工程项目系统的内部脆弱性和外部威胁性的角度来评价国际工程项目的政治风险水平,并通过分析特定的因素组合情形判断具体的风险事件以及潜在的影响。

4.4 本章小结

本章对国际工程中的政治风险进行了识别和分类,通过社会网络分析法对国际工程政治风险行动者之间的关系,以及行动者与风险事件的关系进行了分析,通过 ISM 识别了国

际工程政治风险的传导路径,主要的结论如下:

(1) 国际工程中的政治风险事件从直接来源的角度可以分为社会类事件、外部类事件和政府类事件,其中政府类事件又可以依据其是否与法律、政策直接相关被分为政府政策类事件和政府措施类事件。从影响的范围来看,国际工程中的政治风险事件还可以被分为宏观、中观、微观三个层次。因此国际承包商在海外经营时,可以综合以上角度分别去全面地识别潜在的政治风险。

(2) 国际工程政治风险案例中涉及 9 类行动者:国际承包商、东道国政府、东道国社会、国际组织、东道国媒体、东道国商界、外资企业、母国政府、外国政府。除了国际承包商本身作为政治风险事件的承受者以外,东道国政府和东道国社会在整个社会网络中占据着核心的位置。它们既可以是风险事件的直接发起者,也可以是风险事件的传递者和实施者。而其他几个行动者与国际承包商之间的联系往往是通过东道国政府和东道国社会建立起来的,所以国际承包商在海外运营时要更加重视其与二者之间的关系。

(3) 国际工程政治风险的影响因素分为外部威胁性因素、内部脆弱性因素、中介因素三类。其中,外部威胁性因素会直接造成宏观或中观层次的政治风险事件,在政治风险事件和内部脆弱性因素共同的作用下产生最终的风险后果。而外部威胁性因素和内部脆弱性因素共同作用时会影响中介因素,中介因素会导致微观层面的政治风险事件,从而造成政治风险后果。因此,外部威胁性因素和内部脆弱性因素是造成国际工程政治风险后果的最根源的变量,在海外经营时,国际承包商可以利用两类因素来评价国际工程项目的政治风险水平。

第 5 章　国际工程政治风险的度量

本章旨在进一步量化国际工程政治风险的威胁性因素,从而建立起国际工程政治风险的外部威胁性模型,用以评价二元项目系统所面临的外部环境(国别风险水平);进一步量化国际工程政治风险的脆弱性因素,从而建立起国际工程政治风险的内部脆弱性模型,用以评价二元项目系统自身的脆弱性;综合外部威胁性因素和内部脆弱性因素,并运用木桶理论建立国际工程政治风险的集成度量模型,用以度量国际工程的政治风险水平(发生政治风险的下限),以此作为风险预警、定性分析和决策的依据。

5.1　国际工程政治风险的外部威胁性度量模型

根据第 4 章的结论,国际工程政治风险的外部威胁因素主要来自东道国的社会、政治、法律和经济系统,其还受到国际环境以及项目东道国和承包商母国关系的影响。为了更加准确地评价国际工程政治风险的外部威胁性,本章将在第 4 章的基础上对与国际工程政治风险外部威胁性因素相关的变量做进一步的识别与细化。

5.1.1　变量的识别

将抽象的变量进行细化是风险评估工作中很重要的一部分。本节的主要内容是研究如何用二级变量去评价国际工程政治风险的外部威胁性。首先通过文献综述的方法对可能影响国际工程政治外部威胁性的变量进行初步识别,具体步骤如下:

(1) 首先确定文献检索采用的数据库;

(2) 其次限定论文检索的检索主题、类型、范围、年限,确保能搜集到足够的与主题相关的论文;

(3) 最后通过对数据库检索到的论文进行进一步的审查,通过快速浏览论文的摘要、关键词以及结论,确保搜集到的论文与该主题相关。

本研究选取 Scopus 数据库作为文献检索的数据库。与其他的一些数据库(例如 PubMed、Web of Science 以及 Google Scholar)相比,Scopus 数据库在文章覆盖范围和准确性方面表现得更好(Falagas et al.,2008)。也正是这个原因,该数据库在国际上被广泛应用于工程管理领域的研究。通过对 Scopus 数据库搜索功能的设置,文献检索的范围被限定如下:主题(Political Risk or Political Risks)和文档类型(Article or Review)和领域(Business or Engineering or Decision or Environment or Society)和年份(>1970)和语言(英语)。

通过数据库初步检索,本研究共搜到了相关文献 1 082 篇,并通过进一步的筛选和审查,留下了 124 篇最相关的文献作为变量识别的基础。在阅读这些文献后,共 18 个可能影响国际工程政治风险外在威胁性的变量被识别。为了进一步确保所识别变量的合理性、准确性和完备性,又于 2017 年 2 月进行了一轮预调研。共有 10 位具有丰富的相关工作经验的专家参与了此次调研,其中 4 位专家是来自中国建筑企业的高级管理人员,其余 6 位专家是在大学从事该领域研究的教授。本次调研的目的是获取专家对初步识别出来的变量的看法。调研中,鼓励专家删减不必要的变量或者增加那些重要但却没有被提及的变量,并对识别的变量进行初步分组。

根据专家们的建议,共两个变量"恐怖主义(B2)"和"治安混乱(B3)"被增加。自美国的"9·11"事件发生以来,恐怖主义和治安混乱已经成为我们这个时代国际商务活动面临的最大的威胁,近几年来,无论是在欧美等发达国家和地区,还是在亚非拉等发展中国家和地区,恐怖袭击和恶性治安事件频发,给国际承包商的生命和财产安全带来了巨大的威胁。以往的研究对恐怖主义和恶性治安事件的关注较少,考虑到这两个变量在目前形势下的重要性,其被加入了最终的评价指标体系中。此外,两个变量"种族主义"和"较差的法律执行机制"被删除。其原因是,有专家提出,种族主义对政治风险的影响主要是通过恐怖主义及宗教和种族关系紧张与冲突来实现的,而较差的法律执行机制又与法律和制度、政府的有效性以及官僚主义高度相关,存在重复。通过预调研,本研究最终识别了 18 个国际工程政治风险外部威胁性变量(表 5-1)。

表 5-1　国际工程政治风险的外部威胁性变量

编码	变量	来源
A1	公众对政府的支持(Popular support)	Feng, 2002
A2	政府的稳定性(Government stability)	Hastak & Shaked, 2000
A3	派系冲突(Factional conflict)	Bing et al., 1999
B1	宗教/种族紧张(Religious/ethnic tensions)	Annett, 2001
B2	恐怖主义(Terrorism)	Interviewee
B3	治安混乱(Civil disorder)	Interviewee
C1	法律和制度(Laws and regulations)	Aron, 2000
C2	政府的有效性(Government effectiveness)	Aron, 2000
C3	腐败/官僚主义(Bureaucracy)	Ashley & Bonner, 1987
D1	经济气候(Economic performance)	Rich & Mahmoud, 1990
D2	经济结构(Economic structure)	Rich & Mahmoud, 1990
D3	经济自由度(Economic freedom)	Jia et al., 2017
E1	外交关系(Diplomatic relations)	Yaprak & Sheldon, 1984
E2	双边协议(Bilateral agreements)	Interviewee
E3	经济关系(Economic interaction)	Alon & Herbert, 2009
F1	外部的干涉(External interferences)	Al Khattab et al., 2007
F2	国际经济环境(International economic environment)	Bing et al., 1999
F3	地缘政治(Geopolitics)	Interviewee

这 18 个变量被初步分为 6 个组(组 A~组 F):政治环境(Political environment,A1~A3),社会环境(Social environment,B1~B3),制度环境(Institutional environment,C1~C3),经济环境(Economic environment,D1~D3),双边关系(Bilateral relations,E1~E3),国际环境(International environment,F1~F3)。这 6 个组 18 个变量就初步构成了国际工程政治风险的外部威胁性测度模型(图 5-1)。

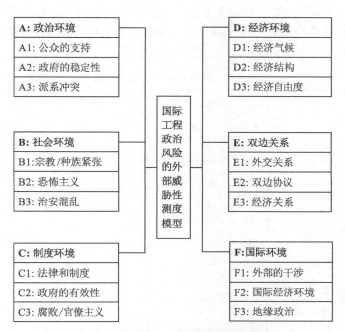

图 5-1　国际工程政治风险的外部威胁性测度模型

5.1.2　问卷调查与指标评价

为了验证该模型的合理性,本研究采用问卷调查法对 18 个变量的重要性进行评价。该问卷包括三个部分的内容:

(1)对政治风险以及个别变量的简要解释;

(2)涉及受访者工作年限、职级等相关信息的问题;

(3)采用李克特五级量表的形式对所有变量的重要性进行打分,其中 5 表示该变量非常重要,4 表示该变量重要,3 表示平均水平,2 表示该变量不重要,1 表示该变量非常不重要。

问卷受访者被限定为那些具有国际工程经验的从业者和具有相关领域研究经验的学者。首先通过相关文献中作者邮箱、所在单位、职称等的信息,选取了来自学术界的 300 位专家学者。然后,通过中国建筑学会、研究人员所在高校在全国各地的校友会,以及中国对外承包工程商会等渠道选取了来自产业界的 300 位具有国际工程经验的从业者,这合计的 600 人便是本次问卷的发放对象。

问卷通过电子邮箱、问卷星、微信等工具发放和回收。最终共收到问卷 158 份,有 3 份问卷因为答案的不完整或者存在明显的错误被剔除。最终有效问卷 155 份,问卷回收率为 25.8%,略高于工程管理领域的相关研究(Zhao et al.,2018;Liu et al.,2016;Deng et al.,

2013a),表明样本的数量是充分而合理的。在这 155 份有效问卷中,56 份(占比36.1%)来自在高校任职的专家学者,99 份(占比 63.9%)来自产业界的从业者。从受访者的工作经验来看,所有的受访者都拥有超过 5 年的相关工作经验,有 57.1% 的受访者拥有超过 10 年的工作经验。从受访者所在的地区来看,在 56 位来自学术界的学者之中,有 28 位来自中国(包括香港、澳门和台湾),另外 28 位来自海外其他国家;在 99 位来自产业界的学者之中,有 8 位目前在国内工作,剩下的 91 位分别在亚洲(除中国)、非洲、欧洲、北美洲、南美洲、澳大利亚从事国际工程项目的相关工作(表 5-2)。除此之外,所有的产业界的专家都有过在海外的政治风险经历。

表 5-2 有效问卷的受访者信息

参数	值	学术界($N=56$)		产业界($N=99$)		合计($N=155$)	
		人数	比例/%	人数	比例/%	人数	比例/%
工作经验(年)	大于20	8	14.3	10	10.1	18	11.6
	16～20	15	26.8	12	12.1	27	17.4
	11～15	17	30.4	28	28.3	45	29.0
	5～10	16	28.6	49	49.5	65	41.9
职级	教授	22	39.3	—	—	22	14.2
	副教授	19	33.9	—	—	19	12.3
	助理教授/讲师	15	26.8	—	—	15	9.7
	高级经理	—	—	57	57.6	57	36.8
	项目经理	—	—	42	42.4	42	27.1
地区	中国	28	50.0	8	8.1	36	23.2
	亚洲(除中国)	14	25.0	38	38.4	52	33.5
	非洲	2	3.6	26	26.3	28	18.1
	欧洲	5	8.9	9	9.1	14	9.0
	北美洲	4	7.1	5	5.0	9	5.8
	南美洲	0	0.0	8	8.1	8	5.2
	澳大利亚	3	5.4	5	5.0	8	5.2

5.1.3 数据的初步分析

首先使用 SPSS 软件所搜集到的数据进行效度检验,其 Cronbach 系数为 0.918,明显高于判别标准(Nunnally,1994),表明本次调研的数据具有较高的可靠性。此外,如表 5-3 所示,18 个变量的平均值分布在 3.32 与 4.21 之间,显著高于中间值 3.00,表明这些变量的重要性得到了受访者认可。

在这些变量中,重要性排名前五的变量为"政府的稳定性"(均值 4.21,排名 1)、"政府的有效性"(均值 4.01,排名 2)、"法律和制度"(均值 3.97,排名 3)、"恐怖主义"(均值 3.96,排名 4)、"双边协议"(均值 3.95,排名 5)。这五个变量中的前三个变量常出现在现有的各类政治风险评价体系中。"恐怖主义"是本研究通过专家访谈,根据现有阶段政治风险的形势新增的变量;而"双边协议"是衡量承包商的母国与项目东道国关系的一个重要指标。目前中国承包商在海外承揽的国际工程项目的规模较大,并且其中很大的一部分还是国有项目。在项目谈判、签订和实施的过程中离不开两国政府的支持,两国政府的关系对项目的成功至关重要。总体而言,该指标体系与现有的政治风险评价体系在变量的选取上基本保持一致,但又在考虑到了现阶段政治风险的特点和中国承包商的特色的基础上进行了改进。

表 5-3 外部威胁性变量的数据初步分析结果

变量	平均值	Kruskal-Wallis 检验特征值		
		工作年限	职位	地区
A1:公众对政府的支持(Popular support)	3.85	0.325	0.496	0.234
A2:政府的稳定性(Government stability)	4.21	0.431	0.273	0.351
A3:派系冲突(Factional conflict)	3.78	0.287	0.711	0.420
B1:宗教/种族紧张(Religious/ethnic tensions)	3.81	0.367	0.628	0.387
B2:恐怖主义(Terrorism)	3.96	0.624	0.584	0.627
B3:治安混乱(Civil disorder)	3.65	0.549	0.631	0.554
C1:法律和制度(Laws and regulations)	3.97	0.428	0.482	0.381
C2:政府的有效性(Government effectiveness)	4.01	0.399	0.429	0.321
C3:腐败/官僚主义(Bureaucracy)	3.85	0.647	0.524	0.675
D1:经济气候(Economic performance)	3.62	0.557	0.386	0.198
D2:经济结构(Economic structure)	3.47	0.625	0.564	0.368
D3:经济自由度(Economic freedom)	3.86	0.631	0.456	0.629
E1:外交关系(Diplomatic relations)	3.84	0.457	0.389	0.337
E2:双边协议(Bilateral agreements)	3.95	0.571	0.446	0.428
E3:经济关系(Economic interaction)	3.57	0.289	0.732	0.540
F1:外部的干涉(External interferences)	3.65	0.564	0.645	0.191
F2:国际经济环境(International economic environment)	3.32	0.457	0.698	0.346
F3:地缘政治(Geopolitics)	3.71	0.387	0.443	0.287

由于有效问卷的受访者具有不同的背景(工作年限、职位、所在地区),本研究选取非参数检验法中的 Kruskal-Wallis 检验法对数据的一致性进行检验。非参数统计是一种重要的统计分析方法,它与参数检验法常被用于对数据的分布和基于数据提出的假设进行验证。与参数检验法(T 检验,方差分析)相比,非参数检验不依赖数据的总体分布,应用起来更加灵活(Pettitt, 1979; Shan et al., 2015)。在以往的工程管理领域的研究中,参数检验的方法被广泛应用(Hwang et al., 2015; Singhaputtangkul et al., 2014)。但是,有不少的研究学者在该方法使用的过程中忽视了数据的分布特征,运算过程和结果不合理。由于问卷调查的数据具有一定的主观性、无规律性,数据的分布特点和参数也是难以提前确定和把握

的,因此在对问卷调查所获得的数据进行分析时,非参数检验的方法显得更为合理。

Kruskal-Wallis 检验是非参数检验方法中常用的一种,其被用于判断样本是否来源于同样的分布(Breslow,1970)。Kruskal-Wallis 检验是在曼-惠特尼 U 检验的基础上改进的,前者能用于三个或者多个样本,而后者只能用于两个样本。与其他非参数性测试一样,它不使用原始数据而使用数据阵列来进行统计。确切地说,其所用的统计量,是把 $N(>2)$ 个独立的简单随机样本的观察值放在一起,排列秩序后算出(Spurrier,2003)。

本研究采用 SPSS 软件对问卷搜集的每个变量的不同样本之间的数据进行 Kruskal-Wallis 检验,依据 Siegel(1956)的研究,只有当检验的显著性特征值小于 0.05 时,才能证明某个变量的不同样本之间的数据不一致。如表 5-3 所示,所有变量的显著性特征值都大于 0.05,表明不同背景的受访者对这 18 个变量的重要性的看法在总体上是一致的。

5.1.4 结构方程模型分析

结构方程模型(Structural Equation Modeling,SEM)是一种在管理学和社会科学中被经常用到的因果建模方法(林盛等,2005)。其集合了验证性因素分析、验证性组合分析、路径分析、偏最小二乘路径模型和潜在生长模型等技术(Chin,1998)。在结构方程模型中涉及了两种不同类型的变量:观测变量(Observable variable)和潜变量(Latent variable)。前者是指那些可以被直接观测的变量,例如,人的月收入、学生的成绩、商品的价格等;而后者是指那些不能被直接观测但与潜变量之间存在假设的理论关系的变量,例如,人的生活幸福程度、学生的优越感、商品的受欢迎程度等。除此之外,结构方程模型由两个重要部分组成:测量模型(Measurement model)[式(5-1),式(5-2)]和结构模型(Structural model)[式(5-3)]。测量模型主要被用来表示观测变量与其对应的潜变量之间的关系,而结构模型则表达了多个潜变量与潜变量之间的关系(Kline,2015)。

$$y = \Lambda_y \eta + \varepsilon \tag{5-1}$$

$$x = \Lambda_x \xi + \delta \tag{5-2}$$

$$\eta = B\eta + \Gamma\xi + \zeta \tag{5-3}$$

其中,y 是内生观测变量组成的向量;x 是外生观测变量组成的向量;Λ_y 是内生观测变量在内生潜变量上的因子负荷;Λ_x 是外生观测变量在外源潜变量上的因子负荷;η 是内生潜变量(因子)组成的向量;ξ 是外生潜变量组成的向量;ε 是内生变量 y 的误差向量;δ 是外生变量 x 的误差向量;B 是描述内生潜变量 η 之间的彼此影响关系的系数矩阵;Γ 是描述外生潜变量 ξ 对内生潜变量影响的系数矩阵;ζ 是残差向量。

与传统的线性回归、路径分析、因子分析等方法相比,结构方程模型具有以下优点:

(1) 在进行数据分析和计算变量之间的关系时,结构方程可以同时处理多个因变量,有效避免了在逐步计算单一变量时所忽视的其他变量所带来的影响。

(2) 在对社会科学或管理学的某些变量进行测量时,如请专家表达其对某一变量的观点或对其进行评价时,往往含有误差,也不能用单一的变量进行测量。但在结构方程模型中,允许变量产生误差,且允许潜变量用多个观测变量衡量。

(3) 在结构方程模型中,可以同时确定潜变量与潜变量之间的关系,以及观测变量与潜变量之间的关系。

(4) 相对于传统的路径分析法,在结构方程模型中,可以通过测量多种模型对某一个样本的整体拟合程度来确定最合理的模型结构。

(5) 结构方程模型中允许出现复杂的关系结构,例如,某个变量同时与多个变量存在因果关系,更适合因素关系较复杂的研究(罗福周等,2018;Lomax et al.,2004)。

由于结构方程模型具有诸多优点,其在工程管理研究中的应用也越来越广泛。目前共有两种不同类型的结构方程常被学者们使用:基于协方差的结构方程模型(Covariance-Based SEM,CB-SEM)和偏最小二乘法的结构方程模型(Partial Least-Squares SEM,PLS-SEM)。CB-SEM 在以往的工程管理相关研究中被应用的频率更高(Eybpoosh et al.,2011;Doloi et al.,2012;高莉莉,2015),但 PLS-SEM 却比 CB-SEM 有着更加明显的优点,例如,PLS-SEM 可以在没有大样本和明确数据分布的情况下计算复杂的问题,并可以通过权属关系来评估潜在的结构作为可观测变量的线性组合(Chin,1998;Hair et al.,2011;Lim et al.,2012)。近些年来,PLS-SEM 在工程管理领域的应用也越来越普遍,例如,Zhao 等(2013)采用 PLS-SEM 分析了影响企业风险管理的关键成功因素之间的关系;Liu 等(2016)采用 PLS-SEM 验证了国际工程项目中风险之间的分类和因果关系。

由于本次调研所获取的样本量并不是很大,且在样本获取之前数据的分布规律不明确,所以更适合采用 PLS-SEM。因此,本研究采用 PLS-SEM 的测量模型对国际工程政治风险的外部威胁性测度模型的有效性进行检验。通过验证性因子分析(Confirmatory Factor Analysis,CFA)技术来评价所识别的 18 个外部威胁性变量是否能表达相对应的政治风险因素。

在模型中,18 个被识别的被观测变量,其对应的 6 个组别则被看作与之相对应的潜变量。测量模型的信度和效度判断标准如下:每个观测变量在其对应的潜变量上的因子载荷值不能低于 0.400;每个潜变量的组合信度(CR)值不能低于 0.700(Hair et al.,1998);每个潜变量的平均变异抽取量(AVE)不能低于 0.500(Fornell & Bookstein,1982)。在充分判别效度方面,每个潜变量的 AVE 的平方根应大于潜变量与潜变量之间的结构相关系数,并且每个观测变量在其对应的潜变量上的因子载荷应超过变量之间的交叉载荷(Chin,1998;Fornell et al.,1982)。

采用 SMART PLUS 软件依据图 5-1 所提出来的理论模型对问卷所搜集到的数据进行验证,结果显示(表 5-4),18 个观测变量的因子载荷值在 0.731 到 0.853 范围之间,均大于标准值 0.400;6 个潜变量的 CR 值在 0.816 到 0.861 范围之间,均大于标准值 0.700;6 个潜变量的 AVE 值在 0.566 到 0.673 范围之间,大于标准值 0.500。

表 5-4 外部威胁性变量的测量模型评估

变量	因子载荷值	R^2	CR 值	AVE 值
A1	0.763	0.582		
A2	0.842	0.709		
A3	0.818	0.669		
			0.850	0.566

(续表)

变量	因子载荷值	R^2	CR 值	AVE 值
B1	0.787	0.619		
B2	0.814	0.663		
B3	0.731	0.534		
			0.821	0.605
C1	0.821	0.674		
C2	0.853	0.728		
C3	0.776	0.602		
			0.858	0.668
D1	0.765	0.585		
D2	0.748	0.560		
D3	0.802	0.643		
			0.816	0.596
E1	0.789	0.623		
E2	0.848	0.719		
E3	0.823	0.677		
			0.861	0.673
F1	0.767	0.588		
F2	0.763	0.582		
F3	0.811	0.658		
			0.824	0.609

如表 5-5 所示，所有潜变量的 AVE 的平方根都明显高于潜变量与潜变量之间的结构相关系数，并且所有的观测变量都获得了其对应潜变量上的最大载荷，表明该理论模型是合理有效的。

表 5-5 外部威胁性主成分的判别有效性

主成分	A	B	C	D	E	F
A	**0.752**	—	—	—	—	—
B	0.612	**0.778**	—	—	—	—
C	0.531	0.453	**0.817**	—	—	—
D	0.431	0.374	0.549	**0.772**	—	—
E	0.498	0.451	0.542	0.387	**0.820**	—
F	0.458	0.485	0.606	0.414	0.521	**0.780**

注：粗体数字为各主成分的 AVE 的平方根。

5.1.5 外部威胁性变量的内涵

CFA 的结果表明这 6 组 18 个变量是可以被用来测量国际工程项目的外部威胁性水平的。如图 5-2 所示,这 6 组变量可以分为两类,第一类变量是和项目东道国的国家风险相关的常规政治风险因素,包括政治环境(A)、社会环境(B)、制度环境(C)、经济环境(D);第二类是与国际商务相关的特定政治风险因素,包括双边关系(E)和国际环境(F)。

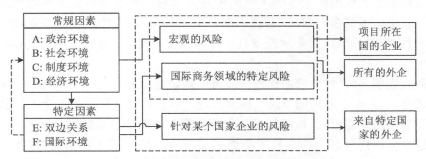

图 5-2 外部威胁性因素与风险之间的关系

常规因素反映了项目东道国最基本的营商环境,由其引发的风险往往是宏观的。大多数威胁事件,例如腐败、地区冲突、政治不稳定都是由此类因素所直接导致的。而特定的风险因素则针对的是国际商务活动,或者特定国家之间的经济合作活动。一些国际商务领域的风险事件,如经济制裁、报复性行为、歧视则与该类因素直接相关。因此国际承包商在海外市场时,不仅要面临着项目东道国政治、社会、制度、经济环境中存在的各种威胁,也会受到国际环境以及项目东道国政府与母国关系波动带来的影响。

当然常规因素与特定因素之间也存在着微妙的联系。一方面,国际环境的波动除了给国际承包商造成直接的威胁外,也能引起东道国商业环境的不稳定,从而间接地影响国际工程项目;另一方面,东道国在政治、经济环境上的变化,也可能对承包商母国与东道国之间的关系产生影响,从而导致国际承包商在国别优劣势地位上的转变。

5.1.5.1 政治环境(Political Environment)

该主成分包含三个变量:公众对政府的支持(A1)、政府的稳定性(A2)、派系冲突(A3)。与以往大部分的研究观点一致(Ling et al.,2006;Hastak et al.,2000;Bing et al.,1999),政治因素被认为是评价政治风险的主要指标之一。

东道国的政治环境不仅决定着东道国的政策、法律和制度的制定、变更和实施,还能对东道国社会环境的稳定产生影响(Ashley et al.,1987)。当政府的稳定性影响到建筑业或与国际工程项目相关行业的法律、政策时就会对国际工程项目的实施造成影响(Ling et al.,2007)。这种影响可以分为两类:

(1) 宏观的、普遍的影响,主要表现为由于政策的调整造成的项目所涉及的人工、材料等花费的上升。

(2) 微观的、针对性的影响,主要表现为政府换届后造成的新任政府对国际工程项目态度的转变,或者加大贸易保护主义、提高贸易壁垒等与外商投资相关政策的变化,从而加大对国际工程项目实施的阻碍,加大国际承包商的经营成本(Chang et al.,2019b)。

例如,马来西亚在 2018 年大选后,迎来了新的总统巫统派的元老马哈蒂尔,这次总统的更替也直接造成马来西亚政府对与中国企业合作的国际工程项目的态度转变,导致多项中资项目被搁置或者变更,给中国在马来西亚的国际承包商带来了巨大的损失。美国总统特朗普上台后,加大贸易保护主义,发动对华贸易战,不仅加大了中资企业进入美国市场的难度,也给在美的中资企业的生存带来了巨大的威胁。2008年,中国铁道建筑总公司和所属的中国土木工程集团公司在尼日利亚所承建的拉各斯至卡诺段铁路项目因尼日利亚政府的换届而暂停施工。该事件发生的主要原因是因为尼日利亚新政府上台需要对政府投资的大项目进行重新审核和规划,该项目原来业主代表为"总统特别代表事务办公室",后来变更为尼日利亚交通部长,需要承担责任的主体发生改变,导致尼日利亚交通部需要对该项目进行审定。

许多研究表明,公众对政府的支持与政府的稳定显著相关(Feng,2002)。特别是在部分国家或者地区,公众对政府的反对往往能决定政府机构是否可以平稳运行。派系冲突不仅是政治不稳定的主要原因,也能加重政治不稳定对工程项目带来的负面影响。2014年,由中国铁建牵头的国际联合体中标了墨西哥城至克雷塔罗高速铁路项目,然而不到一年内,该项目就因反对党和社会对墨西哥政府执政能力的不满和对政府涉嫌腐败的质疑而"搁置"(宋汝欣,2017)。不稳定的政治环境同样会造成社会环境的波动,包括激化矛盾、导致社会动荡、造成社会治安混乱等,从而给国际工程项目的顺利实施带来阻碍。

5.1.5.2　社会环境(Social Environment)

本组包含宗教/种族紧张(B1)、恐怖主义(B2)、治安混乱(B3)三个变量。社会环境的混乱可能会造成不安全的投资环境,可以对国际工程项目的顺利进行产生直接的影响,也可以通过其影响政治的稳定性间接影响国际工程项目(Chang et al.,2019a)。

曾任联合国秘书长的安南说过:"和平对维护全球公共利益至关重要,安全是投资环境的基本保证。"宗教和种族紧张一般是造成地区冲突和不安的最主要因素,一般来讲,种族构成复杂,宗教关系越紧张的国家和地区越容易发生冲突和混乱,这种混乱波及范围广,甚至会影响东道国的政权稳定性,也可能会造成社会混乱、冲突、战争等恶性事件,有极大的破坏力(Howell et al.,1994;Alon et al.,2009)。

虽然世界对和平与发展的诉求一直在增加,但过去几十年,中国企业所在的中东和非洲地区局部的治安混乱、摩擦与冲突,甚至战争依然普遍存在。这些事件往往是灾难性的,给中国承包商造成了巨大的财产损失和人员伤亡的后果。例如,2004年,阿富汗武装分子袭击了中国建筑集团十四局在阿富汗昆都士的公路项目工地,开枪向中国工人疯狂扫射,造成11死5伤;2012年,埃及当地部落与埃及政府发生恶性冲突事件,在该事件中共有25名中国工人遭到了当地武装分子绑架;2012年,中国水利水电建设集团公司在苏丹承建的乌姆—阿布公路的工程项目因苏丹反政府军和政府军的武装冲突事件而被迫停工,该事件还造成工地29人被苏丹反政府军劫持,18人被困;2012年,中材国际天津分公司承建的埃及西奈水泥厂项目发生了劫持事件,当地部落与政府的冲突发生后,埃及西奈地区的贝都因人在当地绑架了24名中国籍的水泥工厂工人和1名翻译,并要求埃及当局释放多名因涉嫌制造爆炸案被关押的贝都因人,以作为释放中国工人的条件;2008年,中国东方电气公司和山东电力公司承建的印尼万丹第三发电厂项目遭到当地居民的暴力袭击,中国承包公司人员拥有的电脑和电视等在混乱中也遭到掠夺,建筑工程停工;2004年,中国水利水电建设集团公司在巴基斯坦德的高摩赞工程遭遇了人质劫持事件,项目所在地区自然环境恶劣,政府对该地区的控制力很弱,恐怖分子常常在该区域活动。

美国的"9·11"事件是世界恐怖主义事件的"代表之作",给世界安全形势带来了深远影响。近些年来,尽管世界各国为反对恐怖主义花费了巨大的人力和财力,但恐怖主义对人类的安全威胁一直存在,且在局部地区甚至出现了不断加剧的趋势(冯冬冬和李辉,2018)。自"基地组织"和"伊斯兰国"组织被相继打击后,国际恐怖主义由集聚化转向多元化发展,恐怖主义活动由中东地区逐步向中亚、南亚、东南亚、欧洲、非洲等地区扩散,参与恐怖主义活动的人员来自世界各地100多个国家和地区(刘纪未,2018)。随着信息技术的发展,恐怖主义活动的传播更加迅速,活动策划和实施也更加高效和缜密。恐怖主义主要起源于极端的宗教主义、民族分裂主义和意识形态等,在这其中,由宗教冲突引起的极端宗教主义是最重要的来源。

近些年,中国承包商所集中的非洲、西亚、南亚、中亚和东南亚等地区的恐怖主义形势不断恶化,也给中国国际承包商带来了巨大的威胁和损失。例如,2015年,位于马里首都的巴马科丽笙蓝标酒店发生恐怖劫持事件,恐怖组织"纳赛尔主义独立运动"是该事件的策划者,共有21人在该事件中死亡,其中包括3名来自中铁建的高管。遇难的3人具有丰富的国际工程经验,是难得的海外业务经营专家,他们此行的目的是与马里交通部门进行马里到塞内加尔的铁路项目的谈判,没想到遭遇不幸。

5.1.5.3 制度环境(Institutional Environment)

该指标(主成分)包含的三个变量为法律和制度(C1)、政府的有效性(C2)、腐败/官僚主义(C3)。制度环境是社会行为准则的基础,决定了项目东道国的私营部门的健康发展是否受相关的政策和法律的保护(Williamson,2009)。

以往的研究也表明薄弱的法律和制度体系经常给国际承包商的运营带来巨大的威胁,特别是在越南(Ling et al.,2010)、印度(Ling et al.,2006)等发展中国家和地区。一个国家的法律和制度主要涉及司法体系的独立性和有效性、合同执行的质量、条约的批准情况、对产权的保护程度、警察局和法院的有效性以及在法治环境下发生犯罪和暴力的可能性。在健全的法律和制度下,国际承包商更能受到应有的尊重,当发生商业争端或合同纠纷时,能够得到公正的处理和裁决,其正当权益也能得到有效的保证。相反,在非健全的法律和制度体系下,例如,薄弱的法律系统、差的执行机制、模糊的法律和制度、不断变动的法律和制度,国际承包商将会面临更大的不确定性,增加经营成本。大量的案例表明承包商在海外经营时难以应对经常变动的政策(Ling et al.,2007),一些与国际工程特别相关的政策改动,例如货币改革、临时的货币兑换限制、提高贸易壁垒、增加审批限制等都给国际承包商取得预期的回报带来了阻碍。

政府的有效性主要是指一国政府在政治压力下,其公共服务的质量和其独立性、政府制定政策的能力和执行政策的效率及以政策为基础的政府信誉(陈文申,2000)。有效的政府不仅能够以社会需求为导向为社会提供高质量的服务,还能根据社会的变化不断调整行政效率以更好地促进社会的发展(王明海等,2017)。高效的政府往往能获得群众的支持,有利于社会和政治的稳定。对于国际工程项目而言,时间和效率就是金钱,高效的政府,例如快速的审批、有效的沟通渠道有利于工程项目的顺利进行。

腐败可以造成市场的混乱,扰乱工程承包市场的秩序,造成企业经营成本的上升,甚至给工程质量带来负面的影响。国际工程由于涉及大量的资金,具有一定的政治色彩,也成了腐败的高发领域(张浩,2016)。国际工程的命运往往决定在业主和政府手里,因此在腐败现象严重的国家,承包商往往不得不花费大量的金钱成本在业主身上。除此之外,为了能够及时获得上级部门的支持,快速完成各项审批程序,减少不必要的审查和麻烦,承包商往往会"贿赂"实权人物,从而增加了工程运营的风险。在工程项目实施各环节中,施工单位也可能因为腐败的氛围放松要求、弄虚作假、偷工减料、牟取私利,从而难以保证工程的质量(狄小华和冀莹,2012)。

5.1.5.4 经济环境(Economic Environment)

本组包含经济气候(D1)、经济结构(D2)、经济自由度(D3)三个变量。与经济相关的变量不仅能引发宏观经济风险,而且能通过影响社会政治环境和政策引发政治风险(Rich & Mahmoud,1990)。

经济气候被认为是政治风险的一个重要来源。以往的研究表明,东道国的经济气候表现不好,例如货币不稳定、较高的通货膨胀率、较差的经济增长和高失业率会导致社会政治的不稳定,从而增加跨国企业面临的政治风险。一般来说,东道国的宏观经济表现可以通过以下三个方式对国际承包商的运营带来影响:

(1) 当经济形势不好时,东道国政府因财政压力或社会的反对,会收紧对某些大型工程项目的投资,从而造成工程量的缩减或项目终止。

(2) 当项目东道国货币贬值或通货膨胀率高时,会直接降低国际承包商的收入,增加运营成本。

(3) 经济危机可能会造成社会的混乱,引发游行、示威、罢工、冲突等事件,使项目的运营环境变差,也面临着由此引发的政策变动风险。

经济结构是指国民经济的组成和构造,即项目东道国的生产力布局情况。一个国家的经济结构包括产业之间的构成、价格结构、劳动力结构、消费结构等。一般来说,一个国家的经济结构越合理,越有利于社会经济的长远健康发展,企业所面临的机遇越多而风险越少。

经济自由是指一国政府在生产、收入分配、商品和服务上没有超过必需以外的强制和限制,从而保障公民的权利和自由。根据美国传统基金会的观点,具有较多经济自由度的国家或地区与那些具有较少经济度的国家或地区相比,会拥有较高的长期经济增长速度,更繁荣。国际承包商往往会为规避贸易壁垒选择进入经济相对开放的国家或地区(Rich et al.,1990;Agarwal et al.,2007)。东道国的经济自由度与国际经济合作所涉及的政策环境显著相关。在经济自由度低的国家,国际承包商往往会遭遇:较高的税收负担引起的运营成本上升,投资回报率较低;缺乏自由竞争的环境,政府干预频繁,面临的不确定性较多;在劳动力的派遣、工作时间、最低报酬上的诸多限制,增加了国际工程项目的人工成本;关税和非关税的贸易壁垒,包括通过关税限制进口,要求购买国产商品,要求企业具有较高的本地化程度;在外商投资方面的各种管制,包括对待外商的态度、外商投资限制、土地所有权的限制、行业限制、没有合理补偿情况下的征收、外汇管制和资本管制等,从而具有较高的政治风险水平。

5.1.5.5 双边关系(Bilateral Relations)

该指标(主成分)包含的三个变量为外交关系(E1)、双边协议(E2)、经济关系(E3)。项目东道国政府与承包商母国政府之间的关系也是影响国际工程政治风险水平的关键因素。

国际承包商在一定程度上代表着自己的母国,在那些与其母国双边关系好的国家能得到更多支持,面对的歧视或者阻碍也较少,相反,在那些与母国双边关系不好的国家,国际承包可能会遭受政策上的阻碍(Yaprak et al.,1984)。在两国交恶或者关系紧张时,国际承包商甚至会成为两国斗争的筹码或者报复的对象。

外交关系是两国双边关系中最重要的一部分,一般来说,外交关系好的国家之间的合作和往来也更密切,两国政府也对双边贸易较为支持。国际工程项目一般规模大,周期长,具有较高的社会关注度。一般来说,国际工程项目的谈判与实施都离不开项目东道国政府和承包商母国政府之间的支持。特别是对于一些涉及国际民生的援助项目,两国之间的外交关系显得尤为重要。

双边协议指两国政府之间就双边投资之间的保护协定,建立起的投资关系所应遵循的法律规范结构和框架,包括缔约双方的权利和义务代位权、解决投资争议的程序性规定。缔约国任何一方不遵守条约里规定的义务,就会产生国家责任。因此,双边协议为双边投资提供了强有力的保护。许多国家也把双边投资协议作为其加强海外投资保险或保证制度的重要内容。承包商在那些与母国政府签订了双边协议的国家,可以避免或减少法律障碍,运营环境也相对稳定,一旦有了投资争议也能够得到妥善的解决。

经济关系用项目东道国同母国的贸易总额占该国当年贸易总额的比例来衡量,该比例越大表明该国在经济上对国际承包商母国的依赖性越大(Chang et al.,2018a)。对承包商母国经济依赖高的国家从维护自身利益的原则出发,发生针对该国承包商的规模较大的政治风险事件的可能性不大,比如,中国同日本以及东盟在贸易上的牵扯巨大,使得一些民间敌对情绪很难上升到像战争这般较大的冲突事件。

5.1.5.6 国际环境(International Environment)

本组包含外部的干涉(F1)、国际经济环境(F2)、地缘政治(F3)三个变量。一个国家的风险水平不仅由该国的政治、经济、法律和社会环境所决定,还受到国际环境的影响。国际环境,包括邻国、区域或者全球的政治、经济和安全情况都有影响其他国家或地区的政治、经济、社会稳定的能力(Simon,1984;Chang et al.,2018a;Yaprak et al.,1984)。

作为全球体系的一部分,项目东道国的政治环境、经济环境和社会环境的稳定都会受到国际环境波动的影响,这种现象在独立性较低的中小国家更加明显。具体来说,国际环境的波动可以从以下几个方面增大项目东道国的风险水平:

(1)一国对另一个国家在政治上的干涉,可能会导致该国政府对外商投资态度的转变,也可能导致该国对国际承包商母国外交政策的转变,从而增加国际承包商在该国承建项目的政治风险水平。

(2)区域或全球范围内的经济危机,特别是全球通货膨胀或经济大萧条会引发项目东道国的经济危机,例如,2006年美国发生了次贷危机,导致了金融市场的震荡。在2007年,美国次贷危机上升为金融危机席卷全球,全球市场需求的下降给其他国家的经济带来了严重的冲击。

(3)国际商业纠纷或者贸易战争会影响全球的贸易生态环境,引发全球经济衰退,给众多行业造成不利的影响,例如,特朗普上台后主动发起中美贸易战。由于全球经济体之间存在着高度相关的供应链,贸易战不仅使中美两大经济体两败俱伤,还对全球的经济环境带来了负面影响。在这过程中,跨国企业深受关税增加的负面影响,利润降低,经营困难。

（4）国家与国家之间的关系恶化或国际协议的改变会造成项目东道国对外政策的转变，甚至使地区局势紧张，引发安全危机。例如，由于中国与越南在南海领域的争端，使得中国在越南的承包商面临更多的政策不确定性；2018年，美国宣布要单方面退出"伊核协议"，事件引起了中东地区的局势紧张，也给印度洋航线上的海上贸易的安全带来了威胁；2019年，印度政府宣布废除印控克什米尔的特殊地位，导致印度和巴基斯坦之间剑拔弩张，外资企业纷纷撤离，一度有发生局部战事的趋势。

5.1.6 国别风险评价

5.1.6.1 数据的获取和处理

本小节将使用国际工程政治风险的外部威胁性测度模型对世界各国的风险指数和水平进行测量。由于所识别的18个外部变量都具有显著的重要性，且在测量模型中各观测变量的因子载荷以及各潜变量的 CR、AVE 等值都比较接近，因此在对各国进行评测时对各变量采用等权重的方法处理。

为了确保评价结果的客观性和主观性，如表5-6所示，本次评价采用了中国商务部发布的对外投资国别报告，PRS研究机构发布的国家风险国际指南综合指数（ICRG），经济学人智库（EIU）发布的国家运营风险指数，以及美国传统基金委（Heritage Foundation）发布的经济自由度指数中最近一年的数据，并对非百分制的数据通过标准化处理（式5-4），把所有数据都换算为百分制。

表5-6 外部威胁性变量的数据来源

变量	数据来源	数据类型
D1、D2、E1、E3、F1、F2、F3	中国商务部	分级
A1、A2、B1、B3	PRS研究机构	分级
A3、C1、C3	EIU	百分制
D3	美国传统基金委	百分制

$$y = \frac{x-1}{n-1} \times 100 \tag{5-4}$$

其中，y 为标准化后的某个国家某个变量的得分；x 为该变量的原始评级；n 为该变量的评级规模。

需要注意的是，由于所有的数据都需提前转化为同一个方向，即数值越大其对应的风险水平越高。例如，在评价各国与中国的外交关系时，级别6表示该国与中国未建交，级别5表示该国与中国建立了普通的外交关系，级别4表示该国与中国为合作伙伴关系，级别3表示该国与中国为全面合作伙伴关系，级别2表示该国与中国为战略合作伙伴关系，级别1表示该国与中国为全面的战略合作伙伴关系。

5.1.6.2 评价结果概况

通过对数据进行处理，本研究计算出了全球167个国家或地区的国别风险指数（Country Risk Index，CRI）（附录1）和国别风险等级（Country Risk Level，CRL），CRI数值越高表示该国的 CRL 越高。在这些国家中,瑞士、新西兰、挪威、卢森堡、毛里求斯为 CRI 最低的五个国家,而叙利亚、中非、伊拉克、苏丹、南苏丹为 CRI 最高的五个国家。167 个国家的 CRI 位于 24 到 83 之间,平均值为 47,中位数为 47,近似服从正态分布,且该正态分布呈低峰态和偏正态(图 5-3)。

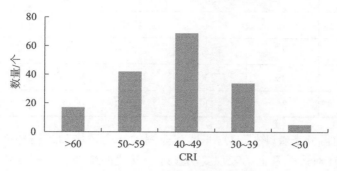

图 5-3 各国 CRI 分布图

从统计结果可以看出(表 5-7),在 167 个国家中,17 个国家(占总体的 10.2%)的 CRI 大于等于 60,CRL 为非常高;42 个国家(占总体的 25.1%)的 CRI 在 50 至 59 之间,CRL 为高;69 个国家(占总体的 41.3%)的 CRI 在 40 至 49 之间,是数量最多的一组,该组的 CRL 为中等;34 个国家(占总体的 20.4%)的 CRI 在 30 至 39 之间,该组 CRL 为低;5 个国家(占总体的 3.0%)的 CRI 低于 30,该组的 CRL 较低。

表 5-7 各国 CRI 分布及对应的 CRL

CRI	数量/个	比例/%	CRL
60 及以上	17	10.2	很高
50 至 59	42	25.1	高
40 至 49	69	41.3	中
30 至 39	34	20.4	低
30 以下	5	3.0	很低

5.1.6.3 各区域的 CRI 及其特点

如表 5-8 所示,由于采用数值平均法的计算规则,各大洲 CRI 之间的差异并不是特别大,但即便如此,也可以看出非洲地区的 CRI 平均值最高,亚洲地区的 CRI 平均值排第二,南美洲地区的 CRI 平均值排第三,北美洲地区的 CRI 平均值排第四,大洋洲的 CRI 平均值排第五,而欧洲的 CRI 平均值最低。总的来说,亚洲、非洲和南美洲这三个以发展中国家为主的地区明显要比欧洲、北美洲和大洋洲这三个以发达国家为主的地区的风险水平高。评价的结果与大众传统的认知和各大国际评估机构的评估结果基本一致。

表 5-8 六大洲的 CRI 统计

地区	政治环境	社会环境	制度环境	经济环境	双边关系	国际环境	CRI
非洲	54	51	55	56	52	43	52
亚洲	50	44	50	43	46	61	49
南美洲	42	35	51	47	63	48	48
北美洲	37	34	49	37	78	46	47
大洋洲	29	38	45	37	76	33	43
欧洲	30	21	41	36	68	32	38

从各组变量的得分来看(图 5-4),非洲和亚洲的社会环境和政治环境的表现要明显差于其他四个洲,而在双边关系上的表现要明显好于其他四个洲。非洲和亚洲地区整体而言是世界上发展中国家最多的两个区域,社会和政治系统相对比较薄弱,所展现出来的问题也较多。但这两个大洲却是中国对外投资最多的两个地方,也是中国承包商海外营业额最多的两个大洲(付勇生,2018),更是"一带一路"倡议参与国家最多的两个大洲(李香菊等,2018),因此,在与中国的国际经济合作上表现出了其独特的优势。除此之外,亚洲还面临着最复杂的国际形势,非洲的制度环境和经济环境表现最为不好。

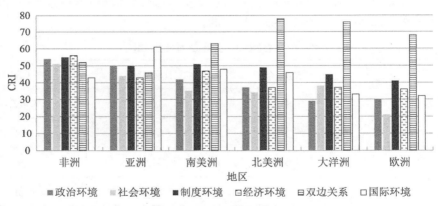

图 5-4 六大洲的 CRI 表现

(1) 亚洲地区

亚洲幅员辽阔,作为世界上最大的大洲,包含了众多的国家和地区,也是中国承包商对外投资营业总额最高的区域。本次评价报告共涉及亚洲 44 个国家和地区,这 44 个国家和地区又分布在东亚、东南亚、南亚、西亚和中亚五个地区,每个地区在各个指标表现上也略有不同(图 5-5)。

东南亚国家的 CRI 平均值在亚洲五个地区中排名最低,特别在指标"双边关系"中表现较好。近几年,随着《南海各方行为宣言》的逐步推进,东南亚各国秉承"搁置政治,共同开发"的理念,南海争端逐渐缓和,地区趋向稳定(崔浩然,2018)。东南亚诸国与中国的经济合作密切,随着区域经贸组织的建立和"一带一路"倡议的推进,国际金融机构和发达国家

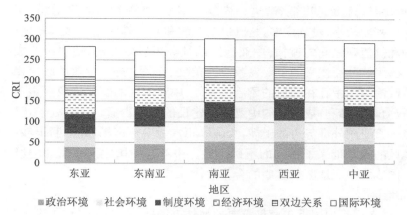

图 5-5　亚洲各区域的 CRI

对该地区的投资力度加大,工程建设投资逐年增多。近几年来,东南亚国家的经济发展迅速,GDP 年均增长率保持在 6% 左右,且得益于其人口红利,被认为发展潜力无限。

但东南亚地区也存在一定的问题:严重的官僚主义和腐败现象一直存在;经济系统薄弱,容易受世界经济环境的影响,例如,2018 年,受美国加息的影响,东南亚各国的货币纷纷贬值;极端的恐怖主义分子开始向世界各地扩散,而伊斯兰教盛行的东南亚地区是恐怖主义分子的主要扩散地之一(李恒,2017);国家的政局不稳定,例如,柬埔寨政党斗争严重,泰国的政治稳定性和连续性较差,缅甸中央与地方分权,马来西亚的政权更替。

南亚是世界上人口最密集的区域,但同时也是继撒哈拉以南非洲后全球最贫穷的区域,社会治安较差,宗教和民族冲突问题较为突出。近年来南亚成为恐怖袭击事件发生最多和恐怖袭击造成死亡人数最多的地区。印度、巴基斯坦和阿富汗都已被列为遭受恐怖袭击最为严重的国家(刘倩,2018)。由于印度和中国、印度和巴基斯坦的领土争端,该地区还有着严重的地缘政治危机问题,过去几十年,南亚甚至是世界上发生暴力冲突最多的地区之一(李青燕,2018)。由于政治及宗教上的分别,南亚国家存在一定的党派斗争,导致政局不太稳定。除此之外,南亚还是世界上政府腐败问题最严重的地区,过去几年,南亚几个国家的腐败丑闻频出(张树焕,2014)。但是南亚地区近几年的经济发展迅速,与中国在基础建设方面的合作也较为密切。

西亚是世界上石油最丰富的地区,石油贸易是西亚各国的主要经济来源,石油带来的巨大财富使该地区的人均收入高居世界前列。该地区民族众多,宗教林立,历史遗留问题多,社会无序、暴力冲突不断、地区持续性动荡等问题长期存在(顾正龙,2018)。战争、恐怖主义、地区冲突、大国博弈几乎是西亚地区的代名词。多年来,巴以冲突不断且难以解决;叙利亚经历七年内战,国内局势动荡不安;在 2017 年的年末,恐怖组织"伊斯兰国"在叙伊两国终结,但危机并未完全解除;2017 年,卡塔尔因被指支持恐怖主义、威胁地区安全引发断交风波(王二峰等,2019);阿富汗是典型的战乱国家,恐怖袭击和绑架事件多发,社会动荡;沙特阿拉伯的社会治安较差,暴恐袭击事件层出不穷;伊朗和美国的对峙长期存在。

中亚包括苏联的五个加盟共和国哈萨克斯坦、吉尔吉斯斯坦、乌兹别克斯坦、塔吉克斯坦、土库曼斯坦(纪沿光等,2016)。在经济环境方面,中亚五国除哈萨克斯坦外,其余四国经济发展水平仍然较低,仍有许多人失业,生活处于贫困线以下。但近几年,中亚国家的经济出现大幅度增长，逐渐走出低谷，进入恢复发展期，外资投入明显增加。在社会环境方面，中亚的人口密度较小，民族众多，是以伊斯兰教和基督教为主的多宗教地区。由于不同的文化、信仰和价值观之间的碰撞，中亚地区的社会矛盾较突出，使得中亚成了恐怖主义、宗教极端主义、民族分裂主义的重要发源地。在政治环境方面，中亚的政治稳定性较差，总统权力独大，政治体制中存在明显的矛盾。另外，中亚地区的腐败现象严重，各级政府官员通过手中的权力牟取私利，成为制约中亚法制建设的一颗毒瘤。由于处于亚洲大陆的中心位置，中亚也一直受到外部势力的干涉，大国争相占领中亚市场，并不断干涉中亚的政治建设，给中亚地区的稳定带来了极大的不确定性。中亚与中国之间有密切的经贸合作关系，近几年来，中国成为中亚地区最重要的合作伙伴。

(2) 非洲地区

非洲一直以来都是中国承包商最重要的海外市场之一。2018年，中国承包商在非洲的营业总收入高达307亿美元，占其在全球总营业额的30.7%。本次评估共涉及非洲国家48个。非洲有着四百多年的殖民历史，大多数国家都在20世纪50年代后开始独立（陈思等，2017）。所以整个非洲地区的发展相对滞后，其CRI值较高。由于复杂的地理、民族、宗教等条件的不同，非洲不同的地区在政治、社会、经济等方面的表现也不尽相同。非洲从地理上还可以被划分为北非、东非、中非、西非、南非五个区域。在这五个区域中，中非国家的风险指数最高，西非国家的风险指数最低（图5-6）。北非在国际环境、双边关系两个指标方面表现最差，但在经济方面表现最好。东非在社会环境以及政治环境方面表现最差，而中非在制度环境方面表现最差。

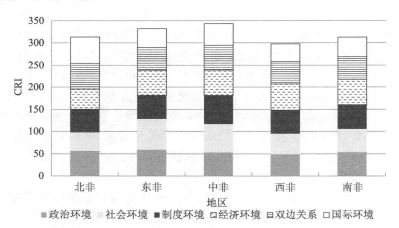

图 5-6 非洲各区域的 CRI

北非的主要人种是白人，宗教则是以伊斯兰教为主。北非前几年局势动荡，经历了长期的动乱，各国的经济发展缓慢。以突尼斯为例，其国内经济状况不好，外债占其GDP的60%以上，消费水平低。政治稳定性方面存在一定的政府换届问题，但总体上政局较为稳定，没有明显的派系冲突。在社会环境方面北非的风险和隐患较为突出，近几年来，虽然北非整体的治安环境在向好的方向发展，但恐怖主义活动仍然猖獗（许勤华等，2017）。除此之外，摩洛哥因西撒哈拉的地位问题，还有与西撒哈拉人民解放阵线爆发武装冲突的可能性。近两年来，中国与北非国家的关系越来越密切，与多国共同签署了"一带一路"谅解备忘录,未来的合作空间巨大。

东非国家整体上政治较稳定,但存在民族矛盾、恐怖主义、难民、非法移民、贫富差距较大、青年失业等问题,因此容易发生抗议示威活动、宗教冲突、区域利益纠纷、恐怖袭击等事件(杨思灵等,2017)。例如,2018 年,埃塞俄比亚曾发生政府军暴力镇压民众事件;2017 年,肯尼亚因选举危机造成暴力冲突事件。东非国家的法律制度建设欠缺,法律体系不完整,对外商投资的法律保护有待完善。近两年来,东非国家积极推进经济自由化,对外开放促进经济的发展,货币政策相对宽松,征收风险低,但需要关注部分国家的货币贬值和外汇管制问题。总体来说,经济发展相对平稳,固定资产投资是东非国家经济增长的动力,吸引了较多外资参与该区域的基础设施建设。但东非国家的公共债务巨大,公共债务规模占 GDP 的比例过高,对他国的援助依赖较大,存在较高的债务风险。近几年来,东非国家积极发展对外关系,寻求区域合作,大多数国家都能与周边国家联系密切并保持友好的关系。部分国家之间存在局部矛盾,例如,埃塞俄比亚与厄立特里亚长期存在领土争端。东非国家与中国的双边关系发展较快,政治互信不断加深,经贸合作不断加强,特别是在基础设施项目上的合作推进较快。

中非国家的政治稳定性较低,派系斗争和冲突现象普遍存在,法治程度和政府的有效性较低。以中非共和国为例,中非自建国以来内乱不断,宪法秩序混乱,政府工作运转低效,短时期内难以改善,中国企业在此投资缺少良好的营商环境。近些年来中非地区甚至成了国际贩毒活动的高发区域。贩毒等有组织的跨国犯罪活动严重影响着中非地区的社会稳定。受"圣灵抵抗军""博科圣地"等武装团伙和恐怖主义组织活动的影响,中非地区的安全形势不容乐观,时有发生针对维和部队和平民的暴力袭击事件,已严重阻碍了地区经济的发展。尽管中非各国政府都致力于打击犯罪、维护社会稳定,但近期的安全局势仍难以得到根本的改善。近几年来中非国家重视与周边国家和世界主要经济体间的关系,但是由于自身力量薄弱,中非部分国家的政策容易受外部势力的干涉。

西非指非洲大陆南北分界线和向西凸起部分的大片地区。虽然西非国家的整体风险水平要略小于非洲地区的平均值,但仍存在一定的政治和社会危机。该地区是世界上最不发达的地区之一,多国政府的外债水平高,依赖他国援助。尽管近几年来西非国家致力于推动经济发展,加大基础设施项目的开发,但由于经济基础薄弱,产业结构单一,经济形势仍不乐观。西非地区还存在严重的安全威胁,地区恐怖主义、难民、治安混乱、犯罪率高等问题普遍存在,部分国家还存在着党派冲突、政治不稳定的问题。由于历史原因,西非国家一直以来更为依赖与法国、美国等西方国家的关系,容易受到国际局势波动的影响。近几年来西非国家与中国的合作也不断加强,中国已经成为该地区的主要贸易伙伴之一,中国也参与了多项西非地区重大工程项目的建设。

非洲南部地区是指非洲大陆南部地区及周围岛屿。总体上来讲,南非地区的安全环境要好于非洲其他地区,恐怖主义、战争等风险较小。但是,部分国家的贫富差距较大,存在尖锐的社会矛盾和社会暴力冲突风险。非洲南部地区的经济发展水平整体上领先其他非洲地区,近几年经济的发展也由前几年的停滞或者倒退慢慢走向复苏,但是部分国家存在一定的法律、政策变动的风险,法律的效力较低,难以有效保障投资者的权益。南非地区国家重视与周边以及世界主要经济体之间的合作发展。相对于欧美等国家,中国与南非地区的部分国家的合作起步较晚,但近几年来,双边关系也在不断增加,经济合作不断增加。

（3）南美洲地区

南美洲位于西南半球，北接北美洲，东临大西洋，西面太平洋，南望南极洲。南美洲曾是欧洲国家的主要海外殖民地，人口以印欧混血和白人为主，宗教以天主教为主，文化多元开放，民族、宗教关系相对简单，宗教和种族冲突问题较少（宋艺等，2019）。南美的国家都是发展中国家，近两年除了个别国家外，大多数南美国家的政治稳定性较好，从而政策的连续性也较强。但也存在一些问题：巴西各政党派系之间的竞争激烈，政局稳定性较差；巴拿马总统与议会之间的冲突严重，府院之间的分歧使得政府的效力不断下降，未来的政治走向存在一定的不确定性；秘鲁政治稳定性较差，派系冲突严重，2018年，时任总统库琴斯基再次受到弹劾，辞去了总统职务。

南美各国整体上对市场经济行为的干预较低，在南美各国跨国企业面临的国有化和征收风险、汇兑风险也较低。南美的国家中大多数国家的法律制度较为完善，法律风险较低。但个别国家也存在一定的问题和法律风险，例如玻利维亚的法律不够完备、政府权力过大，对外商投资的保护力度相对较弱。秘鲁的法律程序耗时较长，执法过程中存在不规范现象。

南美各国中社会环境整体良好，没有较大的冲突和斗争，但也存在一定的社会问题和矛盾。阿根廷、玻利维亚、巴西、巴拿马、秘鲁等国都存在一定程度的社会收入恶化、青年失业率高、贫富差距过大的问题。在这些社会问题下，容易爆发犯罪等恶性的社会治安事件。需要注意的是，秘鲁还存在严重的恐怖主义威胁，暴力犯罪情况凸显，贫富差距大，犯罪、走私问题严重，偷盗、抢劫事件频发。巴拿马因特殊的地理位置是毒品外运的重要通道，社会安全局势不乐观（Alleyne，2017）。

近年来，南美各国政府积极推进市场化改革，坚持对外开放政策，尝试宽松货币政策，放松政府在基础设施投资等方面的管制，通过公共投资和私人投资促进公共投资和私营信贷的增长，拉动经济复苏，并侧重对基础设施的建设。随着国际大宗商品的回升，以及各项经济政策的利好刺激，南美各国的经济整体呈复苏态势，经济环境向好发展。需要注意的是，阿根廷存在着严重的汇率风险，巴拿马存在一定的美国经济外溢风险。

整体来说，南美地区的国际环境良好，各国也重视与周边各国以及世界主要经济体之间的关系和合作，积极参与各种国际组织以及以太平洋联盟为例的区域组织。中国是亚洲和非洲大多数国家的最重要贸易伙伴之一，但因与南美各国在文化制度、地理上存在的较大距离，在过去几十年，中国并不是多数南美发展中国家最大的贸易伙伴。但近两年来南美各国政府更加重视与中国的关系，双边合作不断深入。

（4）北美洲地区

北美洲，全称北亚美利加洲，除了包含美国、加拿大两大发达国家外，还包括哥斯达黎加、古巴、海地、洪都拉斯、墨西哥在内的等一众发展中国家。所以北美洲地区的发展比较不平衡。美国和加拿大有着极高的人类发展指数和经济发展水平，社会制度、法律制度较为完善。近几年由于美国政府在"反恐"领域的投入，使得地区恐怖主义威胁相对下降，但由于枪支泛滥引发的暴力犯罪等问题仍很严峻。经济方面，随着特朗普的上台，美国试图提高经济增速，宏观经济随着私人消费的拉动增长明显。但是随着"美国优先"政策的推动以及贸易战的爆发，在美企业面临着较大的不确定性。

北美的其他发展中国家在经济、政治、军事、外交上都深受美国的影响，整体的社会发展水平不高,政策连续性较差,走私、贩毒、暴力犯罪等问题较为严峻。由于在中国台湾地区问题上受到美国的制约,部分国家与中国未建立正式的外交关系或者建立外交关系较晚,但近些年随着中国影响力的不断增大,中国同该地区的经济合作也在不断地增多。

(5) 大洋洲地区

大洋洲是世界上人口最少的一个大洲。本次评价共涉及大洋洲国家 8 个。除澳大利亚和新西兰外,其他 6 个国家都是国土较小的岛国,社会经济较不发达,与中国的经济贸易往来较少,国际工程承包的业务量也较小。目前大洋洲的国际工程承包商业主主要集中在澳大利亚和新西兰两个国家。澳、新两国的国民经济发达,是世界上人类发展水平最高的两个国家之一,社会和政治也较为稳定,基本没有较大的政治波动和社会混乱。但这两个国家目前最大的问题表现在对华的态度上,近几年来随着中国在该地区的影响力不断增强,澳大利亚对华的态度存在较大的不确定性(王喆,2017)。一方面澳大利亚认为中国在该地区日渐增大的影响力威胁到了其在该地区的绝对地位,另一方面在美国的施压和带领下,澳大利亚甘做反华急先锋,通过各种手段加大对中国企业的歧视,提高贸易壁垒(齐琪等,2018)。而新西兰在美、澳两国的影响下也曾一度转变对华的态度,但近期鉴于其和中国保持合作带来的巨大收益,新西兰对华的态度较为友好。

(6) 欧洲地区

欧洲是世界上最发达的地区之一。如图 5-7 所示,欧洲各地区的风险指数都较低。整体上欧洲国家经济、社会稳定,法律制度完善,具有良好的投资环境。

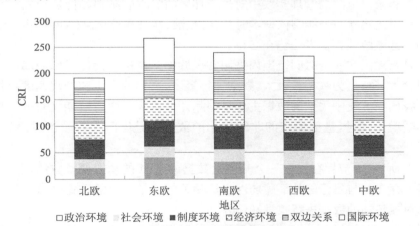

图 5-7　欧洲各区域的 CRI

中国同欧洲国家在经济上的关系良好,近几年来已经取代美国成为大多数欧洲国家的最大商品供应国。由于欧洲的建筑市场相对饱和,竞争环境比较激烈,市场准入门槛较高,中国承包商参与该地区的工程项目不多,部分项目主要集中在东欧地区。欧洲内部各地区之间由于地缘政治、民族等问题也存在着一定的差异。大体上,北欧、西欧、中欧三个地区的社会经济发展更好,对投资的保护很强,风险指数非常低。

就目前而言,中欧和西欧地区也存在着一些问题。首先,未来英国的"脱欧"谈判存在着极大的不确定性,谈判过程中在贸易、移民等诸多方面存在较多争议;其次,近年来大量的难民涌入中欧地区,由此带来的文化冲突容易引发社会对立、治安恶化等问题;最后,英国、德国、西班牙等国家的恐怖主义风险不断走高。欧洲国家是打击全球恐怖主义的主要力量,近几年来恐怖组织在中东地区遭到重创,开始向世界各地扩散,而欧洲的传统大国便是其主要的报复对象之一。

东欧和南欧相对于北、中、西欧地区,无论在经济发展上还是社会政治稳定上都相对落后。白俄罗斯、乌克兰等国在如何平衡与俄罗斯和美国的关系上面临着巨大的挑战。受大国博弈的影响,东欧各国和巴尔干地区的局势一段时间内会较为动荡,移民和民族矛盾引起的安全问题仍在。除此之外,东欧和南欧的部分国家的法律制度不完善,存在腐败、执法不严等现象。不过近两年这两个地区在经济上有所恢复,大部分国家也积极参与中国的"一带一路"倡议,积极寻求与中国的合作和发展。

5.2 基于大数据的外部威胁指数动态调整

5.2.1 模型的构建

通过上述模型与国际机构和政府部门发布的二手数据,可以计算出每个国家的CRI,有助于国际承包商对项目东道国的营商环境有一个较为客观的了解。然而以上数据的更新与发布基本都是以年为周期,所以定量评估的结果难以反映某个国家的CRI指数在一年内的细微变化。

在国际工程政治风险的管理实践中对外界环境的实时监测和评价是十分重要的(Deng et al.,2018),因此建立一个能够依据实时社会、政治、经济和外交事件动态调整的国际工程政治风险的外部威胁性评价方法势在必行。

大数据是指无法在一定时间范围内采用常规软件工具进行捕捉、管理和处理的不同类型的数据集合。其特点为数据量极大,数据种类繁多,数据的产生和处理速度极快(吕劲松等,2017)。我们在上文中用到的数据主要是国际评估机构和政府定期发布的结构化数据。如何利用不断增长、数据量更丰富的非结构化的数据才是国际工程政治风险管理成败的关键。

如图5-8所示,本节旨在建立一个基于大数据的CRI的动态调整方法,通过网络爬虫技术对网络上存在的与目标国外部脆弱性指标相关的非结构化的数据进行搜集,并运用文本挖掘技术对搜集到的数据进行整理和运算。

再依据式(5-5)的计算方法,将目标国家的CRI指数进行动态调整,得出动态的威胁性指数(SCRI)值。

$$SCRI = \lambda \times CRI = [\lambda_1, \lambda_2, \lambda_3, \lambda_4, \lambda_5, \lambda_6] \times [S_1, S_2, S_3, S_4, S_5, S_6]^T \quad (5-5)$$

其中,λ_i指依据所采集到的新闻中的非结构化数据所确定的某国在特定时间内的各外部威胁性指标得分的调整系数;S_i指某一个国家在该年度各威胁性指标的得分。

5.2.2 网络爬虫

在"一带一路"倡议、"走出去"战略、"中国建造2035"战略的不断实施和推进下,中国企业大量走出去,且获得了高度的媒体关注(刘强,2017)。一些媒体机构甚至政府的官方网站都会对国际市场上的热点事件进行报道,从而帮助企业更好地了解国际局势、市场动态。

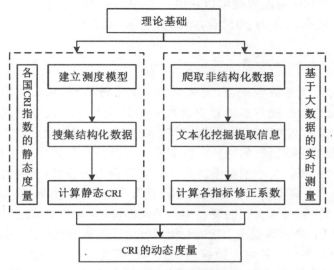

图 5-8　CRI 的动态调整方法

相对于国际工程政治风险外部威胁性评价模型中使用的年度二手结构化的数据，新闻报道中的数据是动态不断更新的。因此，利用这些非结构化或半结构化的数据可以对国际工程项目东道国的 CRI 进行动态调整。然而，以上新闻报道数量十分庞大，且更新迅速，传统软件已经无法对其进行有效的处理和运算。本研究将选用网络爬虫技术对新闻报道中的相关数据进行提取。

网络爬虫是指遵循标准的 Http 协议，利用超链接和 Web 文档检索方法，依据与某一特定主题内容相关的信息获取目标，有选择地访问万维网上的网页，自动在网页上提取使用者所需网页内容的程序（周德懋等，2009；李琳，2017）。采用爬虫软件对网页数据进行搜集和提取的步骤可以简单概括如下：

（1）通过一个或多个入口地址获取初始数据，例如，一个新闻网站的主页；

（2）根据入口页面的某些信息，例如新闻分栏按钮、页面选择按钮等，进入下一级页面，获取下一级的信息；

（3）根据需要继续进入下一层，获取必要信息（此步骤可以无限循环下去）。

在使用网络爬虫的方法时，使用者需要考虑以下问题：网页中信息繁杂，大多与主题不相关，如何获取与主题相关的数据；不同网站的 HTML 页面的结构不相同，如何选择目标网站；如何处理网络爬虫自动提取的庞大数据；哪些网站对网络爬虫有限制，哪些网站能够进行网络爬虫。在考虑好这些问题后，使用者应尽可能地明确网络爬虫的目标和范围，限定主题与目标网页，并限定网页的时间区间，当获取的数据为结构化的数据时，应提前确定好数据处理和分析的方法（朱莉娜等，2017）。

对于研究者而言，最常用的方法是通过使用开源的爬虫程序来实现自己对网页信息的利用。就目前而言，市场上的开源爬虫软件种类繁多，比较典型的有 Web Scraper、Methabot、Nutch、WebSPHINX、YaCy、Ruya、Agent Kernel 等。Web Scraper 是谷歌浏览器插件形式的一款免费的爬虫软件。相较于其他爬虫工具，Web Scraper 的使用不需要依赖专业的技术。使用者只需要下载谷歌浏览器，安装 Web Scraper 插件，在不用编写代码的情况下,通过鼠标和简单配置就可以获取一切在浏览器上能查看到的数据(Golbeck et al.,2002)。鉴于 Web Scraper 的优点,本研究将采用该程序对所需要的网页数据进行爬取。

5.2.3 文本挖掘

文本挖掘也称为文本数据挖掘,大致相当于文本分析,是从文本中获取高质量信息的过程。而高质量的信息通常是通过设计模式的使用并通过统计模式学习等手段获得的(王继成等,2000)。文本挖掘通常涉及对输入文本进行结构化(通常是解析、添加一些派生语言特征,删除其他特征,然后插入数据库),在结构化数据中派生模式,最后对输出进行评估和解释的过程。文本挖掘中的高质量通常是指关联性、新颖性和兴趣的某种结合(王丽坤等,2002)。典型的文本挖掘任务包括文本分类、文本聚类、概念/实体提取、粒度分类法的产生、情感分析、文档摘要和实体关系建模(即命名实体之间的学习关系)。

本研究选用 NLPIR 大数据语义智能分析平台对所获取的新闻内容进行处理。NLPIR 大数据语义智能分析平台是针对大数据内容处理的需要,融合了网络精准采集、自然语言理解、文本挖掘和网络搜索技术等十三项功能,提供客户端工具、云服务、二次开发接口。首先,将预处理之后的文本导入 NLPIR 平台软件中,对文档格式进行转换,进行文本信息抽取,达到大数据处理的要求。其次,在文档解析抽取完成后,进行关键词提取,点击"新词发现"模块,选定解析过的文档,点击"关键词提取",系统即开始分析。将收集到的原始文本导入 NLPIR 平台,通过平台自带的程序进行分词处理。另外,由于部分词汇平台不能自动识别,因此需要人工复查切分结果,并使用"用户自定义词"功能进行调整。调整完毕后,即可进行词频统计、关键词提取等一系列操作。

5.2.4 案例演示

本研究以 Web Scraper 作为网络爬虫的工具,以评价 2018 年期间马来西亚的 SCRI 为例。首先选取中华人民共和国驻马来西亚大使馆经济商务处的官方网站(http://my.mofcom.gov.cn/)为目标网站,网络爬虫的具体目标为该网站内设的八大专栏内的新闻。然后将网页的时间区间限定为 2018 年 1 月 1 日至 2018 年 12 月 31 日。

在了解了网站规则后,设定好具体的爬虫目标和范围,打开 Web Scraper,点击 Create new sitemap 新建一个项目,为其命名为"马来西亚新闻",然后将网址复制到 StartURL 里建立初始 URL。之后回到初始加载页面,按图 5-9 中的选择器的类型,根据不同的对象选择不同的选择器,在对选择器类型、选取范围、触发延迟、父节点和正则表达式进行编辑之后即可对网页的新闻数据进行爬取。

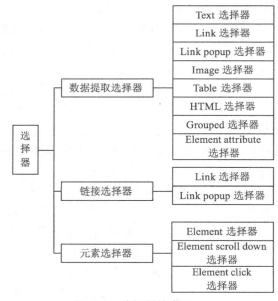

图 5-9 选择器的类型

在对网页中的新闻内容的数据爬取工作完成后,将数据导出到 Excel 文档中。导出的数据包含了新闻的标题、新闻的链接、新闻的事件以及具体的新闻内容。这些内容将作为数据挖掘和分析的基础。本次共爬取了在该网站发布的马来西亚在 2018 年度的新闻 601 篇,由于篇幅的限制,表 5-9 只展示了爬取到的 6 月份的马来西亚新闻的标题和链接以及对应的日期。

表 5-9　马来西亚 2018 年 6 月相关的新闻

序号	新闻标题和链接	日期
1	马近期修法　在配偶公司打工可投社险 http://my.mofcom.gov.cn/article/sqfb/201806/20180602751864.shtml	2018/6/4
2	微信"马币钱包"6月在马来西亚开通 http://my.mofcom.gov.cn/article/sqfb/201806/20180602751868.shtml	2018/6/4
3	马新高铁喊停影响层面大　航空业得利建筑业受创 http://my.mofcom.gov.cn/article/sqfb/201806/20180602751870.shtml	2018/6/4
4	马来西亚总理宣布将取消马新高铁项目中方回应 http://my.mofcom.gov.cn/article/sqfb/201806/20180602751871.shtml	2018/6/4
5	马来西亚9月重推销售与服务税 http://my.mofcom.gov.cn/article/sqfb/201806/20180602751872.shtml	2018/6/4
6	马来西亚将取消地铁三号线(MRT3)项目 http://my.mofcom.gov.cn/article/sqfb/201806/20180602751873.shtml	2018/6/4
7	马来西亚期市:棕榈油期货收高,因预计产量增速下降并受豆油涨势带动 http://my.mofcom.gov.cn/article/sqfb/201806/20180602751878.shtml	2018/6/4
8	商贷抵消消费利好马维持全年贷款增长预测 http://my.mofcom.gov.cn/article/sqfb/201806/20180602751881.shtml	2018/6/4
9	马财政部长:经济好转才能废除收费 http://my.mofcom.gov.cn/article/sqfb/201806/20180602751883.shtml	2018/6/4
10	国债庞大,马来西亚政府号召民众捐款还债救国 http://my.mofcom.gov.cn/article/sqfb/201806/20180602751884.shtml	2018/6/4
11	新加坡欲继续支持马新高铁计划,要求马来西亚澄清立场 http://my.mofcom.gov.cn/article/sqfb/201806/20180602751885.shtml	2018/6/4
12	新兴市场货币积分榜马来西亚排名第1位 http://my.mofcom.gov.cn/article/sqfb/201806/20180602751886.shtml	2018/6/5
13	马股震荡收低 http://my.mofcom.gov.cn/article/sqfb/201806/20180602752152.shtml	2018/6/5
14	马中企业家大会广邀对接拓商机 http://my.mofcom.gov.cn/article/sqfb/201806/20180602752153.shtml	2018/6/5

(续表)

序号	新闻标题和链接	日期
15	新政府政策对马经济影响　穆迪：目前评估言之过早 http://my.mofcom.gov.cn/article/sqfb/201806/20180602752154.shtml	2018/6/5
16	马交通部长：新柔地铁计划继续但会商讨如何降低成本 http://my.mofcom.gov.cn/article/sqfb/201806/20180602752155.shtml	2018/6/5
17	郑州开通至马来西亚全年正班航线　4小时直飞沙巴 http://my.mofcom.gov.cn/article/sqfb/201806/20180602752621.shtml	2018/6/6
18	马来西亚制造业连续4个月下降 http://my.mofcom.gov.cn/article/sqfb/201806/20180602752623.shtml	2018/6/6
19	Allen Market联手马来西亚汽车零售商　打造全新线下营销模式 http://my.mofcom.gov.cn/article/sqfb/201806/20180602752625.shtml	2018/6/6
20	马来西亚内政部成立委员会　全面检讨外劳政策 http://my.mofcom.gov.cn/article/sqfb/201806/20180602752627.shtml	2018/6/6
21	电子产品带动马4月出口增长14%　对中国出口增长22% http://my.mofcom.gov.cn/article/sqfb/201806/20180602752628.shtml	2018/6/6
22	马来西亚政府出手协助解决高田隐患气囊召回 http://my.mofcom.gov.cn/article/sqfb/201806/20180602753158.shtml	2018/6/7
23	马进入三个月消费"免税期"产品标签价一个月内须调整 http://my.mofcom.gov.cn/article/sqfb/201806/20180602753160.shtml	2018/6/7
24	马来西亚央行行长离职 http://my.mofcom.gov.cn/article/sqfb/201806/20180602753162.shtml	2018/6/7
25	马政府称将研究拟议新马股市直通车计划 http://my.mofcom.gov.cn/article/sqfb/201806/20180602753163.shtml	2018/6/7
26	马来西亚政府按原定计划落实"106交易塔" http://my.mofcom.gov.cn/article/sqfb/201806/20180602753164.shtml	2018/6/7
27	马来西亚移民局：盼呈收费法案　遗失护照者将罚款 http://my.mofcom.gov.cn/article/sqfb/201806/20180602753688.shtml	2018/6/8
28	马来西亚零售调查预测2018年零售业增长4.7% http://my.mofcom.gov.cn/article/sqfb/201806/20180602753690.shtml	2018/6/8
29	福布斯发布全球企业2000强榜单　13家马企业上榜 http://my.mofcom.gov.cn/article/sqfb/201806/20180602753691.shtml	2018/6/8
30	马中友好协会秘书长：马中关系将继续深化 http://my.mofcom.gov.cn/article/sqfb/201806/20180602753692.shtml	2018/6/8
31	马政府拨款4.3亿马币给2020年国家储备基金 http://my.mofcom.gov.cn/article/sqfb/201806/20180602753694.shtml	2018/6/8

在获取非结构化的数据后，采用 NLPIR 分析平台对数据中的内容进行分析。首先对原始语料进行分词、自动识别未登录词、新词标注以及词性标注。在分析过程中，导入自定义的词典，如"一带一路"。之后通过语言统计功能对搜集到的新闻中的文本内容进行词频统计，并绘制词云图。在自动分析和绘图的基础上，对识别出来的词语进行筛选，剔除无效词语，得到词云图（图 5-10）。

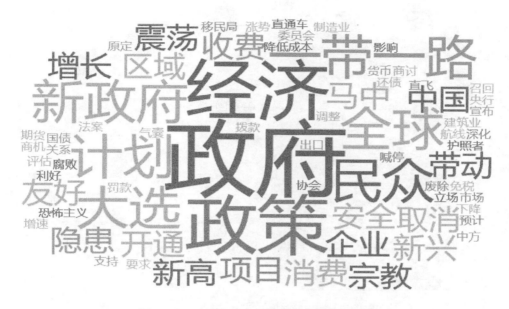

图 5-10　2018 年马来西亚新闻内容的词云图

在词云图中我们可以看出，马来西亚 2018 年新闻的内容中包含政府、经济、政策、民众、大选、计划、全球、新政府、"一带一路"、宗教、马中、区域等一系列高频词汇。这些词汇均能反映出马来西亚 2018 年在相关威胁性指标上的波动。为了更加直观、清晰地了解这些新闻中的精华，绘制了新闻内容中的实体类型及实体内容的语义关系图谱。如图 5-11 所示，这些新闻中的实体内容涉及经济动态、政策法规、双边合作、社会动态、政治动态、国际经贸六个方面，意味着每个新闻都可以从这六个角度来判断其对马来西亚威胁性指标的影响。

为了确认每个新闻对六个脆弱性指标是否有影响，以及判断其对各指标的影响程度，选取了五位具有丰富知识和经验的人员组成评价小组进行座谈讨论。在这五位成员中，两位是来自中国企业在马来西亚国际工程项目上的高级管理人员，其余三位是从事该项研究的课题组成员。座谈讨论的第一步是判断不同类型的新闻是否会对相应的指标产生影响。如表 5-10 所示，经济动态类新闻能反映经济环境中的波动，政策法规类新闻可能会对制度环境、经济环境和双边关系三类指标有调节作用，双边合作类新闻则能够反映出双边关系指标的变化，社会动态则能反映社会环境的波动，政治动态与政治环境和制度环境有关，而国际经贸则能反映双边关系和国际环境中的变化。

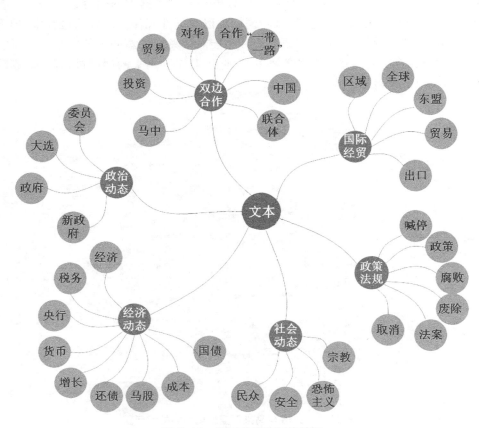

图 5-11　新闻内容的实体抽取

表 5-10　各类新闻对六类威胁性指标的影响关系

新闻类型	政治环境	社会环境	制度环境	经济环境	双边关系	国际环境
经济动态				X		
政策法规			X	X	X	
双边合作					X	
社会动态		X				
政治动态	X		X			
国际经贸					X	X

注：X 表示可能会对该指标起到修正作用。

在确定了各种类型的新闻对六类威胁性指标的影响关系的基础上，再次对每个新闻事件对相关指标的影响方向和影响程度进行判别。其中影响方向分为上升和下降两类，而影响程度分为低影响、较低影响、中等影响、较高影响和高影响五类。由于篇幅限制，表 5-11 只展示了部分新闻事件对威胁性指标的影响判别结果。

表 5-11　部分新闻事件对六类威胁性指标的影响判别表

指标	低影响事件		较低影响事件		中等影响事件		较高影响事件		高影响事件	
	上升	下降	上升	下降	上升	下降	上升	下降	上升	下降
政治环境										
社会环境										
制度环境					3					
经济环境		1	13		7					
双边关系				17		14、21	3、4	2、30		
国际环境										

在确定新闻事件对威胁性指标的影响方向和程度后，需要计算某一时间节点修正指数。根据 ICRG、EIU 发布的国家风险指数等报告中历年来的数据变化规律发现，一般相邻的两个年度的风险指数之间的差异都在 25% 以内，因此定义每个指标被低影响事件的修正的幅度上下限为 ±5%、±10%、±15%、±20%、±25%。基于此，我们得出马来西亚 2018 年以月为单位的 CRI 的动态调整值（图 5-12）。

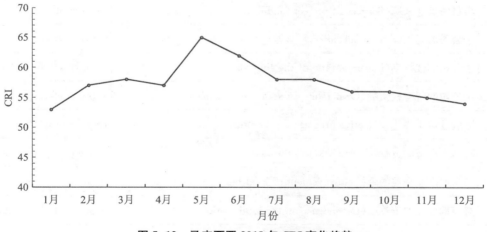

图 5-12　马来西亚 2018 年 CRI 变化趋势

5.3　国际工程政治风险的内部脆弱性度量模型

5.3.1　变量的识别

国际工程政治风险的内部脆弱性与国际承包商的特征和项目的属性相关，本节将对国际工程中那些能够影响国际工程政治风险水平的变量进行识别与分析，从而建立起国际工程政治风险的内部脆弱性测度模型。

因本节所用的研究方法(文献阅读、专家访谈、问卷调查、效度检验、非参数检验和结构方程模型)同上,因此不再做详细的阐述。通过文献阅读,共18个可能影响国际工程政治风险的内生脆弱性水平的变量被识别。在专家访谈过程中,没有变量被删除,也没有变量被新增,具体的变量与代表文献见表5-12所示。

表5-12 国际工程政治风险的内部脆弱性变量

编码	变量	来源
G1	与政府/权力组织的关系(Relations with governments/power groups)	Ashley & Bonner, 1987
G2	本地化程度(Localization)	Alon & Herbert, 2009
G3	经验知识(Experiential knowledge)	Frynas & Mellahi, 2003
H1	公众对项目的反对(Public opposition)	Deng et al., 2018
H2	技术和管理的复杂性(Technical and managerial complexity)	Ashley & Bonner, 1987
H3	承包商的不当行为(Misconduct of contractors)	Fan & Fox, 2009
I1	东道国对项目的期望(Project desirability)	Ashley & Bonner, 1987
I2	有利的合同条件(Advantageous conditions of the contract)	Wang et al., 1999
I3	项目的资金来源(Sources of project funding)	Deng et al., 2014a
J1	子公司的规模(Size of subsidiary)	Oetzel, 2005
J2	子公司的杠杆率(Leverage ratio of the subsidiary)	Alon & Herbert, 2009
J3	子公司的所有权份额(Ownership share of the subsidiary)	Alon & Herbert, 2009
K1	适应性组织文化(Adaptive organizational culture)	Deng et al., 2014a
K2	对当地经济的贡献(Contribution to the local economy)	Torre & Neckar, 1988
K3	与当地商业利益的牵扯(Involvement of local business interests)	Ashley & Bonner, 1987
L1	对当地市场的依赖度(Dependence on the local market)	Alon & Herbert, 2009
L2	技术和技术转移(Technology and technology transfer)	Torre & Neckar, 1988
L3	多元化程度(Diversification)	Kobrin, 1980

这18个变量也被初步分为6个组(组G~组L):核心竞争力(G1~G3,Core competitive capacity),基于属性的暴露(H1~H3,Attribute-based exposure),基于交易的暴露(I1~I3,Transaction-based exposure),基于策略的暴露(J1~J3,Strategy-based exposure),综合适应能力(K1~K3,Adaption-based capacity),相对议价能力(L1~L3,Bargain-based capacity)。这6组18个变量组成了国际工程政治风险的内部脆弱性测度模型(图5-13)。

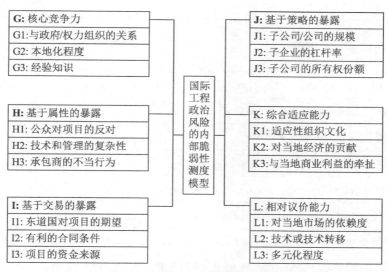

图 5-13　国际工程政治风险的内部脆弱性测度理论模型

5.3.2　数据的初步分析

依据 SPSS 软件的分析结果，内部脆弱性变量的样本数据的 Cronbach 系数为 0.921，表明本次调研的数据具有较高的可靠性。除此之外，如表 5-13 所示，18 个脆弱性变量的平均值分布在 3.09 与 4.05 之间，也都高于中间值 3.00，表明这些变量的重要性得到了受访者的认可。在这些变量中，重要性排名前五的变量为："东道国对项目的期望"（均值 4.05，排名 1），与东道国政府/权力组织的关系（均值 4.03，排名 2），公众对项目的反对（均值 3.97，排名 3），有利的合同条件（均值 3.93，排名 4），承包商的不当行为（均值 3.89，排名 5）。在非参数检验方面，所有变量的显著性特征值都大于 0.05，也表明不同背景的受访者对这 18 个脆弱性变量的重要性的看法在总体上是一致的。

表 5-13　内部脆弱性变量的数据统计及非参数检验

变量	平均值	Kruskal-Wallis test 特性值		
		工作经验	职位	地区
G1：与政府/权力组织的关系（Relations with governments/power groups）	4.03	0.604	0.558	0.278
G2：本地化程度（Localization）	3.59	0.558	0.476	0.541
G3：经验知识（Experiential knowledge）	3.87	0.517	0.308	0.370
H1：公众对项目的反对（Public opposition）	3.97	0.703	0.367	0.623
H2：技术和管理的复杂性（Technical and managerial complexity）	3.37	0.460	0.679	0.454
H3：承包商的不当行为（Misconduct of contractors）	3.89	0.432	0.534	0.381
I1：东道国对项目的期望（Project desirability）	4.05	0.258	0.617	0.470

(续表)

变量	平均值	Kruskal-Wallis test 特性值		
		工作经验	职位	地区
I2：有利的合同条件（Advantageous conditions of the contract）	3.93	0.487	0.308	0.536
I3：项目的资金来源（Sources of project funding）	3.72	0.621	0.326	0.294
J1：子公司的规模（Size of subsidiary）	3.18	0.578	0.477	0.457
J2：子公司的杠杆率（Leverage ratio of the subsidiary）	3.21	0.389	0.564	0.563
J3：子公司的所有权份额（Ownership share of the subsidiary）	3.09	0.667	0.643	0.188
K1：适应性组织文化（Adaptive organizational culture）	3.25	0.496	0.557	0.359
K2：对当地经济的贡献（Contribution to the local economy）	3.65	0.564	0.369	0.503
K3：与当地商业利益的牵扯（Involvement of local business interests）	3.45	0.387	0.578	0.286
L1：对当地市场的依赖度（Dependence on the local market）	3.31	0.398	0.615	0.106
L2：技术和技术转移（Technology and technology transfer）	3.36	0.628	0.583	0.335
L3：多元化程度（Diversification）	3.57	0.655	0.613	0.237

5.3.3 结构方程模型分析

如表 5-14 所示，18 个脆弱性变量的因子载荷位于 0.713 到 0.827 范围之间，均大于标准值 0.400；6 个潜变量的 CR 值位于 0.794 到 0.847 范围之间，均大于标准值 0.700；6 个潜变量的 AVE 值位于 0.558 到 0.616 范围之间，均大于标准值 0.500。

表 5-14 内部脆弱性变量的测量模型评估

变量	载荷	R^2	CR	AVE
G1	0.791	0.626		
G2	0.713	0.508		
G3	0.746	0.557		
			0.794	0.564
H1	0.827	0.684		
H2	0.734	0.539		
H3	0.773	0.598		
			0.822	0.607
I1	0.803	0.645		
I2	0.786	0.618		
I3	0.756	0.572		

(续表)

变量	载荷	R^2	CR	AVE
			0.825	0.611
J1	0.802	0.643		
J2	0.811	0.658		
J3	0.723	0.523		
			0.823	0.608
K1	0.751	0.564		
K2	0.806	0.650		
K3	0.796	0.634		
			0.828	0.616
L1	0.784	0.615		
L2	0.806	0.650		
L3	0.826	0.682		
			0.847	0.558

如表5-15所示，所有潜变量的AVE的平方根都明显高于潜变量与潜变量之间的结构相关系数，并且所有的观测变量都获得了其对应潜变量上的最大载荷，表明该理论模型是合理有效的。

表 5-15 内部脆弱性主成分的判别有效性

主成分	G	H	I	J	K	L
G	**0.751**	—	—	—	—	—
H	0.574	**0.779**	—	—	—	—
I	0.632	0.507	**0.782**	—	—	—
J	0.489	0.565	0.429	**0.780**	—	—
K	0.523	0.521	0.497	0.497	**0.785**	—
L	0.605	0.482	0.451	0.515	0.378	**0.747**

注：粗体数字为各主成分的AVE的平方根。

5.3.4 内部脆弱性变量的内涵

内部脆弱性变量反映了国际工程项目在外部环境波动下，其抵抗外部威胁的能力以及遭遇风险的可能性与程度。一般来说，国际工程项目的内部脆弱性越高，其越容易受外部威胁的影响，其发生政治风险的可能性也越大，风险造成的损失也会越高。项目系统的脆弱性由两部分组成：暴露维度和能力维度。如图5-14所示，暴露维度包含的三组因素为基于属性的暴露(H)、基于策略的暴露(J)、基于交易的暴露(I)，而能力维度包含的三组因素为核心竞争力(G)、综合适应能力(K)、相对议价能力(L)。暴露维度的因素决定了国际工程项目系统在外部环境波动时受制于外部威胁的时间和程度。一个项目系统的风险暴露越高,其越容易受到外部威胁的影响。能力维度则反映了国际承包商在项目东道国政府、同行竞争者、权力组织以及社会公众之间的相对关系。一般来说,项目系统的风险能力越高,其受外部威胁的影响就会越小,即使发生政治风险,损失也会越小。

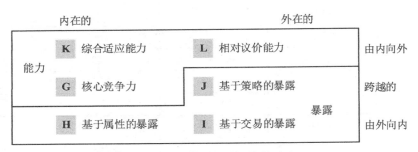

图 5-14 内部脆弱性因素的分类

这些因素还可以被分为内在因素和外在因素两种。内在因素是指项目系统本身存在的内生的因素,包括基于属性的暴露、核心竞争力和综合适应能力三个方面。而外在的因素则表现出明显的互动性,包括基于策略的风险暴露、基于交易的风险暴露和相对议价能力。项目系统政治风险的脆弱性是由内在因素驱动的,但同时也可以受到外在因素的影响。

项目系统的脆弱性不是独立和静态的,而是和外部环境不断互动的(Deng et al., 2014b;常腾原等,2017),根据不同脆弱性因素与外部环境的关系和作用方向,这些因素还可以被分为三类:由内向外(综合适应能力和相对议价能力)、跨越的(核心竞争力和基于策略的暴露)和由外向内(基于属性的暴露和基于交易的暴露)。由内向外的因素是项目系统对外部环境的变现和输出,由外向内的因素反映了项目系统对外部环境的敏感性和输出,而跨越因素则反映了项目系统通过整合核心资源和制定投资组合战略,在外部因素和内部因素之间建立联系。

这六个相互关联的因素可能对项目系统的脆弱性产生协同或对抗作用。在能力维度上,国际建筑企业所拥有的核心竞争力使其能够与东道国政府保持优势谈判地位,更能适应多变的经营环境。处于强势议价地位的国际建筑企业可能会产生一种基于议价的竞争优势,从而加速国际建筑企业对外部环境波动的适应。综合适应能力可以显著提升国际建筑企业的持续竞争优势和议价能力。总之,借鉴竞争理论,能力维度的因素可以帮助国际建筑企业获得一个具有可持续竞争优势的地位。在暴露维度方面,基于策略的暴露活动不仅能影响基于策略的暴露,也能影响基于属性的暴露。也就是说,项目系统对政治风险的暴露可以通过各种暴露之间的相互作用而加剧。

此外,项目系统的能力和暴露属性往往是不可分割的,其依赖于项目系统内部因素之间的交互作用,以及外部风险事件的特点。例如,具有较高相对议价能力的国际承包商可以直接与东道国政府谈判,以获得有利的合同条款,从而减少基于交易的风险暴露,特别是那些以较长的特许经营期和高沉没成本为特征的项目(如公私合作项目、私人融资倡议项目和 BOT 项目)。

5.3.4.1 核心竞争力

该指标包含与政府或权力组织的关系(G1)、本地化程度(G2)、经验知识(G3)三个变量。一般而言,那些与东道国政府或权力组织拥有良好关系、本地化程度高、政治风险管理经验丰富的承包商表现出较高的竞争力,有能力在高风险区域良好地生存并持续盈利。东道国政府是政治风险的主要发起者之一(Deng et al.,2014b)。

东道国政府可以通过制定相关的法律和政策或直接影响建筑行业的各项活动以及国际承包商与业主之间签订的合同关系直接影响国际工程项目的运营,也可以通过营造不利的营商环境而间接影响到国际工程项目的运营(Iankova et al.,2003)。在一些国家,项目东道国政府既是项目的发起者又是项目的管理者。如果国际承包商与项目东道国的政府关系不好,将面临过多的政府干预、严格的政府审查、延期支付或拖欠工程款,以及不利的工程变更(Chang et al.,2019b)。相反,如果国际承包商与项目东道国建立并维持了良好的关系,将会得到更多的支持。例如,在项目运营过程中能够尽快获得政府相关部门的批准和许可,较少遇到外部干涉以及歧视性待遇,能得到有效的沟通以及政府的建议和指导,有良好的问题解决机制,即使发生风险时,也能得到政府的补偿,还能获得政府在政策及规划方面的最新信息(Wang et al.,1999;Chan et al.,1999;Ling et al.,2010)。然而需要注意的是,在政局不稳定的情况下,与现政府过于密切的联系也会加剧承包商的风险暴露,在一些发展中国家,新政府常会对旧政府进行秋后算账(Ashley et al.,1987)。

除项目东道国的政府外,项目当地的权力组织(劳工组织、行业协会、环境保护组织、商业联盟、宗教组织)的态度和行为也会对国际工程项目的运营产生影响。国际承包商与项目所在地权力组织之间的关系是十分重要的,甚至可以被当作企业运营的无形资产。权力组织可以通过影响政府的政策制定形成项目所在地的政治和社会环境,以及直接干涉来对国际工程项目产生影响,例如,在纳米比亚和南非等国,工会在国家政治经济中发挥了巨大的作用,经常发起工人之间的联合抗议行动,迫使政府制定或改变相应的政策。跨国企业应与项目所在地的权力组织维持良好的关系,并且对于影响现有的社会组织的关系及社会组织变革的时间保持高度的敏感性。

经验知识是指国际承包商在实践中根据自己的从业经验形成的应对同类型问题的方法、技巧和能力,它比客观的知识在国际商务中显得更为重要。相对于一般的管理知识,经验知识具有独特性、地域性和主体性,在国际承包商拓展海外业务时发挥着更为重要的作用。在国际市场上积累的经验知识可以减少国际承包商进入海外市场的阻碍。国际承包商在海外往往面临着陌生的环境,其在国内市场上积累的管理知识对国际业务的帮助有限。但如果有在项目东道国或者同类型国家的相关工程经验,将有助于其应对政治风险,形成自身的竞争优势。经验知识的积累和沉淀是长期的,也是费时费力的,但以下几种渠道有助于国际承包商获取国际工程管理的经验知识:

(1) 充分利用外部经验知识,包括同行之间分享的知识和公开发表的知识;
(2) 对过去的在实践中的经验和教训进行总结,形成知识体系;
(3) 与当地工程经验丰富的企业进行合作;
(4) 雇用有经验的工人、管理人员或法务人员,听取有经验者的建议(Barkema et al.,1997)。

5.3.4.2 基于属性的暴露

该组的三个变量为公众对项目的反对(H1)、技术和管理的复杂性(H2)、承包商的不当行为(H3)。项目的内生属性决定了东道国社会和政府对项目的态度,从而也决定了项目的风险暴露。

在以往的实践中,国际承包商多关注项目所在地政府的态度,致力于满足政府的要求,与政府建立起良好的关系,但却忽视了公众的态度(Chang et al.,2019a)。然而由于国际工程规模大,周期长,社会关注度高,工程项目是否能顺利地进行也与当地公众的态度十分相关。良好的公众态度代表着和谐的外部氛围、较多的社会支持和较少的阻碍。当工程项目不能满足项目所在地公众利益时,公众可以通过社会舆论给政府施加压力,影响政府对国际工程项目的态度,从而影响政府的政策(宋汝欣,2017);还可以通过反对游行、制造骚乱直接阻碍国际承包商的各项活动,例如,中方中标的墨西哥高铁项目就因公众的反对和巨大的社会压力而取消,中方承建的位于缅甸的密松大坝项目也因缅甸社会的反对而被叫停。

国际工程项目的技术和管理的复杂性与项目东道国政府对国际承包商的态度具有显著的相关性(Deng et al.,2014a)。承揽普通的项目则意味着国际承包商不具备不可替代的地位,从而抵抗政治风险事件的能力较低。当面临以下两种情况时,国际承包商将会受到更多的政府支持,政治风险暴露也会越低:

(1) 项目东道国政府对项目的期望很高,但本国承包商的能力有限,无法在规定时间内完成政府的计划,亟须有经验和有能力的国际承包商参与项目的建设,来实现政府的目标和规划;

(2) 项目的技术和管理的复杂性水平较高,通过引入管理和技术水平较高的国际承包商,达到学习国外先进技术或管理理念的目的(Ashley et al.,1987)。

承包商自身的不当行为是引发政治风险的导火索之一。以往已有大量的研究关注承包商的不当行为造成的负面影响。道德伦理上的不当行为,例如,承包商的行贿、腐败、失信等行为会造成社会资源的浪费,形成社会对立(Fan et al.,2009)。工人在施工过程中的工作失误会造成安全事故,给承包商的形象造成负面影响(Mohamed,2002)。不遵守当地的法律和制度而受到更多的政府的管制,如在招标工程中的不当行为会导致承包商在招投标时被排除在外(Chen et al.,2011)。不遵守当地的文化或者宗教信仰会导致当地人对国际承包商的抵制,这种现象在种族和宗教复杂的区域尤为明显。歧视当地人、拖欠当地人工资、污染环境等行为会引起公众的抗议或者反对,例如,中国工人在马尔代夫的一处工地附近擅自垂钓,被政府发现后遣返并对其所在公司进行了高额处罚,中国承包商曾在赞比亚一处项目上付给当地人的工资低于当地的最低标准,从而引发了当地工人的罢工和抗议(Jauch,2011)。

5.3.4.3 基于交易的暴露

该组包含的三个变量为东道国对项目的期望(I1)、有利的合同条件(I2)、项目的资金来源(I3)。国际承包商承建国际工程项目本质上是一种交易行为,即承包商通过向项目东道国输出劳务、技术以及服务从而获得相应的报酬。因此该项交易的成功与否,与该交易的价值、双方约定性权利和义务以及资金的属性显著相关。

东道国对项目的期望是指该项目对东道国政府、权力组织以及社会公众的相对重要性

(Ashley et al., 1987)。一般来说,东道国对项目东道国政府部门所看重的政绩工程项目、涉及项目东道国国计民生的重大项目以及项目东道国急需的关键项目的期望度较高,而东道国对一般的民用项目、社会关注低的一般项目以及可替代性较高的普通项目的期望相对较低。东道国对国际工程项目的期望越高,意味着在项目承建期间,国际承包商会受到更多的来自各方的支持以及较少的阻碍,其政治风险暴露也会越低。东道国对国际工程项目的期望越低,国际承包商所处的社会地位将越低,其面对外部威胁的脆弱性也会越高。

国际工程项目所使用的资金来源不同,国际承包商所面对的政府态度也将不同。采用外部资金的项目,例如,项目所需资金来自承包商的母国或亚洲投资开发银行等国际机构,由于项目东道国政府必须通过融资来完成项目,在项目承建期间,政府的态度和表现就会好得多,国际承包商面临的干涉也相对较小(纪沿光,2016)。而那些使用东道国政府资金的项目,往往会受到更多的制约,政治风险暴露也高得多(Baloi et al., 2003)。

在工程承包中,合同约定双方的权利和义务,以及发生争议时的谈判和解决方案。因此,缔约双方签订合同的态度往往能反映双方对工程项目的态度。如果国际承包商能取得有利的合同条件,例如获得项目东道国或者国际担保机构的担保、合理的风险分担协议及争端处理约定等,国际承包商将面临较低的政治风险。即使风险事件发生,也能通过相关协议获得一定的补偿,从而减少损失。

5.3.4.4 基于策略的暴露

该指标包括三个变量:子公司的规模(J1)、子公司的杠杆率(J2)、子公司的所有权份额(J3)。承包商在项目东道国的与企业发展战略相关的属性,决定了其能产生的社会影响的大小,从而也能影响其所承建的国际工程项目的风险暴露。

跨国企业在东道国的分公司的规模比总公司的规模对于该企业在该国所面临的政治风险影响更大(Oetzel, 2005)。国际承包商在项目东道国的企业规模越大,意味着其技术和管理水平越成熟,其可利用的资源越多,解决问题的能力越强,所创造社会财富的能力也越强(Alon et al., 2009;Deng et al., 2014a)。特别是那些处在成长期的大型跨国建筑企业,不仅能给东道国政府创造更多的税收,也能为东道国社会创造更多的就业岗位,从而将获得更多的政府支持和社会认同。

资产负债率是指企业所筹集的外部资金占企业全部资产的比例。国际承包商在项目东道国企业的资产负债率越大,其投资利润就会越小,其面临破产的风险也越大。但较高的负债率也意味着较多的外部资金注入,相对减少了国际承包商在企业中所占的份额,债权人也会尽力保证企业的运营安全,从而也最小化了其政治风险暴露(Kesternich et al., 2010)。

国际承包商在项目东道国的子公司或项目部的所有权份额与国际承包商的政治风险暴露也显著相关。公司的所有权结构决定了公司的责任和利益的分配结构。企业的所有权结构涉及的利益者越多,利益者的实力越强,企业的抗风险能力就越强。一般来说,外资独资公司由于其纯"外人"的身份在项目东道国势单力薄,因此要比那些与项目所在国企业或有背景的财团合资建立的合资公司面临的政治风险要大得多(Pak et al., 2004)。

5.3.4.5 综合适应能力

本组共包含三个变量:适应性组织文化(K1)、对当地经济的贡献(K2)、与当地商业利益的牵扯(K3)。进入国际市场后,国际承包商是否能适应项目东道国的环境,对工程项目的成败至关重要。

相比气候、时差等自然环境,对文化环境的适应对跨国企业而言显得更为重要(Deng et al.,2014b)。国际承包商的组织文化的适应性越高,其更能够被东道国社会所接纳,消除因文化距离带来的误会和麻烦,从而有助于提高工作效率,降低政治风险暴露。国际承包商具有适应性的组织文化包括:

(1) 尊重当地的风俗习惯、宗教信仰,允许当地员工参加宗教活动,在当地重要节日来临时为当地员工举行庆祝活动;

(2) 与项目周边群众举办联谊活动,促进双方的相互了解,增进友谊;

(3) 在住宿和饮食等方面考虑本地工人的生活习惯,保障本地工人的基本利益;

(4) 适应当地的作息时间及交流沟通的方式和方法;

(5) 定期组织员工学习了解当地的文化和风俗,使员工能够较好地融入当地社会;

(6) 根据本地人的特点和优势,雇用有能力的本地人,为其提供适合的岗位。

项目东道国社会和政府更容易接纳那些能为当地经济带来贡献的国际承包商。这种贡献最直接的表现就是贡献税收,提供就业岗位。除此之外,如果承包商参与大型基础设施项目,项目的成功有利于当地社会的发展,也能间接地为当地经济做出贡献。特别是当国际承包商为当地经济带来的贡献是当地承包商所无法提供的,则其政治风险暴露将会降低(Rich et al.,1990)。

与当地商业利益的牵扯是指国际承包商与当地企业或者财团之间具有合作关系。国际承包商在项目的实施过程中与当地商业实体的结合也是政治风险转移的一个有效手段(Ashley et al.,1987),这会使国际承包商与项目东道国政府、社会组织以及公众之间建立一个长期的伙伴合作关系,并且会增加双方的信任和理解,从而减少东道国政府所带来的干扰。跨国企业由此可以获得大量的市场机会,有利于其在项目东道国长期稳定地发展(Low et al.,2001)。

5.3.4.6 相对议价能力

该指标包含对当地市场的依赖度(L1)、技术或技术转移(L2)、多元化程度(L3)三个变量。国际承包商的相对议价能力,又称与市场关联的讨价还价的能力,决定了其能在多大程度上成功获取回报,降低风险。拥有较高相对议价能力的国际承包商在与东道国政府进行博弈时,将会因为其对市场的优势而拥有更多的市场权力,从而获得较高的议价地位(Torre et al.,1988;Grosse,1996)。

一般来说,国际承包商对当地的市场依赖度越高,意味着其在东道国市场将会处于一个相对被动的位置,从而其相对议价能力也就越低,微观层面的政治风险暴露也就越高,例如,国际承包商在东道国承建项目时,主要的建筑材料如果依赖当地经销商的供应,一旦当地的市场环境发生波动(例如物价上涨、供应短缺、行政管制),国际承包商将会遭受巨大的损失。而对于那些对当地市场依赖度较低的国际承包商,即使市场环境发生了波动,因其与当地市场较低的关联性,项目的运营也会受到较低的影响。

国际承包商技术和技术转移水平越高,其相对议价能力也越高。技术水平高或拥有核心技术的国际承包商,往往能取得社会公众和项目东道国政府的好感和信任,从而能在同行的激烈竞争中脱颖而出。国际承包商的核心技术如果是难以被模仿和超越的,那么其将拥有一个不可替代的绝对优势地位,有利于其长期稳定地发展并获得较高的报酬。不少研究表明,技术水平较高的国际承包商将会受到较少的东道国政府的规制(Torre et al.,1988;Alon et al.,2009)。国际承包商的技术转移(如对当地工人的培训)将会减少东道国的敌意,并且从长期来说有利于当地的行业(Zhao et al.,2009)。因此,国际承包商的技术转移越多,其对东道国的贡献也就越大,其政治风险暴露也就越低。

对于国际承包商而言,其多元化程度主要由其业务的多样性和市场的多样性来衡量。多元化程度高的跨国建筑企业将会拥有以下的优势:

(1) 较为丰富的市场经验,以及降低成本的能力;

(2) 能有效利用在其他市场或业务领域所积累的品牌价值,从而获得东道国的认可;

(3) 可以通过调动其他业务或市场内的资源来帮助承包商在一国取得优势地位,也可以集中力量应对风险。

总的来说,国际承包商的多元化水平越高,其相对议价能力也越高。多元化将会给国际承包商更大更灵活的空间,其受到外部环境的影响将会较小。因此,越是多元化的企业,其抵抗政治风险的能力就越强。

5.3.5 国际工程政治风险的脆弱性评价

5.3.5.1 数据获取和处理

本节将利用所建立的国际工程政治风险的脆弱度评价体系,对国际工程项目的整体脆弱性进行评价。同样采用结构化的问卷调查法搜集国际工程政治风险的案例。该问卷调研的内容包括受访者的信息、其所在项目遇到的政治风险的信息、受访者对其所在项目在18个内部脆弱性变量上的表现进行的评估和受访者对其所在项目所受到的政治风险水平(Political Risk Level,PRL)进行的评估。这18个变量以及PRL都采用李克特五级量表的方式进行评估,级别越高表示项目系统的脆弱性越高,具体的评估标准如下:

(1) 与政府或权力组织的关系

国际承包商与项目东道国的政府和权力组织中的任何一方的关系出现紧张都可能导致政治风险的发生(Chang et al.,2018b)。因此对于该变量,得分1表示承包商与项目东道国的政府和权力组织的关系都很好;得分2表示承包商与项目东道国的政府和权力组织中的一方关系很好,但与另一方关系平和;得分3表示承包商与项目东道国的政府和权力组织的关系平和;得分4表示承包商与项目东道国的政府或权力组织中的一方存在关系紧张;得分5表示承包商与项目东道国的政府或权力组织中的一方存在敌对或有冲突。

(2) 本地化程度

根据前人的研究,企业的本地化水平可以通过管理模式本地化、人力资源本地化、资源采购本地化以及合作伙伴本地化来评估(刘玉杰等,2005;纪沿光,2016)。因此,对于该变量,上述4项全部符合的得1分,符合3项的得2分,符合2项的得3分,符合1项的得4分,全不符合的得5分。

(3) 经验知识

由于不同国家或地区建筑市场之间会存在较大的不同,因此对于国际承包商而言,其在项目东道国的经验知识要比其在其他国家的经验知识更重要。参与国际工程项目能提升承包商对不同环境的适应能力,在不同文化、语言环境下沟通的能力,以及与外国人打交道的能力,因此其在国际市场上的经验知识要比其在国内的经验知识有价值。因此,该变量得分1表示承包商在项目东道国有丰富的工程经验,得分2表示承包商在项目东道国有过工程经验,得分3表示承包商第一次进入项目东道国但有着丰富的国际工程经验,得分4表示承包商有少量的国际工程经验,得分5表示承包商没有国际工程经验。

(4) 公众对项目的反对

当国际工程项目受到公众的期待和欢迎时,承包商能得到更多的支持,而当国际工程项目受到公众的反对时,承包商将会受到更多的阻挠(Chang et al.,2019a;Deng et al.,2013a)。因此对于该变量,得分1表示该项目受公众的期待和欢迎,得到社会公众的大力支持;得分2表示公众对该项目有一定的好感;得分3表示公众对该项目的态度较为平和;得分4表示公众对该项目持反感的态度,但并没有发生实质的反对行动;得分5表示公众反对该项目并通过向政府抗议、游行、舆论施压等方式阻挠该项目。

(5) 技术和管理的复杂性

技术和管理的复杂性可以由国际工程项目是否能由一般的承包商胜任,有多少承包商能够胜任来衡量(Ashley et al.,1987)。因此对于该变量,得分1表示该项目只有该承包商能够胜任;得分2表示该项目只有少数的国际承包商能够胜任,但项目东道国的承包商无法胜任;得分3表示该项目有大部分国际承包商可以胜任但项目东道国的承包商无法胜任;得分4表示该项目有少数的项目东道国的承包商可以胜任;得分5表示该项目大部分的项目东道国的承包商都能胜任。

(6) 承包商的不当行为

承包商的不当行为包括破坏当地生态环境、拖欠当地人工资、歧视当地员工、不遵守当地的法律和政策、不尊重当地的文化和习俗、操作不规范引发安全事故、偷工减料、因自身的原因拖延工期(Fan et al.,2009;Mohamed,2002;Chen et al.,2011)。因此对于该变量,得分1表示承包商从未发生以上行为;得分2表示承包商因不熟悉当地市场,操作中存在一定的失误,但能得到当地政府和社会的谅解;得分3表示承包商有少量的不当行为,但能及时有效地解决;得分4表示承包商有某些不当行为,且因此付出了较大的代价;得分5表示承包商因不当行为招致当地群众和政府的抗议和反感。

(7) 东道国对项目的期望

东道国对项目的期望可以从该项目是不是东道国急需的,以及项目受众面和项目建成后能发挥的社会价值来衡量(Ashley et al.,1987)。因此对于该变量,得分1表示该项目是不可替代的,是东道国社会急需的,项目的建成能发挥巨大的社会价值;得分2表示该项目具有较大的社会影响力,项目的建成有利于项目东道国的经济和社会发展;得分3表示该项目具有一定的社会影响力,项目的建成能发挥一定的社会价值;得分4表示该项目的存在与否对项目东道国的影响不大;得分5表示该项目的建设并不适合东道国的现状,项目的建设会造成一定的社会浪费。

(8) 有利的合同条件

有利的合同条款主要是看承包是否获得了项目东道国政府或者第三方的担保,合同中是否明确了风险分摊和争端解决的条款(Deng et al.,2014a)。因此对于该变量,得分1表示承包商获得了政府或第三方的担保,合同中明确了风险分摊以及争端解决的条款,且条款对于承包商来说有利;得分2表示承包商获得了政府或第三方的担保,合同中有一定的风险分摊和争端解决的条款,条款相对公平;得分3表示承包商仅获得了政府或第三方的担保,但关于政治风险的分摊和争端解决的条款不明确;得分4表示承包商未获得政府或第三方的担保,但合同中有一定的风险分摊和争端解决的条款;得分5表示承包商未获得政府或第三方的担保,合同中也没有风险分摊和争端解决的条款。

(9) 项目的资金来源

就项目的资金来讲,援助资金优于境外贷款资金,境外贷款资金优于项目东道国资金,项目东道国的私募资金优于政府资金(纪沿光,2016;Baloi et al.,2003)。因此,对于该变量,得分1表示该项目的资金来自承包商母国或者第三方援助;得分2表示该项目的资金来自承包商的母国贷款;得分3表示该项目的资金来自世界银行等第三方贷款;得分4表示该项目的资金来自项目东道国的私营机构;得分5表示该项目的资金来自项目东道国政府。

(10) 子公司的规模

国际承包商在项目东道国的企业的规模主要由其项目规模和员工数量来衡量(Oetzel,2005)。因此,对于该变量,得分1表示承包商在项目东道国有多家分公司,有大量的工程项目和员工数量;得分2表示承包商在项目东道国有分公司,有多个大型工程项目,企业员工数量较多;得分3表示承包商在项目东道国的项目规模较大,员工数量较多;得分4表示承包商在项目东道国的项目规模一般,员工数量一般;得分5表示承包商在项目东道国的项目规模较小,员工数量较少。

(11) 企业(当地子公司)的杠杆率

企业的负债率在合理范围内的风险较低,企业的债权人如果来自项目东道国则风险较低(Kesternich et al.,2010)。因此,对于该变量,得分1表示企业的负债率处在合理范围内,且债权人主要来自项目东道国;得分2表示企业的负债率处在合理范围内,有一部分债权人来自项目东道国;得分3表示企业的负债率处在合理范围内,且债权人主要来自他国;得分4表示企业的负债率过高,且大部分债权人来自他国;得分5表示企业的负债率过高,且债权人全部来自他国。

(12) 子公司的所有权份额

项目东道国对子公司所有权份额越大意味着子公司的"外人"的身份就越淡,其所受的歧视就会越小(Pak et al.,2004)。当子公司的所有权份额全部来自其他国家的企业时,仅来自一个国家要比来自多个国家的脆弱得多。因此,对于该变量,得分1表示该子公司是承包商与项目所在国企业建立起的合资公司,且项目东道国的资本占比很大;得分2表示该子公司是承包商与项目东道国的企业建立起的合资公司,且项目东道国的资本所占比例较大;得分3表示该子公司是承包商与项目东道国的企业建立起的合资公司,且项目东道国的资本所占比例较小;得分4表示该子公司是承包商和第三方建立起的合资公司;得分5表示该子公司是承包商独资建立的公司。

(13) 适应性组织文化

企业组织文化的适应性主要是指企业的组织文化是否与东道国的文化风俗、宗教信仰、生活习惯和行为准则相契合,是否对工作的顺利进行产生阻碍(Deng et al.,2014b)。因此,对于该变量,得分1表示企业的组织文化能完全适应东道国的文化风俗、宗教信仰、生活习惯和行为准则;得分2表示企业的组织文化能够很大程度上适应东道国的文化风俗、宗教信仰、生活习惯和行为准则;得分3表示尽管企业的组织文化与东道国的文化风俗、宗教信仰、生活习惯和行为准则有较大的不同,但之间并没有什么冲突,不影响日常工作的进行;

得分 4 表示企业的文化与东道国的文化风俗、宗教信仰、生活习惯和行为准则有较大的不同,对日常工作产生了较小的阻碍;得分 5 表示企业的文化与东道国的文化风俗、宗教信仰、生活习惯和行为准则有较大的不同,对日常工作产生了较大的阻碍。

(14) 对当地经济的贡献

对当地的经济贡献主要从贡献的税收、提供的就业岗位、工程项目的建成对当地的经济发展的促进作用、是否利于相关产业的升级和发展四个方面来衡量(Rich et al., 1990;Deng et al., 2014a)。因此对于该变量,得分 1 表示国际承包商至少在以上两个方面的贡献很大;得分 2 表示国际承包商至少在以上一个方面的贡献很大;得分 3 表示国际承包商至少在以上两个方面有贡献;得分 4 表示国际承包商至少在以上一个方面有贡献;得分 5 表示国际承包商在以上几个方面都没有贡献。

(15) 与当地商业利益的牵扯

与当地商业利益的牵扯主要是指国际承包商与当地的企业是否有合作关系以及关系的紧密程度。这种关系越密切,国际承包商的脆弱性就越低(Ashley et al., 1987;Low & Shi, 2001)。因此,对于该变量,得分 1 表示国际承包商与当地企业组成了战略联盟;得分 2 表示国际承包商与当地公司存在着长期的合作关系;得分 3 表示国际承包商与当地企业之间有短期合作关系;得分 4 表示国际承包商与当地企业之间无合作关系;得分 5 表示国际承包商与当地企业之间有竞争或冲突关系。

(16) 对当地市场的依赖度

如果国际工程项目所需的原材料依赖项目东道国市场的供应,那么国际承包商受到的制约就会很大,政治风险暴露也会很高(Torre et al., 1988;Grosse, 1996)。因此,对于该变量,得分 1 表示项目所需的原材料均不依赖当地市场;得分 2 表示项目所需的大部分原材料不依赖当地市场;得分 3 表示除核心原材料外,项目所需的一部分原材料依赖当地市场;得分 4 表示大部分项目所需的原材料依赖本地市场;得分 5 表示项目所需的原材料全部依赖本地市场。

(17) 技术或技术转移

项目的技术水平越高,越存在技术转移,项目系统的脆弱性就越低(Alon et al., 2009;Zhao et al., 2009)。因此,对于该变量,得分 1 表示该项目所需的技术水平很高,其他承包商无法胜任,国际承包商的参与有利于项目东道国学习先进技术或人才培训;得分 2 表示该项目所需的技术水平较高,东道国承包商无法胜任,国际承包商的参与有利于项目东道国学习先进技术或人才培训;得分 3 表示该项目所需的技术水平较高,有较少的国际承包商能够胜任;得分 4 表示该项目所需的技术水平较高,但有较多的国际承包商能够胜任;得分 5 表示该项目所需的技术水平一般,多数的本地承包商都能胜任。

(18) 多元化程度

跨国企业的多元化主要表现在产业多元化、地域多元化、职能多元化三个方面。企业的多元化水平越高,其脆弱性水平越低。多元化程度高的跨国建筑企业则应具备以下特征:在多个国家或者地区设有分公司,涉及房建、通信、能源、交通、工业等多个行业,涉及总包、劳务、设计、咨询等多种业务,与行业之间的其他企业保持良好的关系,在各个业务领域都占据较大的市场份额。因此对于该变量,得分 1 表示在以上几条中至少符合 4 条;得分 2 表示在以上几条中符合 3 条;得分 3 表示在以上几条中符合 2 条;得分 4 表示在以上几条中符合 1 条;得分 5 表示以上几条全部不符合。

(19) 政治风险水平

国际工程的 PRL 主要可以从风险对国际承包商造成损失的程度来衡量。轻微的政治风险仅会在项目层面上给国际承包商带来轻微的影响,而严重的政治风险不仅会在项目层面上造成巨大的损失,而且会对承包商的企业运营造成严重的影响。因此对于 PRL,得分 1 表示该项目从未遭遇政治风险;得分 2 表示该项目存在轻微的政治风险,但风险对国际工程的影响很小;得分 3 表示该项目存在较小的政治风险,风险在项目层面造成了少量的损失,但基本不影响企业的运营;得分 4 表示项目发生了政治风险,该风险给项目的成本、进度造成了较大的损失,给企业带来负面影响;得分 5 表示项目发生了严重的政治风险,风险造成人员伤亡,工程被取消或暂停,或发生大规模的工程变更,给企业造成了巨大的损失。

该问卷通过电子邮件、问卷星和在线聊天软件等工具分发给了 800 名在中国建筑学会、笔者团队研究人员所在的校友会、中国对外承包工程商务注册的从业人员。至 2017 年 4 月,共回收了问卷 301 份,其中有 7 份问卷因为答案不完整而被剔除,剩下 294 份有效问卷代表 294 份政治风险案例,问卷回收率 36.8%,满足数据分析的要求。如表 5-16 所示,在这 294 个受访者中,从职位来看,57 位(占比 19%)为高级经理,177 位(占比 60%)为项目经理,60 位(占比 20%)为项目工程师;从工作年限来看,253 位(占比 86%)的受访者拥有 5 年以上的工作经验;从项目所在的地区来看,118 个(占比 40%)来自亚洲地区,111 个(占比 38%)来自非洲地区,另外的 65 个(占比 22%)则来自大洋洲、欧洲、北美和南美地区。问卷分布基本与中国承包商在各大洲的营业额的比重一致。

表 5-16 案例有效问卷的基本信息

参数	值	人数	比例/%
职位	高级经理	57	19
	项目经理	177	60
	项目工程师	60	20
工作经验	小于 5 年	41	14
	5~9 年	69	23
	10~20 年	142	48
	大于 20 年	42	14
地区	亚洲	118	40
	非洲	111	38
	大洋洲	18	6
	欧洲	13	4
	北美	6	2
	南美	28	10

5.3.5.2 评价方法和结果

本节旨在根据建立起的评价指标体系对搜集到的案例中的项目系统的脆弱性进行评价,从而探究国际工程项目的脆弱性与政治风险之间的关系。

TOPSIS 法又称优劣解距离法,是一种根据现有的对象与理想化目标的接近程度进行评价的方法。该方法的原理是将基础数据进行趋同化和归一化处理,通过检测评价对象与最优解、最劣解的距离来进行排序,若评价对象与最优解的距离最近且与最劣解的距离最远,则为最好,否则为最差。该方法已被广泛应用于工程管理领域的研究,例如,张毅军等(2010)将 TOPSIS 法用于地铁工程施工风险的评价当中,吕强(2004)采用 TOPSIS 法进行供应商的评价和选择,李剑(2014)引入 TOPSIS 法进行建筑工程项目的风险评价。

与其他的综合评价方法相比,TOPSIS 法可客观地对多指标情况下的各对象进行评价,对基础数据无特殊要求,使用灵活,对样本和评价的数量也没有严格的限制(陈为公等,2018)。鉴于 TOPSIS 的诸多优点,本节将采用该方法对搜集到的 294 个项目的脆弱性进行评价。在该评价中,有 294 个项目系统:$P_1, P_2, \cdots, P_{294}$,6 个脆弱性评价指标:$D_1, D_2, \cdots, D_6$。具体的操作步骤如下:

(1) 对原始数据进行归一化处理后形成无量纲化的决策矩阵:

$$\widetilde{X}_{ij} = \frac{X_{ij} - \min(X_j)}{\max(X_j) - \min(X_j)} \tag{5-6}$$

其中,X_j 代表 P 在 D_j 上的得分(所有项目系统在第 j 个指标上的得分);X_{ij} 表示 P_i(某个项目系统)在 D_j(某个指标)上的得分。

$$\mathbf{X} = \mathbf{X}_{ij} = \begin{bmatrix} \widetilde{x}_{11} & \widetilde{x}_{12} & \cdots & \widetilde{x}_{1n} \\ \widetilde{x}_{21} & \widetilde{x}_{22} & \cdots & \widetilde{x}_{2n} \\ \vdots & \vdots & \vdots & \vdots \\ \widetilde{x}_{m1} & \widetilde{x}_{m2} & \cdots & \widetilde{x}_{mn} \end{bmatrix} \tag{5-7}$$

其中,x_{ij} 为 P_i 在 D_j 上的得分。

(2) 建立加权决策矩阵:

$$\mathbf{W} = (w_1, w_2, \cdots, w_n) \tag{5-8}$$

$$\mathbf{X}^k = \widetilde{\mathbf{X}}_{ij}^k = \overline{w} \begin{bmatrix} \widetilde{x}_{11} & \widetilde{x}_{12} & \cdots & \widetilde{x}_{1n} \\ \widetilde{x}_{11} & \widetilde{x}_{22} & \cdots & \widetilde{x}_{2n} \\ \vdots & \vdots & \vdots & \vdots \\ \widetilde{x}_{m1} & \widetilde{x}_{m2} & \cdots & \widetilde{x}_{mn} \end{bmatrix} \tag{5-9}$$

其中,w_j 为 D_j 的权重;P_i 代表第 i 个项目系统,共 294 个;D_j 表示第 i 个脆弱性评价指标。

因为在验证性因子分析中,每个脆弱性指标(主成分)的 CR 值、AVE 值较为接近,且其所包含的观测变量数量相同,每个观测变量的因子载荷也较为接近,因此采用等权重的方法对每个指标进行评价。

(3) 确定各指标的正理想解 $\widetilde{X}^+$ 和负理想解 $\widetilde{X}^-$:

$$\widetilde{X}^+ = (\widetilde{X}_1^+, \widetilde{X}_2^+, \cdots, \widetilde{X}_n^+), \widetilde{X}^- = (\widetilde{X}_1^-, \widetilde{X}_2^-, \cdots, \widetilde{X}_n^-) \tag{5-10}$$

其中,

$$\widetilde{X}_j^+ = \max\{x_{1j}, x_{2j}, \cdots, x_{mj}\}, \widetilde{X}_k^- = \min\{x_{1j}, x_{2j}, \cdots, x_{mj}\} \tag{5-11}$$

(4) 计算各项目与正负理想值之间的欧式距离:

$$d_i^+(\widetilde{X}_i, \widetilde{X}^+) = \sqrt{(\widetilde{X}_{i1}^k - \widetilde{X}_1^+)^2 + (\widetilde{X}_{i2}^k - \widetilde{X}_2^+)^2 + \cdots + (\widetilde{X}_{in}^k - \widetilde{X}_n^+)^2} \tag{5-12}$$

$$d_i^-(\widetilde{X}_i, \widetilde{X}^-) = \sqrt{(\widetilde{X}_{i1}^k - \widetilde{X}_1^-)^2 + (\widetilde{X}_{i2}^k - \widetilde{X}_2^-)^2 + \cdots + (\widetilde{X}_{in}^k - \widetilde{X}_n^-)^2} \tag{5-13}$$

(5) 计算各项目与负理想解的贴近度 τ_i:

$$\tau_i = \frac{d_i^-}{d_i^+ + d_i^-} \tag{5-14}$$

其中,τ_i 为项目 P_i 与负理想解的相对贴近度,贴近度值越大,表明项目系统的整体脆弱性越强。

根据以上步骤对 294 个项目的 τ 进行计算,并将 τ 值划分为五个等级:很低($0.000 \leqslant \tau < 0.200$),较低($0.200 \leqslant \tau < 0.400$),中等($0.400 \leqslant \tau < 0.600$),较高($0.600 \leqslant \tau < 0.800$),很高($0.800 \leqslant \tau < 1.000$)。如表 5-17 所示,294 个项目的 τ 值平均值为 0.337,共 48 个(占比 16%)项目的整体脆弱性等级为很低,共 127 个(占比 43%)项目的整体脆弱性等级为较低,共 116 个(占比 39%)项目的整体脆弱性等级为中等,仅有 3 个(占比 1%)项目的整体脆弱性等级为较高,没有项目的整体脆弱性等级为很高。

表 5-17 脆弱性等级划分

参数	$0.000 \leqslant \tau < 0.200$	$0.200 \leqslant \tau < 0.400$	$0.400 \leqslant \tau < 0.600$	$0.600 \leqslant \tau < 0.800$	$0.800 \leqslant \tau < 1.000$
等级	很低	较低	中等	较高	很高
数量	48	127	116	3	0
比例/%	16	43	39	1	0

从评价结果来看,中国承包商所承建的海外工程项目的 τ 偏低,具体表现为:

(1) 近几年来由于国内的市场饱和,以及建筑业的产能过剩,中国政府鼓励并支持建筑企业走出去。中国承包商所承建的项目主要为发展中国家的大型基础设施项目,而这些项目的签订和落成往往得到了两国政府的大力支持,可以说项目的合作代表着两国政府之间的合作。因此,中国承包商普遍能和东道国政府与权力组织之间保持着良好的关系。另外随着国内原料、劳动力价格的不断升高,中国承包商在海外经营时,也不断提高自己的本地化水平,雇用一定的当地员工甚至企业的管理人员,原材料通过本地供应商采购。此外,中国承包商普遍拥有较为丰富的国际工程经验,有部分承包商还在某些国家长期持续地承建工程项目。

(2) 中国承包商承建的工程项目多为涉及国计民生的基础设施项目,项目的建成往往能给当地带来巨大的受益。因此大部分项目都受到了东道国公众的欢迎。发展中国家的本地承包商的技术水平有限,往往无法胜任大型工程项目的建设。而中国承包商特别是一些大型国有建筑企业往往有着世界先进水平的施工和管理技术,在技术和管理水平上有着独特的优势。中国承包商在海外运营时存在一定的不当行为,但不存在文化、宗教和种族上的巨大冲突,大部分失误行为也没有造成严重的影响。

(3) 中国承包商承建的项目普遍的期望度较高,在这294个项目中有一半都是东道国急需的项目。但在有利的合同条款方面,只有五分之一的项目获得了来自政府或第三方的政治风险的担保条款,有将近一半的项目签订了风险分担和仲裁条款。在项目资金方面,约有一小半的项目资金来源于东道国政府,这也是中国海外项目脆弱性相对较高的一个变量。

(4) 中国走向海外的承包商以大型国有企业为主,企业的规模较大。有超过一半的中国承包商通过在当地成立子公司来承揽工程业务,企业的员工数量较多。从其分公司的所有权来看,有60%的为母公司独资公司,其余的存在一定的当地所有权,但只有较小比例的子公司具有较大程度的当地所有权。在负债率方面,大部分企业的负债率处在合理范围内,且债权人主要来自他国。

(5) 中国承包商大多数的组织文化能够很大程度上适应东道国的文化风俗、宗教信仰、生活习惯和行为准则。大多数企业在海外运营中重视与当地群众之间的关系,较为照顾本地员工。大多数中国承包商通过雇用当地的工人、管理人员或者安保人员为当地提供了大量的就业岗位,且为当地政府贡献了税收,大型基础设施项目的落成往往能为当地带来巨大的经济效益。因此大部分中国承包商对当地的经济贡献较大。大部分的中国承包商与当地企业存在长期或者短期的合作关系,整体上中国承包商与当地商业利益的牵扯适中。

(6) 在对当地市场的依赖度方面,将近四分之一的中国承包商对当地市场的依赖度较低或者很低,有将近一半的中国承包商对当地的市场依赖度适中,而另外的四分之一的中国承包商对当地市场的依赖度较高或者很高。大部分的中国承包商乐于为当地培训工人,引进先进技术,传播经验,技术转移水平较高,对促进东道国相关技术的进步做出了较大的贡献。中国的大型建筑企业往往涉及多个行业和领域,且与行业之间的其他企业保持良好的关系,在各个业务领域都占据较大的市场份额,因此中国承包商的多元化水平普遍较高。

国际工程政治风险是由项目系统的外部威胁和内部脆弱性所共同决定的。所以假设,在同种威胁程度下,项目的脆弱性越高其PRL值越高,项目的脆弱性越低其PRL值越低。根据问卷中每个项目有关风险事件的具体信息,按照当时事件的规模和影响范围将其划分为五个等级,等级越低表示威胁性越小。

根据统计(表5-18),在294个案例中,48个(占比16%)项目所受的整体威胁性水平很低,58个(占比20%)项目所受的威胁性水平较低,96个(占比33%)项目所受的威胁性水平适中,79个(占比27%)项目所受的威胁性水平较高,13个(占比4%)项目所受的威胁性水平很高。

表 5-18 项目系统脆弱度与风险损失的相关性分析

威胁等级	变量	平均值	R 值	P 值	样本量
1	PRL	1.625	0.489	<0.050	48
	τ	0.318			
2	PRL	1.985	0.632	<0.001	58
	τ	0.321			
3	PRL	2.284	0.491	<0.001	96
	τ	0.335			
4	PRL	2.557	0.528	<0.001	79
	τ	0.307			
5	PRL	2.759	0.601	<0.001	13
	τ	0.323			

虽然从整体上看,项目系统的 τ 与外在威胁性之间没有明显的关系,五个组别的 τ 的平均值差别不大。但是威胁性等级高的组别的 PRL 均值要明显比威胁性等级低的组别高。这表明国际工程项目的 PRL 与外部威胁性等级有明显的相关性。但是不管在哪个级别的威胁性下,都有项目的 PRL 值为 1 或者 2,这表明项目的 PRL 又不完全是由外部威胁性水平所决定的。除此之外,即使 PRL 值为 1 的工程项目,其 τ 不等于零,这表明任何项目系统都存在一定的漏洞和不足,但如果该漏洞或不足没有与外界的威胁相契合,项目系统仍然不会遭遇政治风险。例如,中国承包商在中东的一处工地附近偶尔会有暴力冲突事件,但中国承包商在项目东道国政府的帮助下,建立了完善的安保体系,并没有因此而受到损失。

通过对相同威胁性等级下各项目的 τ 与其 PRL 之间的相关性分析发现,在同等级的外部威胁下,国际工程项目的 τ 与其 PRL 呈显著正相关($P < 0.001$ 或 $P < 0.050$)。这表明当项目受到威胁并发生政治风险时,项目系统的脆弱度越低,其风险损失越小,而项目系统的脆弱度越高,其风险损失越大。例如,当发生政府违约时,获得政府担保的国际承包商要比未获得政府担保的承包商所遭受的风险损失小得多。

5.4 国际工程政治风险的集成度量模型

5.4.1 模型的建立

在本章的前面部分我们分别建立了国际工程政治风险的外部威胁性评价模型和内部脆弱性评价模型来评价国际工程项目系统的外部环境和自身的易损性。本节的主要目标是在前两节的基础上建立一个国际工程政治风险的集成度量模型。

在传统的风险方法中,最常见的就是专家评价法,也就是通过专家对可能发生的风险和概率以及产生的影响进行评估。专家评价法在理论研究和工程实践中的应用都非常的普遍。该方法的特点是对专家和项目管理者的经验、判断力以及相关知识的掌握要求非常高。可以说基于这种方法下的风险评估结果很大程度上取决于风险评估专家的个人素质和知识水平。对一些比较成熟，有大量先例且有专家资源的项目来说，此种方法操作简单，且结果有一定的准确性，能在工程项目的风险管控中发挥较大的作用。除此之外，这些风险评估专家的丰富经验不仅作用在评估风险中，还可以直接对风险防范和应对起到积极的作用。然而，对于国际承包商在政治风险方面的评估，专家评价的方法存在极大的局限性，主要的表现如下：

（1）缺乏丰富的国际承包商市场经验。对于大部分的国际承包商而言，走向国际市场就面临着全新的陌生环境。即使有个别承包商在某个国家和地区有大量丰富的项目经验，其对于该国政治、经济、社会、文化等方面的了解也很难做到像在国内一样。更何况，当国际承包商每去到一个新的国家就是一个新的开始。所以从经验上来讲，从事国际工程项目很难通过丰富的经验来对政治风险有一个准确的判断。

（2）缺乏足够的专家资源。近些年来不仅是大型国有建筑企业，还有大量的民营建筑企业、小型建筑企业走向国际市场。在众多的中国对外承包商当中，只有极少数的承包商拥有成熟的政治风险评估体系。大部分的承包商在走向海外时都是摸着石头过河，仅仅通过政府发布的有限信息对市场环境做一些初步的判断。虽然中国建筑企业在国内的工程管理领域有大量的经验丰富的专家，但这些专家的认知主要是基于国内项目的。在不同国家和地区，工程项目面临的市场环境也有着极大的不同，所以对于国际工程项目而言，缺乏足够多的对世界各国有风险经验和较强判断力的专家。即使有，对于大多数企业而言，也是难以有效利用的资源。这就造成了专家评估法在国际工程政治风险评价实施中的巨大缺陷，没有足够的专家对潜在的风险去做出判断。

（3）缺乏动态的调整。除了阶段的风险评估外，对风险因素的不断监测也是风险防范中重要一步。而传统专家判断的风险评估方法往往是一次性的。一方面，专家很难对海外的情形保持长期不断的关注，另一方面企业也无法做到经常把专家聚集起来对风险评价的结果进行经常性的调整。对于国际承包商而言，对政治风险评估的结果不断地更新显得尤为重要。

经过以上的分析，传统的专家评估法并不适合于国际工程政治风险的评估评价。在国际政治风险评估中应利用现有的可获取的数据。在本章的前面部分内容当中，我们分别使用了客观的数据评价项目系统的外部威胁性，以及用与项目和承包商相关的数据去评价项目系统的脆弱性。上述数据来源均满足了国际工程政治风险评估中对数据的要求。因此综合运用项目的内部脆弱性指标和外部威胁性指标来评价国际工程的政治风险水平在数据的获取上是可行的。

综合评价法被广泛应用于利用多指标评价多研究对象的研究中。但无论是何种综合评价法（打分综合法、打分排队法、综合指数法、功效系数法等），均是在权重系数的基础上考虑多指标的综合效应。利用这种方法的评价结果往往是从整体上判断评价对象之间的相对优劣，而不是评价对象本身有何种短长。比如，在对各个国家的 CRL 进行评价时，CRL 高的 A 国家并不代表在所有方面都比 CRL 低的 B 国家表现得差，只是代表 A 国在整体上表现差于 B 国。但是如果 B 国大部分指标都优于 A 国，只有个别指标差于 A 国，那么 B 国也可能因为该指标发生较大的波动，从而给国际承包商带来威胁。这就相当于说，人们去医院体检时，会对身体的每一部位进行检查。检查结果会以分值的形势展现出来，一个人身体的体检得分只能代表其身体整体上的相对健康程度。但这个时候每个指标都表现不是特别好的人反而比大部分指标都特别好但个别指标很差的人更不容易生病。生活中也是这样的,身体的大部分部位都健康,但因为个别部位出现问题就会生病倒下。这种现象就说明,决定一个系统是否存在漏洞、是否健康,是系统中的那些薄弱环节,也就是说系统漏洞的水平如何应该是由其最薄弱的环节所决定的。

通过上述分析发现,综合评价法并不完全适合于国际工程政治风险的评估,其仅仅能体现出二元项目系统在应对政治风险方面的整体竞争力,而容易忽略个别不利指标给系统的稳定带来的巨大威胁。相对于综合评价法,强调短板效应的木桶理论就在评价系统风险水平方面体现出了其独特的优势。如图5-15所示,项目系统的外在威胁性和内部脆弱性的耦合是国际工程政治风险发生的必要条件,当项目的外部威胁性水平(Threat Level, TL)和内部脆弱性水平(Vulnerability Level, VL)都很高时,项目的政治风险水平就会很高,而当项目的外部威胁性水平或内部脆弱性水平较低时,项目的政治风险水平就会相对较低。

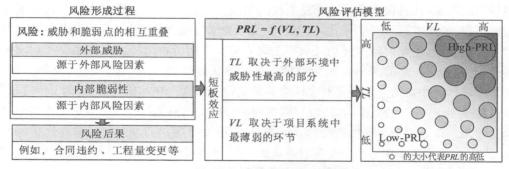

图 5-15 政治风险评估的理论模型

因此,国际工程的 PRL 可以通过式(5-15)、式(5-16)来测量:

$$PRL = f(TL, VL) \tag{5-15}$$

$$PRL = \sqrt{TL \times VL} \tag{5-16}$$

依据木桶理论中的短板效应,当外部威胁性指标中有任何一个表现不好时,项目系统都有可能受到威胁;当内部脆弱性指标中有一个表现不好时,项目系统就有可能出现漏洞。因此项目系统的 TL 和 VL 可以用式(5-17)、式(5-18)来测量:

$$TL = \min(x_1, x_2, \cdots, x_n) \tag{5-17}$$

$$VL = \min(y_1, y_2, \cdots, y_n) \tag{5-18}$$

其中,x 表示每个外部威胁性指标的得分;y 表示每个内部脆弱性指标得分。

因为每个指标是由对应的三个变量所表示的,所以每个指标的得分又近似等于其所包含的三个变量的平均值。

5.4.2 模型的验证

通过对搜集到的294个案例进行分析,从而验证该模型的有效性,具体的操作如下:

(1) 根据搜集到的数据以及公式(5-18)计算每个项目的 VL；

(2) 根据案例中风险发生的地点和事件，为其匹配外部威胁性因素的数据，并通过标准化法把其转化为 1～5 的范围内，值越大，代表风险越高，并根据公式(5-17)计算 TL；

(3) 通过公式(5-16)计算项目的 PRL 的模拟值，并将该值同问卷案例中搜集到的 PRL 实际值做相关性分析。通过 SPSS 软件对这两组数值之间的相关性进行分析，结果显示 $R=0.703$，$P<0.01$（双尾检验），两组数值之间显著相关，表明此模型是有效的。

5.4.3 模型的特点

本模型最主要的特点是综合采用了脆弱性理论和木桶理论以及可利用的相对客观的数据对国际工程中的政治风险进行了评估，主要的优点如下：

(1) 采用脆弱性理论能更好地体现国际工程政治风险的特点。本模型第一个核心观点就是，国际工程的政治风险水平是由其内部特征和外部环境共同决定的。在现有的研究中，研究者多从宏观的角度关注政治风险，但事实上，即使在同一个国家，不同的项目之间的政治风险水平也有着巨大的区别。这也是为什么中国承包商多集中在外部威胁性指数普遍较高的国家，却有很多项目并未发生政治风险。其实在现实世界中有许多现象表现出类似的道理，例如进行一场篮球比赛，某一方是否能赢下比赛的概率不是仅由该方运动队员的水平所决定，而是由两方运动员水平之间的相互作用所决定的。只有当一方运动员的水平高于另一方时，高的那一方才会有较大概率的获胜机会。所以在二元对立的系统下，两个维度之间的相对值才是决定对立结果的最关键的因素。在本研究中，因为 VL 值和 TL 值都被转换到了 1～5 的范围内，所以用简单的平方根公式就能很好地体现出两个维度之间的耦合效果。比如说一个项目系统的 TL 为 3（威胁性中等），VL 也为 3（脆弱性中等），其 PRL 还是 3（风险水平中等）；一个项目系统的 TL 为 5（威胁性很高），VL 也为 5（脆弱性很高），其 PRL 还是 5（风险水平很高）；一个项目系统的 TL 为 1（威胁性很低），VL 也为 1（脆弱性很低），其 PRL 还是 1（风险水平很低）；一个项目系统的 TL 为 1（威胁性很低），VL 为 5（脆弱性很高），其 PRL 为 2.24（风险水平较低）；一个项目系统的 TL 为 5（威胁性很高），VL 为 1（脆弱性很低），其 PRL 为 2.24（风险水平较低）。所以该公式虽然简单，但能很明确地表达 TL、VL 与 PRL 之间的关系。

(2) 采用木桶理论更能反映系统的漏洞。在政治风险评估实践中有一个很有趣的现象，例如，采用 ICRG 的风险评估方法观察某个国家的政治风险指数时，会发现很长一段时间内，国家的整体风险指数并没有很明显的波动。但实际上，该国在这段时间内却明显发生了一定数目的影响较大的风险事件。造成这个现象的原因是在多指标的评价体系下，即使某个指标发生了较为明显的波动，但由于评价的指标过多，这个指标在最终的整体的加权评估规则下就显得微不足道了。所以综合评价法更适合做整体评价，做方案之间的整体对比，并不适合评价国际工程的政治风险水平。从风险管理的目标来看，风险评价的目的是为了防止风险的发生，因此任何一个风险因素都可能引发较为严重的风险后果，所以木桶理论的应用便能把每个风险因素带来的威胁都突出出来。该评估方法在实践中也能够引导承包商去注意系统中薄弱的环节，从而增强国际承包商的忧患意识，并将政治风险发生的概率控制到最低。

(3) 采用可获取的数据更利于工程实践。本模型采用的数据分为两类：一是用来评价国际工程政治风险的外在威胁性的数据,其全部来源于国际评估机构和政府部门;二是用来评价国际工程政治风险的内部脆弱性的数据,其全部来源于国际工程项目和相应的国际承包商。与传统的专家评价的政治风险评估方法相比,本模型所采用的都是相对客观的数据,可以在一定程度上避免了专家主观判断带来的缺陷。另外这些数据要么是公开的,要么是企业自己的,便于企业的搜集和持续更新,即使是不同的承包商在不同的国家和地区,用该评估方法评价国际工程的政治风险水平都是可行的,能够有效解决国际承包商在政治风险评价时资源匮乏、信息有限的问题。

5.4.4 模型的作用

如图 5-16 所示,该模型在实践中的应用主要涉及 4 个阶段:定量分析、风险预警、定性分析和风险应对。定量分析是指通过上文中所提到的数据来源搜集与国际工程政治风险威胁性指标相关的数据,通过对数据的处理和运算,计算出项目东道国的 TL,然后搜集与项目和承包商相关的数据计算出国际工程项目系统的 VL 值,再计算出国际工程政治风险的 PRL 值。很显然,对国际工程政治风险的定量分析的结果并不能直接反映出可能发生的风险以及风险发生后对项目的影响,但是其可以在对风险水平大小的判断或者持续的风险预警中发挥重要的作用。定量分析的结果除了能作为国际工程政治风险预警的直接依据外,还能服务于对潜在风险的定性分析。外部威胁性指标的得分能作为分析潜在的威胁性事件的依据,而内部脆弱性指标的得分可作为分析国际承包商或者工程项目优劣势和脆弱点的依据,二者的结合又可以为分析可能发生的风险以及风险产生的概率和影响提供借鉴。由于木桶理论强调只有当系统的每个部分都没有短板时系统才能保持稳定,所以在进行定性分析时,承包商不仅应该关注表现最差的风险指标,所有的表现不好的风险指标都应该被关注,这样才能达到识别出所有风险隐患的目的。最后根据定性分析的结论,承包商可以通过制定针对性的政治风险应对策略来降低政治风险水平。

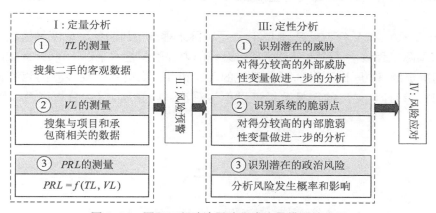

图 5-16 国际工程政治风险集成度量模型的应用

虽然图 5-16 表示该模型在实践应用中的具体过程,但是在不同的阶段,模型的具体应用的细节和目的还有些许不同。在投资决策阶段,该模型的应用主要是为国际承包商的投资决策提供依据,这个时候由于项目最终还没落实,与项目内部脆弱性指标相关的数据有一部分应该是预测数据,即承包商预期的运营方案和中标结果下的数据,所以定量分析的结果也是一个预期结果。这个时候的定量分析、风险预警以及定性分析的结果主要是服务于承包商的投资决策,即判断要不要承建该项目,应该选择什么样的投标方案、准入策略,争取什么样的合同条件等,并在新的方案下重新评价国际工程项目的 PRL 值,直至风险水平降至可接受范围内或者放弃该项目。

在项目实施阶段,该模型的数据来自现有的数据,并且承包商要定期对数据进行重新测量和更新。当承包商发现项目的 PRL 水平在中等以上时,就要保持警惕,对项目可能遭遇政治风险的态势进行预警。该阶段模型的作用主要是不断监测项目在实施阶段的政治风险水平,并在政治风险水平过高时,根据定性分析的结果调整项目的运营方案或策略,采用相应的风险应对措施,从而降低政治风险水平或减少风险带来的负面影响。

5.5　本章小结

本章重点研究了如何利用相关的变量和数据去建立一个国际工程政治风险的度量模型,主要的结论和观点如下:

(1) 利用与东道国的政治、社会、经济、制度以及国际环境、项目东道国与承包商母国关系相关的外部变量建立了国际工程政治风险的外部威胁性模型(T 模型),用来评价国际工程项目的外部环境。在该模型中,除了常规的政治风险变量,还根据现有的国际形势加入了与安全相关的变量。该模型可以通过国际评估机构和相关政府发布的年度数据来评价每个国家每年的 CRI。除此之外,通过大数据分析技术和对互联网上的非结构数据的运用,还可以对各个国家的威胁性指数进行动态调整。

(2) 利用与国际承包商和国际工程项目相关的变量建立了国际工程政治风险的内部脆弱性模型(V 模型),用来评价国际工程项目系统的风险应对能力及风险暴露水平。该模型可以通过国际承包商自己掌握的与企业和项目相关的数据来评价整个项目系统的整体脆弱度。

(3) 在 T 模型和 V 模型的基础上,建立了国际工程政治风险的集成度量模型。依据脆弱性理论,国际工程政治风险水平是由项目系统的内部脆弱性水平(VL)和外部威胁性水平(TL)共同决定的;依据木桶理论,项目系统的 VL 和 TL 都由其表现最差的相关指标所确定。通过该模型计算得出的定量结果可以作为政治风险预警、定性分析以及风险决策的依据。

第6章　国际工程政治风险的对策

国际承包商应该综合项目和企业两个层面对国际工程政治风险进行管理，在风险管理实践中将风险对策与企业的经营目标联系起来，将其作为企业决策工作的重要组成部分，并不断地进行改进和加强。本章旨在综合企业和项目两个层面，从国际承包商的角度识别国际工程政治风险的对策，并对识别出来的对策进行评价和分析，探究其对政治风险管理所发挥的作用和原理；通过案例分析来探究前期对策选择与政治风险后果的关系，建立国际工程政治风险的前期对策选择模型。

6.1　对策的识别与评价

6.1.1　对策的识别

对国际承包商而言，政治风险可以被视为企业面临所有外部风险的一部分，并且通过其在多领域的交叉业务来应对（Liebenberg et al., 2003；Chapman, 2001）。从项目和企业两个层面实施政治风险管理，可以更好地协调企业的资源，巩固企业的经营目标，更有利于国际承包商的长期稳定和发展（Gordon et al., 2009）。通过对政治风险管理和国际工程管理相关文献的阅读，初步识别了27个国际工程政治风险对策，并把其编号为S01到S27（表6-1）。

表6-1　政治风险管理对策

对策	Bonner, 1981	Ashley & Bonner, 1987	Ling & Low, 2007	Chang et al., 2018b	Simon, 1984	Deng & Low, 2013a	Deng et al., 2014a	Wang et al., 2004
S01：提高投标报价 (Making a higher tender offer)	X						X	
S02：进行充分的市场调研 (Conducting market research)	X	X		X		X	X	
S03：购买政治风险保险 (Buying risk insurance)	X			X		X		X
S04：采用最优合同 (Adopting optimal contracts)			X		X			X
S05：实施本地化策略 (Implementing a localization strategy)	X	X		X		X		X

（续表）

对策	Bonner, 1981	Ashley & Bonner, 1987	Ling & Low, 2007	Chang et al., 2018b	Simon, 1984	Deng & Low, 2013a	Deng et al., 2014a	Wang et al., 2004
S06：减少不当行为 (Avoiding misconduct)	X	X		X	X			X
S07：工地现场封闭管理 (Adopting closed management)	X			X		X	X	
S08：参与环境保护 (Supporting environmental protection)	X							
S09：遵循当地的文化 (Abiding by the local culture)	X	X		X				
S10：制定应急方案 (Making contingency plans)	X					X	X	X
S11：获取政府或第三方的担保 (Obtaining the guarantee)				X	X	X		X
S12：实施应急计划 (Implementing an emergency plan)	X					X	X	X
S13：与当地企业组成联营体 (Forming joint ventures)	X		X	X				X
S14：进行风险后评价 (Making a post response assessment)	X					X		
S15：对员工进行培训 (Sending staff to training programs)	X							X
S16：向第三方寻求帮助 (Seek help from others)			X	X				X
S17：选择合适的项目 (Choosing suitable projects)				X	X			X
S18：与当地政府建立合适的关系 (Building relations with governments)		X	X	X		X		
S19：与权力组织保持良好的关系 (Maintaining relations with groups)		X	X	X	X			X
S20：与当地商业建立联系 (Creating links with local business)	X	X	X	X	X	X		X
S21：再谈判、诉讼、仲裁 (Renegotiation, lawsuit and arbitration)			X		X	X	X	
S22：控制核心/关键的技术 (Controlling core/critical technology)		X			X		X	X
S23：选择合适的运营策略 (Choosing suitable entry mode)	X			X	X	X	X	X
S24：雇用有能力的本地人 (Employing capable local partners)	X	X	X	X	X			X

(续表)

对策	Bonner, 1981	Ashley & Bonner, 1987	Ling & Low, 2007	Chang et al., 2018b	Simon, 1984	Deng & Low, 2013a	Deng et al., 2014a	Wang et al., 2004
S25：建立企业的声誉（Building up reputation）	X			X		X		
S26：设置风险专项基金（Allocating extra funds）			X			X		
S27：与公众保持良好关系（Maintaining relations with the public）		X	X		X	X		X

同第 5 章一样，本章采用了预调研法来验证所识别的对策的合理性、准确性和完备性。受访的专家、访谈进行的时间和过程同第 5 章。访谈的内容主要是让专家对初步识别出来的对策就其对国际工程政治风险管理的重要性进行评价，并鼓励他们删减不必要的对策，或者增加重要但却未被识别的对策。在预调研中，并没有对策被删除，也没有新的对策被增加，但是根据专家的建议，在设计问卷时需要对个别对策做一个简单的介绍，从而有助于受访者对其进行准确的评判。有关国际工程政治风险管理对策的评价的问卷的设计、发放和回收同第 5 章对政治风险变量部分的评价一样。

6.1.2 重要性分析

共回收有效问卷 155 份，依据所搜集到的数据对各变量的平均值进行初步统计和分析。使用 SPSS 软件对所搜集到的问卷中有关国际工程政治风险管理对策部分的数据进行效度检验，得出其 Cronbach 系数为 $0.932（F=17.382\ P=0.000）$，显著大于判别标准 0.700（Nunnally，1994），表明样本的一致性非常好。如表 6-2 所示，27 个对策的重要性平均值分布在 3.32（S14，进行风险后评价）与 4.40（S17，选择合适的项目）之间，显著高于中间值 3.00，表明这些对策的重要性得到了受访者的一致认可。在这些对策中，重要性排名前五的为：①选择合适的项目（S17，均值 4.40）；②与当地政府建立合适的关系（S18，均值 4.31）；③进行充分的市场调研（S02，均值 4.29）；④减少不当行为（S06，均值 4.26）；⑤选择合适的运营策略（S23，均值 4.22）。

除此之外，通过非参数检验，所有 27 个被识别的对策的显著性特征值都大于 0.05，表明具有不同的工作年限和职位的受访者对这 27 个对策评价没有显著的差别。

表 6-2 国际工程政治风险对策的数据分析结果

对策	均值	排名	Kruskal-Wallis 检验特性值		
			年限	职位	地区
S01：提高投标报价（Making a higher tender offer）	4.00	11	0.321	0.408	0.383
S02：进行充分的市场调研（Conducting market research）	4.29	3	0.257	0.224	0.273
S03：购买政治风险保险（Buying risk insurance）	4.05	10	0.452	0.367	0.507

（续表）

对策	均值	排名	Kruskal-Wallis 检验特性值		
			年限	职位	地区
S04：采用最优合同（Adopting optimal contracts）	4.19	6	0.611	0.542	0.462
S05：实施本地化策略（Implementing a localization strategy）	4.19	7	0.172	0.320	0.704
S06：减少不当行为（Avoiding misconduct）	4.26	4	0.358	0.642	0.284
S07：工地现场封闭管理（Adopting closed management）	3.69	18	0.409	0.551	0.361
S08：参与环境保护（Supporting environmental protection）	3.80	14	0.383	0.244	0.196
S09：遵循当地的文化（Abiding by the local culture）	3.84	13	0.425	0.319	0.215
S10：制定应急方案（Making contingency plans）	4.09	9	0.713	0.543	0.337
S11：获取政府或第三方的担保（Obtaining the guarantee）	4.14	8	0.344	0.286	0.264
S12：实施应急计划（Implementing an emergency plan）	3.42	24	0.253	0.307	0.351
S13：与当地企业组成联营体（Forming joint ventures）	3.70	17	0.282	0.460	0.713
S14：进行风险后评价（Making a post response assessment）	3.32	26	0.310	0.482	0.169
S15：对员工进行培训（Sending staff to training programs）	3.55	21	0.627	0.608	0.452
S16：向第三方寻求帮助（Seek help from others）	3.38	25	0.547	0.472	0.535
S17：选择合适的项目（Choosing suitable projects）	4.40	1	0.550	0.381	0.287
S18：与当地政府建立合适的关系（Building relations with governments）	4.31	2	0.284	0.427	0.429
S19：与权力组织保持良好的关系（Maintaining relations with groups）	3.73	15	0.126	0.149	0.351
S20：与当地商业建立联系（Creating links with local business）	3.60	20	0.308	0.357	0.378
S21：再谈判、诉讼、仲裁（Renegotiation, lawsuit and arbitration）	3.27	27	0.423	0.219	0.409
S22：控制核心/关键的技术（Controlling core/critical technology）	3.91	12	0.343	0.153	0.264
S23：选择合适的运营策略（Choosing suitable entry mode）	4.22	5	0.372	0.623	0.398
S24：雇用有能力的本地人（Employing capable local partners）	3.66	19	0.621	0.543	0.433
S25：建立企业的声誉（Building up reputation）	3.47	23	0.207	0.372	0.274
S26：设置风险专项基金（Allocating extra funds）	3.52	22	0.421	0.296	0.562
S27：与公众保持良好关系（Maintaining relations with the public）	3.71	16	0.199	0.489	0.339

6.2 对策的内涵与作用

6.2.1 因子分析

探索性因子分析(Exploratory factor analysis，EFA)是通过降维的思想将多个实测变量转换为几个共性因子的方法。该方法可以确定多变量之间的联系，并把关系密切的变量归在同组别中(Wang et al.，2011)。本节共识别 27 个国际工程政治风险的对策，运用 EFA，可以方便地找出这些对策之间的联系、共性因子以及它们对政治风险的影响力。

此次分析的样本数量为对策数量的 5.74 倍，大于 Gorsuch(1983)所提出的 5 倍的标准，表明该样本数量足以支持探索性因子分析。除此之外，样本的 Kaiser-Meyer-Olkin (KMO)检验值为 0.878，大于标准值 0.500(Kaiser，1974)；Bartlett 球度检验的结果为 $x_2 = 1\,497.243$，$df = 205$，$P = 0.000$，小于标准值 0.050，表明总体相关矩阵不是单位矩阵，因此可以认为该样本的数据适合探索性因子分析。

在探索性因子分析中，每个变量的因子载荷反映了该变量对其归属因子的贡献程度。为了增加变量与因子的相关性，应只保留因子载荷大于或等于 0.500 的变量(Lee et al.，2011)。除此之外，这些因子的内部一致性应满足以下 3 个条件：

(1) 每个因子的 Cronbach's alpha 系数应大于或等于 0.700(Hair et al.，1998)；
(2) 每个对策在其对应的主成分上的分项-总项相关系数应大于或者等于 0.400；
(3) 每个对策在其对应的主成分上的内部信度系数应大于 0.400(Park et al.，2003)。

在运用 SPSS 软件的基础上，采用主成分分析法和方差最大正交旋转法来识别 27 个国际工程政治风险对策的共性因子，得到特征值大于 1.000 的因子有 6 个。这 6 个因子解释了 68.208% 的方差，高于 60.000% 的标准值。根据每个对策在每个主成分上的因子载荷，这 27 个对策被分别归类于这识别出来的 6 个因子。

尽管对策"S13，与当地企业组成联营体"在第一个主成分上的因子载荷为 0.521，大于标准值 0.500，但是由于其内部信度系数(0.399<0.500)以及分项-总项相关系数(0.301<0.400)不符合要求被删除了。在该对策被删除后，第一个主成分的 Cronbach's alpha 系数以及其余 6 个对策在第一个主成分的内部信度都相应地增加。

最终，如表 6-3 所示，这 6 个主成分的 Cronbach's alpha 系数位于 0.743 到 0.857 之间，剩下的 26 个对策在其对应的主成分上的分项-总项相关系数位于 0.478 到 0.653 之间，每个对策在其对应的主成分上的内部信度系数位于 0.479 到 0.742 之间，均满足相应的标准，表明该探索性因子分析的结果是符合要求的。

表 6-3 验证性因子分析的结果

对策	内部信度	分项-总项相关系数	主成分					
			1	2	3	4	5	6
S23	0.640	0.590	0.676					
S05	0.530	0.490	0.653					
S17	0.575	0.572	0.617					

(续表)

对策	内部信度	分项-总项相关系数	主成分					
			1	2	3	4	5	6
S22	0.632	0.585	0.598					
S18	0.565	0.482	0.541					
S02	0.652	0.511	0.509					
S06	0.730	0.579		0.683				
S07	0.648	0.497		0.667				
S24	0.667	0.612		0.617				
S08	0.543	0.515		0.595				
S09	0.621	0.611		0.509				
S15	0.742	0.592			0.739			
S26	0.679	0.516			0.670			
S03	0.512	0.527			0.525			
S10	0.479	0.542			0.507			
S27	0.532	0.621				0.682		
S25	0.697	0.629				0.672		
S20	0.632	0.637				0.586		
S19	0.581	0.589				0.547		
S04	0.561	0.478					0.663	
S01	0.548	0.551					0.567	
S11	0.629	0.557					0.550	
S16	0.611	0.538						0.631
S12	0.710	0.539						0.618
S21	0.579	0.571						0.522
S14	0.576	0.653						0.502
Cronbach's alpha			0.857	0.832	0.811	0.767	0.743	0.758
特征值			6.483	2.867	2.310	1.451	1.162	1.100
方差/%			15.233	13.587	11.155	10.817	9.265	8.150
累积方差/%			15.233	28.820	39.975	50.793	60.058	68.208

注：表格只显示大于 0.500 的载荷；提取方法：主成分分析法；旋转方法：方差最大正交旋转。旋转迭代 10 次。

6.2.2 对策的内涵

因子分析所得到的每个主成分的内涵是由其所包含的几项对策的共性所决定的。在项目管理、风险管理和战略管理有关理论的基础上,依据每个主成分所包含的对策,将6个主成分命名为:

(1) 做出正确的决策(Making correct decisions,C1);
(2) 减少额外的错误(Reducing unnecessary mistakes,C2);
(3) 做出充足的准备(Completing full preparations,C3);
(4) 形成良好的环境(Shaping a good environment,C4);
(5) 进行充分的谈判(Conducting favorable negotiations,C5);
(6) 实施合理的响应(Obtaining a reasonable response,C6)。

前文提到,国际工程的政治风险水平是由其外部威胁性水平和内部脆弱性水平所共同决定的。尽管国际承包商无法改变其外部威胁性水平,但可以通过降低项目系统的内部脆弱性来降低其风险水平。项目系统的脆弱性包含风险暴露和应对能力两个维度。

如图6-1所示,这6个主成分从其降低国际工程项目系统的脆弱性的角度也可以分为降低风险暴露和提升应对能力两个维度。其中降低风险暴露维度包括"做出正确的决策(C1)""减少额外的错误(C2)"和"实施合理的响应(C6)",提升应对能力维度包括"做出充足的准备(C3)""形成良好的环境(C4)"和"进行充分的谈判(C5)"。降低风险暴露维度对策的主要作用是降低国际工程遭遇政治风险的概率或影响程度,而提升应对能力维度的对策有助于提高项目系统在不确定环境中的生存能力,使其不太可能因政治风险而受到损害。降低风险暴露和提升风险能力两个维度的主成分分别占总方差的38.975%和29.233%,说明了降低风险暴露维度的对策在政治风险管理中起主导作用,而提升应对能力维度的对策在国际工程政治风险管理中起辅助作用。

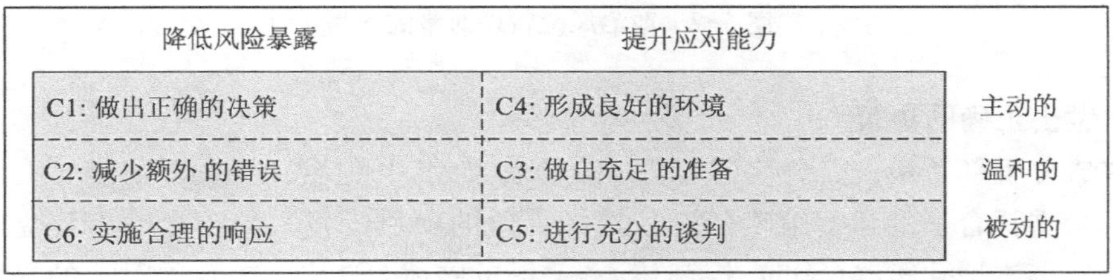

降低风险暴露	提升应对能力	
C1: 做出正确的决策	C4: 形成良好的环境	主动的
C2: 减少额外的错误	C3: 做出充足的准备	温和的
C6: 实施合理的响应	C5: 进行充分的谈判	被动的

图6-1 政治对策主成分的分类

此外,依据这6个成分使用的时机和目的还将其分为主动的、温和的和被动的三类。首先,主动的一组包括"做出正确的决策(C1)"和"形成良好的环境(C4)",占总方差的26.040%。该类别的对策具有对政治风险管理的前瞻性,往往在项目决策或承包商适应当地环境时使用,其采用的目的往往是国际承包商虽然不知道今后是否会发生风险或者发生哪种具体的风险,但在整体上尽力去规避风险。温和的一组包括"减少额外的错误(C2)"和"做出充足的准备(C3)",占总方差的24.742%。该类别的对策是在项目决策后或适应当地环境后使用,其采用的目的往往是国际承包商在特定市场或环境还没有发生风险时,对特定的风险进行转移或者规避。被动的主成分包括"进行充分的谈判(C5)"和"实施合理的响应(C6)",占总方差的19.420%。该类别的对策往往是在可以预见一定的风险或者在风险发生等不利局面下,帮助国际承包商尽可能地防范风险,降低风险损失。与被动的对策相比,主动的和温和的对策在国际工程政治风险管理中占有更重要的地位。

6.2.3 对策的作用

如图 6-2 所示,这 6 个政治风险管理对策所聚类而成的主成分还可以被看作在 3 个不同阶段(决策和准备阶段、项目实施阶段和风险发生后阶段)国际承包商用来管理国际工程政治风险的 3 项技术。在前期(决策和准备)阶段,国际承包商可以采用前置管理技术,包括"做出正确的决策(C1)""做出充足的准备(C3)""进行充分的谈判(C5)",占总方差的39.975%,尽可能地规避或转移其不愿意接受的政治风险,并对一部分愿意自留的政治风险进行风险溢价和损失预防。在项目实施阶段,国际承包商可以采取过程管理技术,包括"形成良好的环境(C4)""减少额外的错误(C2)"。占总方差的 24.404%,尽可能地规避项目实施过程中无法预见的政治风险,并降低风险发生的概率。在风险发生后阶段,国际承包商可以采取事后管理技术"实施合理的响应(C6)",占总方差的 10.155%,尽量降低风险带来的损失,并总结相关的教训,积累相应的政治风险管理经验,这些将有助于提升国际承包商的政治风险管理能力,并将相关知识更好地应用到同类型的国际工程项目的政治风险管理实践中。

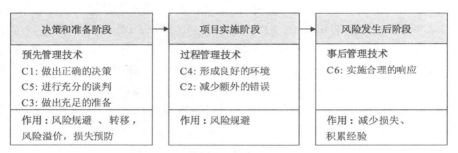

图 6-2 政治风险管理对策的作用

6.2.3.1 做出正确的决策

该主成分解释了最大百分比(15.233%)的总方差,共包含 6 项对策:进行充分的市场调研(S02)、选择合适的运营策略(S23)、选择合适的项目(S17)、与当地政府建立合适的关系(S18)、实施本地化策略(S05)、控制核心/关键的技术(S22)。这 6 项对策的平均值相对较高(分别为 4.29、4.22、4.40、4.31、4.19 和 3.91),分别排在 27 种对策的第 3、5、1、2、7 和 12 位。这 6 项对策的实施都与国际工程项目在决策和准备阶段的活动密切相关,是政治风险管理的重要组成部分。

市场调研是国际承包商在进入一个新的国家的建筑市场或签订新项目之前的一项最基本的任务(Ashley et al.,1987)。有关目标国家建筑市场的信息可以从一些国际组织(如世界银行、国际货币基金组织和世界贸易组织)、非政府组织(如行业协会、商业银行和保险公司)和政府机构(如东道国和母国的建设部、商务部和外交部)的信息平台获取。在对目标国家建筑市场的状况清晰了解的基础上,国际承包商可以通过进行政治风险度量来评价拟投资项目的政治风险水平,并识别潜在的政治风险事件,以及其可能造成的影响。市场调研和风险评估的结果可以作为国际承包商采取运营策略的依据(Brustbauer,2016;

Deng et al., 2014a)。

在选择项目时,国际承包商应该找到那些适合它们能力和兴趣,并能发挥自己专长的项目。此外,如果国际承包商参与了东道国政府和社会非常期待的项目,将有利于其身处良好的运营环境(Ashley et al., 1987)。前文也提到,国际承包商与东道国政府之间的关系是一个非常重要的内部脆弱性因素,其对政治风险管理具有很大的潜在影响(Ling et al., 2010)。在一个政治稳定的国家,与东道国政府关系良好的国际承包商可以获得更多的支持和利益,如便捷的审批程序、较少的政府干预、畅通的信息和沟通渠道、充足的政府保障等。

本地化是国际商务中常见的策略,可以帮助国际承包商更好地融入东道国社会(Deng et al., 2013a)。实施本地化策略有助于国际承包商规避当地政府或公众的歧视和反对(Jia et al., 2017)。由于核心技术水平是国际承包商在高竞争环境下的关键成功因素,国际承包商也越来越重视对核心技术和关键技术的控制。拥有核心和关键技术的国际承包商将在与东道国政府的谈判中具有重要地位和更大的发言权,并在项目实施阶段面临较少的政府干预(Deng et al., 2013b; Torre et al., 1988)。

6.2.3.2 进行充分的谈判

该主成分解释了总方差的 9.265%,包含 3 项对策:采用最优合同(S04)、提高投标报价(S01)、获取政府或第三方的担保(S11),都与国际项目在决策和准备阶段的商务谈判活动密切相关。

在国际工程项目的商务谈判阶段,国际承包商的第一要务是去选择国际上公认的标准合同,并在合同签订时剔除那些无法在项目所在地顺利执行的合同条款(Ling et al., 2007; Wang et al., 2004)。国际承包商还应该认真起草并审核合同中包括支付条款、争端解决条款、知识产权条款、风险分担条款、不可抗力条款和保密条款等在内的各项条款,它们将是未来合同签订双方权利义务的履行以及解决争端的重要依据。

当风险事件发生时,风险溢价往往可以起到在一定程度上补偿国际承包商相应损失的作用。因此,对于一些国际工程项目,当国际承包商在不得自留一些风险时,则可以通过提高投标报价来进行风险溢价,从而降低风险发生后给企业带来的损失。提高投标报价常用两种方法:适当提高材料价格和采用调整系数。当然,提高投标报价并不能弥补所有的政治风险带来的损失,如果价格过高,中标的概率也会相应降低(Samuelson et al., 1986),因此该对策只适合一些特殊状况,例如,在安全形势不佳的情况下需要加强工地附近的安保对策,将这一部分花费增加到报价当中。国际担保条例是在当地救济、国际仲裁和外交保护手段上的有效补充(Chapman, 2001)。国际承包商应尽最大努力与项目的发起者达成协议,以帮助其获得来自东道国政府或有能力的第三方的担保,其有助于降低政治风险事件发生的概率,并在政治风险发生后及时获得赔偿、降低损失(Deng et al., 2018)。

6.2.3.3 做出充足的准备

该主成分解释了总方差的 11.155%,包含 4 项对策:制定应急方案(S10)、对员工进行培训(S15)、设置风险专项基金(S26)、购买政治风险保险(S03)。这 4 项对策的重要性在 27 个对策中分别排名第 9、21、22 和 10 位。该主成分与政治风险应对的准备工作有关,应在国际工程项目开工前实施。

国际承包商在参与国际工程项目时,应在政治风险评估结果的基础上制定相应的政治风险应急方案,以便在政治风险发生时能及时有效地保护自己的利益和安全(Deng et al.,2014b)。发生在也门和利比亚的政治风险案例表明,即使在战争期间,良好的政治风险应急预案也能有效保护国际承包商的安全。因此在风险高危地区设置相应的政治风险应急方案是十分必要的。国际工程政治风险应急方案的内容应包括:

(1) 政治风险的评估和分析;
(2) 争端解决机制;
(3) 风险的管理者和其责任;
(4) 风险管理的设备和工具;
(5) 应急方案实施的步骤和策略。

此外,国际承包商还应在公司行为准则、安全管理规定、国际准则、项目东道国的法律、政策的基础上,为员工提供适当的政治风险培训计划,从而提高其政治风险的防范能力和应对能力。物质和经费是实施相应风险管理工作的基础,设置专项的风险管理资金可以提高国际承包商在不确定的环境中的自主性和灵活性,有利于其更加有效地管理政治风险(Ling et al.,2007)。

除此之外,越来越多的国际承包商倾向于在海外运营时购买政治风险保险。购买政治风险保险已被认为是应对政治风险的一项重要对策,其可以在承包商在海外因战争、内部冲突、罢工、转移限制、政府违约、政府征收或国有化等政治风险事件而遭受损失时获得相应的经济补偿(Jakobsen,2012)。购买政治风险保险需要企业具有较强的实力,如较好的管理水平、财务状况和企业信誉。在某些情况下,购买过政治风险保险的国际承包商拥有获得金融机构长期贷款的能力以及更多与政府谈判的筹码(Anaam,1995)。提供政治风险保险业务的部门或机构有三类:公共保险机构,如非洲贸易保险局和亚洲开发银行;私营保险机构,如伦敦和美国的保险中心;再保险商,如汉诺威保险(德国)公司和中国出口信用保险公司。国际工程的政治风险保险一般与财产保险、工程保险共同投保,其作为一附加险种时被保险人也会承担部分风险损失。

6.2.3.4 形成良好的环境

该主成分占总方差的10.817%,包括4项对策:与权力组织保持良好的关系(S19)、与公众保持良好关系(S27)、与当地商业建立联系(S20)、建立企业的声誉(S25)。这4个对策可以帮助国际承包商在项目实施期间形成良好的运营环境。

在施工阶段国际承包商应与东道国的权力组织(如媒体、工会、商业联盟、行业协会、消费者协会和环境保护团体等)保持良好的关系,将有助于其获得有效的公共资源,减少社会的干扰(Ashley et al.,1987)。众所周知,社会公众是一些恶性的政治风险事件的主要发起者之一(Ling et al.,2007)。与公众保持良好关系,有利于国际承包商避免因公众的反对而引起的不必要的麻烦。与当地商业建立联系,例如,加强与当地承包商、供应商、咨询单位等企业的合作,有助于弱化国际承包商在当地市场中的外来者的形象,从而降低其受到微观政治事件影响的可能性(Alon et al.,2009)。

企业声誉是企业的一种宝贵资源,它代表了国际承包商在项目东道国能获得的社会认可、资源、机会和支持,以及实现其价值创造的能力的总和(Gray et al.,1998)。拥有良好声誉的国际承包商更容易被项目东道国和国际社会认可,其受到微观政治风险的概率较低。即使遇到政治风险,企业有相对较多的资源来帮助其应对风险。建立企业的声誉是一个长期的过程,因此,对于想要寻求在项目东道国长期稳定发展的国际承包商,必须不懈努力,通过采取相关对策,例如,考虑当地公众的利益,参与当地的公益活动,通过宣传树立良好的形象等,以创造良好的声誉(Wang et al.,2016;Arikan et al.,2016)。

6.2.3.5 减少额外的错误

该主成分占总方差的13.587%,包括5项对策:减少不当行为(S06)、雇用有能力的本地人(S24)、参与环境保护(S08)、遵循当地的文化(S09)、工地现场封闭管理(S07)。这个主成分所包含的5项对策与在项目实施期间减少因国际承包商自身行为而引起的不必要的麻烦相关。

有大量的案例表明,微观政治风险与国际承包商在项目实施阶段的不当行为(例如贿赂、违法行为、拖欠工资、不诚实行为、环境污染和文化冲突)密切相关(Wang et al.,2004;Jauch,2011)。例如,在一个种族主义非常严重的国家,国际承包商对当地人的歧视可能导致种族关系紧张,从而引起政府干预;在一个腐败猖獗的国家,企业与东道国政府之间不透明的关系可能引起公众的抗议或反对。因此,在项目实施期间,国际承包商应严格管理企业,按照东道国的法律以及当地的行为准则行事,以消除因自身错误而引起的政治风险。

文化差异甚至文化冲突在国际商务活动中是常见的现象。国际承包商如果能尊重和遵守当地文化,将有助于消除因文化冲突而引发的微观政治风险。环境保护和可持续发展是当今世界的三大主题之一,不管在发达国家还是发展中国家,政府和社会公众越来越重视环境保护这一议题。因此,在项目实施过程中,参与项目所在地的生态环境的保护和建设,将有助于国际承包商与当地政府和公众保持良好的关系,从而减少因环保问题引发的政府管制和公众反对。

当国际承包商在项目东道国缺乏足够的市场经验或者相关技术技能时,可以通过雇用有能力的当地人,如律师、分包商、供应商、咨询机构、中介机构等帮助其降低采购成本、提高工作效率(Low et al.,2003;Chan et al.,2007)。有能力的当地人往往在市场采购、行政审批、商业谈判、风险预测与应对等方面具有较多的优势,其所具备的技能和知识是对国际承包商的有效补充。

使用安保系统(如保安、监控设备和报警机制)对工地现场封闭管理是在治安混乱或者安全形势不利情况下隔离犯罪、恐怖袭击等暴力事件的有效对策。在一些极端区域,国际工程的项目工地甚至需要强大的武装力量对整个工地的封闭式管理进行支持,其有助于国际承包商在恶劣环境中保持相对的独立和安全(Chang et al.,2018b)。

6.2.3.6 实施合理的响应

该主成分占总方差的8.150%,包括4项对策:实施应急计划(S12)、向母国、东道国政府、国际社会等寻求帮助(S16)、再谈判、诉讼、仲裁(S21)、进行风险后评价(S14)。该主成分是在政治风险发生后国际承包商对风险所做出的响应。

一旦出现政治风险事件,国际承包商应立即实施在项目决策和准备阶段所制订的风险应急计划,以减少风险损失,保护自身的安全(Wang et al.,2004)。例如,在项目所在地发生战争、武装冲突等恶性暴力事件时,国际承包商应及时与母国大使馆取得联系,暂停施工,并按事件制订的计划疏散员工。国际承包商的组织能力和在恶劣环境中的韧性和适应能力在风险应急计划的实施中极其重要。在特殊情况下,国际承包商还可以寻求母国政府、地方政府、国际组织和媒体的帮助和支持。

在风险事件缓和或者威胁消失后,国际承包商应对剩余风险以及风险事件给企业带来的损失和负面影响进行评估。在对发生过的风险事件评估的基础上,国际承包商可以调整有关工期、成本等计划或企业的运营策略,并判断是否需要通过索赔或者再谈判等对策减少风险损失(Deng et al.,2014a;Chapman,2001)。在索赔或重新谈判过程中,任何争端都应通过合理渠道解决,例如,根据合同担保条款要求赔偿,向东道国有管辖权的法院起诉,通过外交保护和国际仲裁等法律对策调解。需要注意的是,充分的证据和完整的材料是索赔成功的基础,因此即使在环境极端恶化的情况下,国际承包商也必须把保护相关文件作为仅次于人身安全的第一要务(Chang et al.,2018b)。

在风险再谈判等事务完成后,国际承包商应对此次的政治风险事件做后评估,除了要梳理风险发生的原因、过程以及给企业造成的影响外,还应该总结在此次风险事件中企业风险管理层面所体现出来的经验和教训。从实际项目案例中吸取的经验教训比从书本上吸取的经验教训更有价值,因此通过事后评估积累的经验教训和知识可以帮助国际承包商提高其对政治风险的管理能力,从而能够在今后更加有效地应对类似的政治风险事件。

6.2.4 结构方程模型分析

6.2.4.1 假设和模型的建立

本小节将采用PSL-SEM进一步验证因子分析的结果,以及6个主成分之间的关系(图6-3)。尽管问卷调查以及因子的结果证明了所识别出来的26个对策可以聚类为6个主成分,并能在不同的阶段对国际工程政治风险的管理起到积极的作用,但其发挥的作用是独立的还是有前提条件的还尚未可知。从理论上来讲,国际工程政治风险的管理工作的重点在前期阶段,前置阶段的对策是下个阶段对策的基础,不同的对策除了能发挥自身在应对政治风险中的作用,还能对下个阶段对策产生一定的影响(Deng et al.,2014a)。

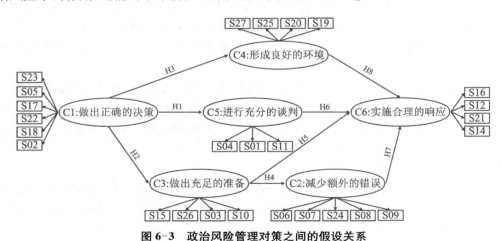

图 6-3 政治风险管理对策之间的假设关系

(1) 做出正确的决策(C1)

对于国际工程项目而言,做出正确的决策是政治风险管理的第一步,对项目东道国市场信息以及政治风险态势的了解不仅是承包商选择运营策略的依据,同时也是其进行商务谈判和做出风险应对准备的基础(Brustbauer,2016)。知彼知己,百战不殆。国际承包商只有在对各项外部信息以及自身优劣势有一个清楚的认识的基础上,才知道商务谈判的重点是什么,以及在之后要做什么样的风险准备工作。另外只有选择了适合自己的特长和能力的项目,并掌握了项目的关键或者核心技术,国际承包商才能在商务谈判中具备较高的议价能力,从而有利于其获得有利的合同条件、较高的合同价格以及来自政府或第三方的担保(Deng et al.,2013b；Torre et al.,1988)。除此之外,只有进行了正确的决策,确定了合适的企业运营策略才有利于企业在项目实施阶段通过选择合作伙伴、本地化经营等方式形成良好的运营环境。因此,做出假设：

H1：潜变量"做出正确的决策(C1)"能显著正向影响潜变量"进行充分的谈判(C5)"

H2：潜变量"做出正确的决策(C1)"能显著正向影响潜变量"做出充足的准备(C3)"

H3：潜变量"做出正确的决策(C1)"能显著正向影响潜变量"形成良好的环境(C4)"

(2) 做出充足的准备(C3)

企业在为潜在的风险做相应的事前准备过程中,会不断提高风险管理的知识和技能,从而有利于规避由自身原因而引起的风险。例如,制定应急预案的过程也是一个风险模拟以及应对对策演练的过程,该过程有助于增强企业的风险防范意识；通过对员工的培训可以帮助员工了解项目东道国的国情及相关的法律和行为规范,从而降低其在项目实施中因自身的不当行为引发的风险(Ling et al.,2007)；当企业购买政治风险时,保险提供方往往会对企业进行整体的风险评估,并通过相关对策和合同条款限制企业的部分行为,降低企业由于主观原因引发的政治风险(李寿双等,2003)。此外,只有准备工作到位时,国际承包商才能在政治风险发生时依据前期制定的应急方案相关合同条件、担保条款冷静处理危机(梁光源等,2016),因此,做出假设：

H4：潜变量"做出充足的准备(C3)"能显著正向影响潜变量"减少额外的错误(C2)"

H5：潜变量"做出充足的准备(C3)"能显著正向影响潜变量"实施合理的响应(C6)"

(3) 进行充分的谈判(C5)

就自留的政治风险进行充分的谈判,获取有利的合同条款以及政府或第三方的担保就是对政治风险管理的一项重要的事前对策。当风险事件发生时,前期谈判的成果将对风险事件的处理结果影响巨大(Ke et al.,2010)。合同条件和担保条款有助于调动业主等方在相应风险过程中的积极性,并可以帮助承包商在风险发生后通过再谈判等对策获得相应的补偿(Bing et al.,2005),因此,提出假设：

H6：潜变量"进行充分的谈判(C5)"能显著正向影响潜变量"实施合理的响应(C6)"

(4) 减少额外的错误(C2)

减少额外的错误不仅能够降低在项目实施期间国际承包商因自身的不足而引发的政治风险,还能在风险响应阶段使国际承包商在谈判、解决纠纷等过程中占有优势(Wang et al.,2011)。当风险发生后,国际承包商往往需要通过实施应急方案等方式来响应政治风险。只有当风险不是由承包商自身原因引起的时候,承包商才更容易赢得母国政府、地方政府、国际组织和媒体的帮助和支持,才能在诉讼、仲裁中掌握主动权,获取尽量多的补偿(Deng et al.,2014a),因此,提出假设：

H7：潜变量"减少额外的错误(C2)"能显著正向影响潜变量"实施合理的响应(C6)"

(5) 形成良好的环境(C4)

形成良好的环境有助于国际承包商更好地融入项目所在地社会,从而降低微观政治风险并在政治风险发生后获得足够的支持,有更多的资源去应对风险(Chang et al.,2018c;Omar et al.,2006)。例如,如果企业拥有较好的声誉,能够与当地群众社会团体建立起珍贵的友谊,在战争动乱发生后能获得更多的保护,即使在撤退过程中也能获得较多的帮助或者较少的阻碍,因此,提出假设:

H8:潜变量"形成良好的环境(C4)"能显著正向影响潜变量"实施合理的响应(C6)"

6.2.4.2 结果与讨论

采用 SmartPLS,依据图 6-3 所提出来的理论模型进行验证,结果显示(表 6-4),26 个国际工程政治风险管理对策的因子载荷位于 0.704 到 0.821 范围之间,均大于标准值 0.400;6 个潜变量的 CR 值位于 0.831 到 0.883 范围之间,均大于标准值 0.700;6 个潜变量的 AVE 值位于 0.558 到 0.620 范围之间,均大于标准值 0.500。

表 6-4　国际工程政治风险管理对策的测量模型评估

对策	载荷	R^2	CR	AVE
S23	0.732	0.536		
S05	0.707	0.500		
S17	0.723	0.523		
S22	0.813	0.661		
S18	0.737	0.543		
S02	0.768	0.590		
			0.883	0.559
S06	0.760	0.578		
S07	0.741	0.549		
S24	0.793	0.629		
S08	0.704	0.496		
S09	0.752	0.566		
			0.866	0.563
S15	0.786	0.618		
S26	0.798	0.637		
S03	0.803	0.645		
S10	0.719	0.517		
			0.859	0.604
S27	0.754	0.569		
S25	0.728	0.530		

(续表)

对策	载荷	R^2	CR	AVE
S20	0.789	0.623		
S19	0.737	0.543		
			0.839	0.566
S04	0.772	0.596		
S01	0.769	0.591		
S11	0.821	0.674		
			0.831	0.620
S16	0.733	0.537		
S12	0.741	0.549		
S21	0.729	0.531		
S14	0.784	0.615		
			0.835	0.558

除此之外，如表6-5所示，所有潜变量的AVE的平方根都明显高于潜变量与潜变量之间的结构相关系数，并且所有的观测变量都获得了其对应潜变量上的最大载荷，表示该结构方程模型中的测量模型是合理的，进一步验证了所识别的26个对策可以被归纳为因子分析所得到的这6个主成分。

表6-5 国际工程政治风险管理对策的主成分的判别有效性

主成分	C1	C2	C3	C4	C5	C6
C1	**0.747**	—	—	—	—	—
C2	0.523	**0.751**	—	—	—	—
C3	0.462	0.538	**0.777**	—	—	—
C4	0.409	0.481	0.551	**0.752**	—	—
C5	0.237	0.389	0.436	0.421	**0.787**	—
C6	0.384	0.286	0.378	0.287	0.608	**0.747**

注：粗体数字为各主成分的AVE的平方根。

接着采用自举法来验证6个主成分之间的假设关系以及路径系数。在本研究中，依据Hair等(2011)提出的标准，选取自举的样本数量为5 000，自举的案例数目等于有效问卷的数量，为155。路径成立的条件由双尾检验中的T值来判断：$T \geqslant 1.64$时表明路径达到了0.10的显著水平，$T \geqslant 1.96$时表明路径达到了0.05的显著水平，$T \geqslant 2.58$时表明路径达到了 0.01 的显著水平(Efron,1987；Davison et al.,1997)。如表 6-6 所示的路径分析的结果中,8 条路径的 T 值均大于 1.64,表明 8 个假设均成立。

表 6-6 路径分析的结果

假设	路径系数	T 值	结论
H1	0.503	7.892	成立
H2	0.428	4.385	成立
H3	0.284	2.328	成立
H4	0.317	2.489	成立
H5	0.565	8.034	成立
H6	0.384	5.287	成立
H7	0.380	5.331	成立
H8	0.237	1.892	成立

如图 6-4 所示,"做出正确的决策(C4)"能在显著性水平等于 0.01 的基础上正向影响潜变量"进行充分的谈判(C5)"和"做出充足的准备(C3)",能在显著性水平等于 0.05 的基础上正向影响潜变量"形成良好的环境(C4)";潜变量"做出充足的准备(C3)"能在显著性水平等于 0.05 的基础上正向影响潜变量"减少额外的错误(C2)",能在显著性水平等于 0.01 的基础上正向影响潜变量"实施合理的响应(C6)";潜变量"进行充分的谈判(C5)"能在显著性水平等于 0.01 的基础上正向影响潜变量"实施合理的响应(C6)";潜变量"形成良好的环境(C4)"能在显著性水平等于 0.10 的基础上正向影响潜变量"实施合理的响应(C6)"。

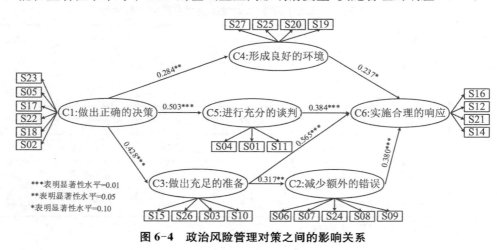

图 6-4 政治风险管理对策之间的影响关系

路径分析的结果表明,有关国际工程政治风险管理的主成分之间存在显著的影响关系。前一阶段的风险对策会对后一阶段风险对策的实施存在一定程度的正相关关系。从研究结论中可以得出以下对国际工程中政治风险管理的建议:

（1）作为一种特殊的外部风险，国际工程中的政治风险一旦发生，对于企业来说往往是难以控制和应对的。相对于政治风险发生后的应对管理，国际承包商更需要在前期阶段规避政治风险，并在工程中时刻保持对政治风险的敏感性，尽可能提前监测到风险苗头，并早做准备。

（2）国际工程政治风险管理对策的制定和实施是环环相扣、缺一不可的，国际承包商不可能仅通过对某些政策的实施达到最优的政治风险管理结果。因此，国际承包商在进军海外建筑市场时，应对国际工程项目进行全面、全阶段的政治风险管理。

（3）虽然全阶段的政治风险管理需要花费国际承包商较多的人力、财力等资源，但其与政治风险发生所带来的损失相比微不足道。即使项目暂时进展顺利，未发生政治风险，相应的对策也可能已发挥了其作用，或者会在未来发挥作用。因此，无论在何时，国际承包商对每一项政治风险管理对策的投入都是十分必要。

6.3 前期策略选择研究

6.3.1 理论模型

在上一节的内容讨论了 26 个国际工程政治风险对策的重要性、作用及分类，并指出在项目的准备决策阶段"做出正确的决策"是全阶段风险管理的基础。在该主成分中，包括了一个关键的对策"选择正确的运营策略"。本节将结合政治风险机理和度量方面的内容，重点探讨在不同情境下如何选择正确的运营策略。

根据第 4 章和第 5 章的结论，国际工程实际的政治风险水平是由外部威胁性水平和内部脆弱性水平共同决定的；通过对国际工程政治风险的脆弱性变量的分析又得出国际工程项目系统的脆弱性分为风险暴露维度和主体应对能力两个维度；在对策部分又得出了 6 个对策主成分之间的关系，以及它们在国际工程项目系统的脆弱性降低方面发挥的作用。综上，在政治风险对策网络的基础上，加入风险暴露（Risk Exposure，RE）、企业竞争力（Company Competitiveness，CA）、外部威胁水平（TL）、风险事件（Political Risk Events，PRE）、政治风险水平（PRL）五个节点，依据各节点之间的关系，绘制出国际承包商在前期阶段的运营策略选择模型（图 6-5）。

根据前几章的结论，部分国际工程政治风险的对策除了能影响国际承包商的风险响应能力外，还能影响项目系统的风险暴露，因此建立相应对策与风险暴露的关系。项目系统的脆弱性分为两个部分：风险暴露和风险应对能力。风险暴露和外部威胁共同作用产生风险事件，而风险应对能力和风险事件共同决定最终的风险水平。在特定环境下的企业的风险暴露除了与相应的对策有联系外，还受企业自身竞争力的影响。在图 6-5 中，外部威胁水平（TL）、企业竞争力（CA）和策略选择（Strategy Choice，SC）是整个网络的自变量。因此，可以假设，在不同的环境下，不同的企业通过选择不同的运营策略会对最后项目的政治风险水平（PRL）产生不同的影响。因此，本节的主要研究目的就是来探究这三种自变量在不同的组合情境下对风险后果的影响。

6.3.2 贝叶斯网络

6.3.2.1 贝叶斯网络的介绍

贝叶斯网络是一种模拟人类推理过程中因果关系的不确定性处理图模型（Jensen，1996）。

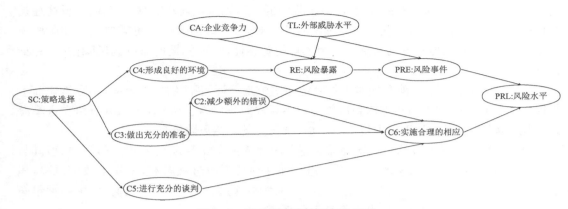

图 6-5 运营策略选择的理论模型

一个贝叶斯网络是由多个节点以及节点之间的连线构成的有向无环图,其中节点代表变量,而连线则是以条件概率的方式来表达节点与节点之间的依赖联系(Zhang et al.,2014)。

在生活中,人们往往需要通过推理来进行决策,而这种推理往往是建立在所掌握的常识的基础上。但推理的过程常存在较大的不确定性,当推理的对象较为复杂时,推理的结果会非常不准确。例如,在运营策略的选择的理论模型中,一个节点变量的变动会通过连线关系影响到多个节点变量的变动,一个节点变量的变动也可能是一个或者多个与它连接的节点变量的变动所造成的,一旦在某个环节,由于人为的因素导致推理错误,就会导致整个结果的偏离。而贝叶斯网络是一种基于概率的不确定性推理网络,它可以基于先验知识或者通过对样本中的数据进行挖掘、分析来进行推理。相对于其他的决策模型,贝叶斯网络中运用了概率的理念,并以网络图谱直观地展示节点变量之间的因果关系和条件概率,能够在有限的、不完整的、不确定的信息条件下进行学习和推理,具有强大的不确定性推理能力。

如图 6-6 所示,在该贝叶斯网络中,节点变量 $A1$、$A2$、$A3$、$A4$ 代表 4 件不同事件。节点 $A1$、$A3$ 只会影响其他节点,但不受其他节点的影响,因此称之为父节点,而 $A4$ 受到 $A2$ 和 $A3$ 的影响,是 $A2$ 和 $A3$ 的子节点,$A2$ 受到 $A1$ 和 $A3$ 的影响,是 $A2$ 和 $A3$ 的子节点。$A1$ 和 $A3$ 的参数分别由其边缘分布 $P(A1)$、$P(A3)$ 表示,子节点 $A2$ 的参数则通过 $P(A2|A1,A3)$ 表示,即表示在 $A1$、$A3$ 发生的情况下事件 $A2$ 的发生概率。从这一表达方式也可以推知事件 $A1$、$A2$、$A3$ 之间存在着一定的因果关系。

贝叶斯网络基于条件独立性假设,节点的条件概率如式(6-1)所示:

$$P(A1, A2, \cdots, An) = \prod k P\left(\frac{Ak}{Par(Ak)}\right) \tag{6-1}$$

其中,$P(A1, A2, \cdots, An)$ 表示状态 $(A1, A2, \cdots, An)$ 对应的概率;$Par(Ak)$ 表示节点 Ak 的父节点对应的随机变量。

贝叶斯网络的主要推理形式有以下两种:

(1)预测推理:是父节点状态推导出子节点状态的概率分布。贝叶斯网络可以充分利用节点之间的关系进行预测,当知道了所有父节点的状态时,经过推理分析,可以得出在该状态下其余各子节点的不同状态的概率分布。

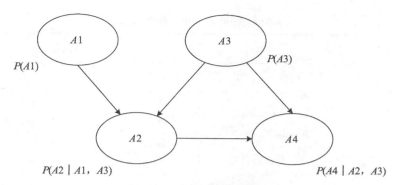

图 6-6　贝叶斯网络示意图

（2）诊断推理：是由子节点的这个状态的概率分布情况来推知父节点的状态。目的是在已知结果时，找出产生该结果的原因。

鉴于贝叶斯网络在不确定性推理方面的强大功能，本节将使用贝叶斯网络对前期搜集到的 294 份国际工程政治风险案例的数据进行诊断推理，从而判断在不同情境下，前期的策略选择（SC）对国际工程项目政治风险水平（PRL）的影响。

6.3.2.2　网络建立和参数确定

首先根据图 6-5，在 Netica 软件中建立前期策略选择的贝叶斯网络（图 6-7）。

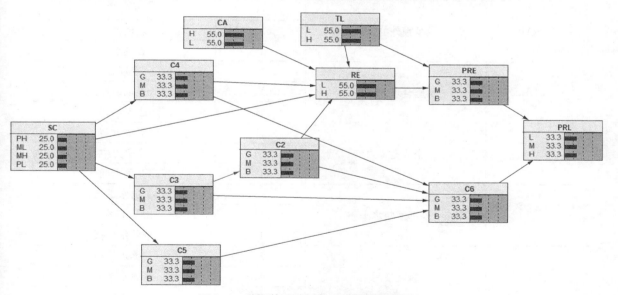

图 6-7　前期策略选择的贝叶斯网络模型

在绘制好基础的贝叶斯网络后，需要确定贝叶斯网络中的条件概率。一般来说，确定条件概率的方法有三种：人工确定、机器学习和通过定义方程。在此，选择对 294 个案例的数据进行深度学习的方式来确定该贝叶斯网络中的条件概率。由于本节的目的主要是判断在不同情境下（CA 和 TL 的组合）不同的策略选择对最终的风险水平的影响趋势，只需要判断影响结果的方向性，因此我们将节点状态进行了简化，如表 6-7 所示。各节点数据的处理和计算方法同第 5 章。

表 6-7　贝叶斯网络的各节点状态

节点		状态	
编号	内容	标号	内容
SC	策略范围	PH	永久准入、高参与
		ML	灵活准入、低参与
		MH	灵活准入、高参与
		PL	永久准入、低参与
SH	形成良好的环境	G	表现好
		M	表现中等
		B	表现不好
CP	做好充分的准备	G	表现好
		M	表现中等
		B	表现不好
CN	进行充分的谈判	G	表现好
		M	表现中等
		B	表现不好
RM	减少额外的错误	G	表现好
		M	表现中等
		B	表现不好
OB	实施合理的响应	G	表现好
		M	表现中等
		B	表现不好
CA	企业竞争力	H	竞争力高
		M	竞争力中
		L	竞争力低
TL	外部威胁水平	H	威胁水平高
		M	威胁水平中
		L	威胁水平低
VL1	风险暴露	H	暴露水平高
		M	暴露水平中
		L	暴露水平低
RE	风险事件	H	危害高
		M	危害中
		L	危害低
PRL	风险水平	H	风险水平高
		M	风险水平中
		L	风险水平低

通过 Netica 软件中的样本训练功能,得到前期策略选择的贝叶斯网络对 294 个案例深度学习的结果(图 6-8)。

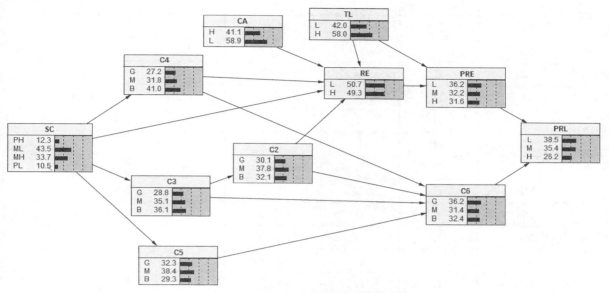

图 6-8　深度学习后的贝叶斯网络模型

在深度学习后,得到了各节点之间的条件概率,这个时候可以通过设置 CA、TL 和 SC 的状态来判断 PL 的状态分布概率变化,从而判断在不同的 CA、TL 下应该作何策略选择。

6.3.3　结果和讨论

如表 6-8 所示,当 CA 和 TL 的状态都为 H 时,SC 为 ML 时的 PRL 水平相对最低,而 SC 为 PH 时的 PRL 水平相对最高;当 CA 的状态为 H、TL 的状态为 L 时,SC 为 PL 时的 PRL 水平相对最低,而 SC 为 MH 时的 PRL 水平相对最高;当 CA 的状态为 L、TL 的状态为 H 时,SC 为 MH 时的 PRL 水平相对最低,而 SC 为 PL 时的 PRL 水平相对最高;当 CA 和 TL 的状态都为 L 时,SC 为 PH 时的 PRL 水平相对最低,而 SC 为 ML 时的 PRL 水平相对最高。

如图 6-9 所示,情境 I 代表拥有高竞争力的国际承包商在外部威胁水平高的国家时应该选择灵活的准入模式和低参与的运营策略。尽管对国际承包商而言要尽量避免进入高风险的国家,但一定要进入时,应该选择相对灵活的市场准入模式(如承揽独资项目或短工期的合资项目)以减少其在不稳定商业环境下的风险暴露(Deng et al.,2013b;Alon et al., 1998)。由于承包商自身的竞争力高,对合作伙伴的依赖较低,因此应该选择低参与的运营策略,即主要以通过购买政治风险保险、取得担保等相对独立的手段来应对政治风险,而适当减少一些与当地政治、社会和商界的利益牵扯,从而帮助其规避一些由合作伙伴引发的政治风险。

表 6-8　父节点不同状态组合下的风险水平分布概率

SC	CA	TL	PRL		
			L	M	H
PH	H	H	26.1%	34.2%	39.7%
ML	H	H	41.8%	32.0%	26.1%
MH	H	H	28.9%	38.1%	33.0%
PL	H	H	28.3%	37.5%	34.3%
PH	H	L	29.1%	37.1%	33.8%
ML	H	L	30.3%	35.5%	34.2%
PL	H	L	42.3%	34.6%	23.1%
MH	H	L	24.7%	34.4%	40.9%
PH	L	H	31.7%	33.9%	34.4%
ML	L	H	32.1%	34.7%	33.2%
PL	L	H	23.0%	36.8%	40.2%
MH	L	H	41.9%	38.6%	19.5%
PH	L	L	41.7%	37.5%	20.8%
ML	L	L	25.4%	35.8%	38.8%
MH	L	L	33.5%	35.7%	30.8%
PL	L	L	32.3%	35.9%	31.8%

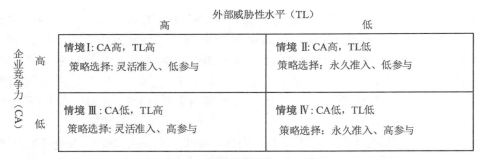

图 6-9　前期运营策略的选择模型

情境Ⅱ代表拥有高竞争力的国际承包商在外部威胁水平低的国家时应该选择永久的准入模式和低参与的运营策略。对国际承包商而言，外部威胁小，自身又具有竞争优势的情况是最理想的状态。这个时候选择永久的市场准入模式（如在当地成立独资公司、合资公司和事业部）可以更好地帮助国际承包商融入东道国社会，发挥其优势，从而获得长期稳定的发展（Alon et al.，1998）。同时，因为自身竞争力强，还应选择低参与的运营策略来规避更多的风险。

情境Ⅲ代表自身竞争力较低的国际承包商在外部威胁水平高的国家时应该选择灵活

的准入模式和高参与的运营策略。因为外部威胁性水平高，所以首先选择灵活的准入模式来赚取短期利润。由于国际承包商的自身竞争力较低，在应对风险方面没有优势，因此需要选择高参与的运营策略（如与当地政府、实力较强的企业、社区组织等建立联盟或者深度合作），从而提高其管理政治风险的能力(Iankova et al., 2003)。

情境Ⅳ代表自身竞争力较低的国际承包商在外部威胁水平低的国家时应该选择永久的准入模式和高参与的运营策略。只要市场环境稳定，国际承包商就应该选择永久的准入模式，这样可以通过长期稳定的经营不断提高其在东道国的竞争力水平。但由于自身的竞争力不高，因此在东道国的前期发展阶段还要采用高参与的运营策略，通过商业伙伴的能力来弥补自身的劣势。

6.4　本章小节

本章对国际工程政治风险的对策进行了识别与分析，探讨了风险对策的内涵和作用，以及在项目前期（决策和准备）阶段的策略选择问题，主要的结论如下：

（1）本研究识别了27个国际工程政治风险的对策，其中重要性排名前五的对策为选择合适的项目(S17)、与当地政府建立合适的关系(S18)、进行充分的市场调研(S02)、减少不当行为(S06)、选择合适的运营策略(S23)。

（2）这27个对策可以被聚类为6个主成分：做出正确的决策(C1)、减少额外的错误(C2)、做出充足的准备(C3)、形成良好的环境(C4)、进行充分的谈判(C5)、实施合理的响应(C6)。这6个主成分的对策能从降低风险暴露或提升应对能力两个方面帮助国际承包商管理政治风险。除此之外，这6个主成分还可以被分为主动的、温和的和被动的三类。与被动的对策相比，主动的和温和的对策在国际工程政治风险管理中占有更重要的地位。

（3）就实践中的作用而言，"做出正确的决策(C1)""做出充足的准备(C3)""进行充分的谈判(C5)"可以在项目前期阶段帮助国际承包商去规避或转移政治风险，并对一部分自留的政治风险进行风险溢价和损失预防；"形成良好的环境(C4)"和"减少额外的错误(C2)"可以帮助国际承包商在项目实施阶段规避一些无法预见的政治风险，并降低风险发生的概率；"实施合理的响应(C6)"有助于国际承包商在风险发生后降低风险带来的损失，总结教训，积累政治风险管理经验。

（4）6个对策主成分间存在着显著的相互影响关系，前一阶段的风险对策会对后一阶段风险对策的实施效果产生正向的影响，因此国际承包商在进军海外建筑市场时，应对国际工程项目进行全面、全阶段的政治风险管理。

（5）前期的运营策略选择是全阶段政治风险管理的关键。当拥有高竞争力的国际承包商在外部威胁水平高的国家时应该选择灵活的准入模式和低参与的运营策略；当拥有高竞争力的国际承包商在外部威胁水平低的国家时应该选择永久的准入模式和低参与的运营策略；自身竞争力较低的国际承包商在外部威胁水平高的国家时应该选择灵活的准入模式和高参与的运营策略；自身竞争力较低的国际承包商在外部威胁水平低的国家时应该选择永久的准入模式和高参与的运营策略。

第 7 章　国际工程政治风险的管理信息系统

本章旨在通过现代化的信息技术,集成国际工程政治风险度量和决策选择时的数据搜集、处理和分析等功能,建立一套支持多端用户,集数据储存、分析、查询、展示、辅助决策为一体的国际工程政治风险管理信息系统,作为国际工程政治风险管理实践和本研究理论之间的媒介,辅助国际承包商进行国际工程政治风险的评价和管理。

7.1　需求分析

7.1.1　功能需求

如图 7-1 所示,该系统的作用就是作为国际承包商和科研人员之间信息交流的媒介。所以说该系统的使用者包括国际承包商和科研人员(管理员)两类。下面分别从两类人员的需求的角度分析系统应具备的功能。

图 7-1　国际工程政治风险管理信息系统

(1) 国际承包商

对国际工程政治风险的管理而言,国际承包商最关心的是其面临什么样的威胁以及应该采取什么样的对策应对。总的来说,国际承包商希望能够通过系统查询到所需的信息以及帮助其储存相关的案例信息。在决策准备阶段,能够查询到项目东道国的国别信息,包括国别风险指数、潜在的威胁、案例信息和对策建议;在项目实施阶段,国际承包商能够向系统输入项目信息,并查询到项目的风险信息,包括风险指数、潜在的风险和对策建议;在风险后阶段,国际承包商能够向系统输入风险案例的数据,用来储存其政治风险管理经验。

(2) 科研人员(管理)

科研人员可以通过系统录入每个国家的基础数据,并通过系统查询各国的风险指数、项目的风险指数,并在给定的标准范围内对风险形势做出判断,向国际承包商提出相应的建议。科研人员还负责对系统进行维护和管理,有权限对所有数据进行新增、修改和删除。

7.1.2 具体功能

根据系统使用人员的基本需求,该国际工程政治风险管理信息系统包括国别管理、项目管理、案例管理三个工程模块,如图7-2所示。

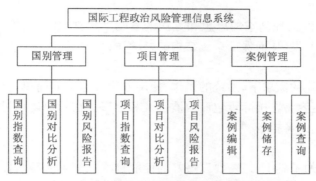

图7-2 国际工程政治风险管理信息系统的功能模块

(1) 国别管理

国别管理是系统在一个国家的基础数据的基础上,对该国的建筑行业可能面临的风险做出预测,并给出国际承包商在该国承揽项目时的对策建议。国别管理的具体功能包括国别指数查询、国别对比分析、国别风险报告。国别指数查询是指用户既可以查询特定的时间下一个或多个国家的各项风险指数,也可以选择一定的时间范围,查询一个或者多个国家某个风险指数的变化过程。国别对比分析是指用户可以一次性选择数量不超过五个的国家进行风险指数的对比并将对比的结果用雷达图和定性结论的形势展示出来。国别风险报告是当用户选择某个年份某个国家时,系统可以生成该时间下该国的风险评估报告,风险评估报告的内容包括该国的各项风险指数、潜在的风险事件、以往的分析风险案例的基本信息以及进入该国建筑市场的专家建议。

(2) 项目管理

项目管理是结合项目东道国的基础数据,以及项目的基础数据,对该国际工程项目可能面临的风险做出预测,并向国际承包商提出相应的对策建议。项目管理的具体功能包括:项目指数查询、项目对比分析、项目风险报告。项目指标查询是指用户既可以查询一个项目在某个时间下的各指标的数据,也可以选择一定的时间范围查询一个或者多个项目某个指标数据的变化过程。项目对比分析是指用户可以一次性选择数量不超过五个的项目进行指标数据的对比,并将对比的结果用雷达图和定性结论的形势展示出来。项目风险报告是指当用户选择项目、年份、国家等信息后,系统生成该时间下该项目的风险评估报告,风险评估报告的内容包括该项目的各项风险指数、潜在的风险事件、可采取的应对策略。

(3) 案例管理

案例管理是指对国际承包商已经遭遇的政治风险案例进行编辑、储存、查询等功能。案例的数据可以通过研究人员搜集并输入,也可以通过国际承包商总结自身的实践经验并输入。案例的数据内容不仅包括描述项目信息、风险信息的客观数据,还包括用户对案例的评价和总结分析等内容。在案例查询时,用户可以通过限定国家、时间、项目类型等信息来获取相应的案例。通过案例用户可以更加直观地了解类似的国际工程项目或某个国家发生的政治风险。

7.1.3 性能需求

(1) 科学性

该系统应在软件工程基本的思想和方法的基础上建立,数据结构要合理,严格按照系统开发的流程进行开发,从而保证系统结构的科学性。

(2) 便捷性

在满足系统功能的需求下,系统的操作、使用方法应尽可能简单,这样可以提高系统的使用效率,使系统更容易在国际承包商内被普及和推广。在用户使用过程中能快捷有效地打印、下载相关数据或者报告。

(3) 经济性

在满足便捷性的基础上,还需要以最好的性能价格比配置系统所需的各项软、硬件,减少系统在开发、维护阶段的总支出。

(4) 一致性和完整性

一致性是指系统中信息编码、输出、运算要符合一定的规范和标准,以利于数据的交换、共享、更新和系统的推广应用;完整性是指系统作为一个统一的整体而存在,系统功能应尽量完整。

(5) 灵活性和扩展性

系统可以创建交互式的 Web 并建立强大的 Web 应用程序。除此之外,系统应留有良好的接口,便于系统不断地扩充完善。

(6) 可靠性

系统应有一定的能力在运行过程中抵抗异常情况的干扰,保证系统正常运行。

7.1.4 系统管理

系统管理主要包括系统设置和用户管理两个部分。系统设置主要是对系统在显示、用户界面、个性化、用户自定义、快速工具栏方面的设置。而用户管理包括用户查询以及用户设置。用户查询只指查询用户的账号、用户名、权限、性别、单位、生日、职务、预留手机号、邮箱等基本信息。而用户设置包括:

(1) 能够创建新用户或者注销老用户;

(2) 能够修改用户权限;

(3) 修改用户密码;

(4) 修改用户信息资料。

根据用户的权限该系统共需要设置4种用户:普通用户、数据管理员、项目管理员、高级管理员。其中普通用户仅具备查询、下载、打印数据的权限;数据管理员除具有普通用户的权限外还具有对全部数据的建立和输入的权限;项目管理员除具有普通用户的权限外还具有新建项目数据和案例的权限;高级管理员具备对所有数据的建立、修改、查询的权限。

7.2 系统设计

7.2.1 系统结构

考虑到管理信息系统的特点、系统在使用过程中的效率因素,本系统主要采用 B/S 体系结构模型,把系统分成三层结构:用户层、Web 服务层、数据层。如图 7-3 所示。

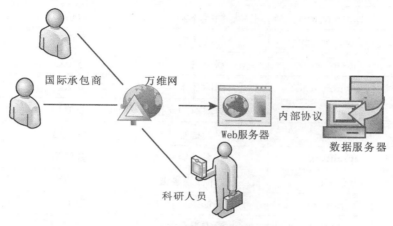

图 7-3 系统的组织结构

用户层由用户和万维网构成,用户通过浏览器访问站点。Web 服务层是供应商提供的 Web 应用服务器,该系统中所有的业务逻辑和功能模块都部署在这层,响应用户的请求,调用业务逻辑,访问数据库。数据层也是空间提供商提供的数据库服务器,所有的数据都保存在这个数据服务器上。

7.2.2 数据体系设计

数据是国际工程政治风险评估的基础。通过对数据的有效管理,可以方便用户对所需的数据进行检索,并通过报告图形等形式展示数据,实现数据的有效利用和共享。国际工程政治风险管理信息系统共包含国别数据、项目数据、风险数据、案例数据以及专家建议数据四类,其中,国别数据是指项目东道国与政治环境、经济环境、社会环境、制度环境、双边关系、国际环境相关的数据;项目数据是与项目系统的核心竞争力、基于属性的暴露、基于交易的暴露、基于策略的暴露、综合适应能力、相对议价能力相关的数据;风险数据是指描述潜在的风险事件、风险后果的数据;案例数据是指描述一个风险案例有关风险起因、风险事件、风险后果、项目详情、所使用的风险对策以及效果方面的数据。在梳理该管理信息系统的数据体系后,定义出各项数据的属性(表 7-1)。

表 7-1 国际工程政治风险管理信息系统数据属性

序号	代码	名称	字段类型	长度
1	Country	国家	字符型	20
2	Region	地区	字符型	10

(续表)

序号	代码	名称	字段类型	长度
3	rIndex	风险指数	数值型	2
4	rLevel	风险水平	字符型	2
5	pEnvironment	政治环境	数值型	5
6	sEnvironment	社会环境	数值型	5
7	eEnvironment	经济环境	数值型	5
8	iEnvironment	制度环境	数值型	5
9	iRelation	双边关系	数值型	5
10	gEnvironment	国际环境	数值型	5
11	pSupport	公众对政府的支持	数值型	5
12	gStability	政府的稳定性	数值型	5
13	fConflicts	派系冲突	数值型	5
14	reTense	宗教和种族紧张	数值型	5
15	Terrorism	恐怖主义	数值型	5
16	disOrder	治安混乱	数值型	5
17	Law	法律和制度	数值型	5
⋮	⋮	⋮	⋮	⋮

其中,国别数据的基础数据来自世界银行、中国商务部发布的对外投资国别报告,PRS研究机构发布的ICRG报告,EIU发布的国家运营风险指数等二手数据。国别数据由研究人员进行整理,并在标准化之后统一录入系统。项目数据的基础数据来自国际承包商和国际工程项目。项目数据由国际承包商或人员按照规定格式录入系统。风险数据是根据国别数据和项目数据,在不同的组合或者运算结果下给出的定性数据,由研究人员统一录入。案例数据来源于国际承包商发生的具体案例,由国际承包商或研究人员整理和录入。专家建议数据是专家依据风险报告,给定有关风险应对策略的定性数据,由研究人员录入。

7.2.3 数据的逻辑结构

在该系统的数据体系中,有些数据是用户直接输入的,而有些数据则需要通过数据的逻辑结构运算得出(表7-2)。

表7-2 系统数据的逻辑结构

数据运算类型	数据获得	逻辑规则
数据的计算逻辑	录入四级指标数据	计算三级指标数据
	得到三级指标数据	计算二级指标数据
	得到二级指标数据	计算一级指标数据

(续表)

数据运算类型	数据获得	逻辑规则
数据的关联逻辑	录入国家数据	关联地区数据
	录入风险对策	关联指标
		关联项目
		关联国家
	录入风险案例	关联国家

(1) 数据的计算逻辑

本系统中数值型的指标数据分为四个级别。其中四级指标数据包括 18 个国际工程政治风险外部威胁性变量的数据和 18 个国际工程政治风险内部脆弱性变量的数据,由用户直接输入。三级指标数据包括 6 个国际工程政治风险外部威胁主成分的数据和 6 个国际工程政治风险内部脆弱性主成分的数据,三级指标的数据等于其包含的四级指标数据的加权平均值,初始默认为等权重,高级管理员也可以根据需要在系统中设置和修改权重。二级指标数据是指某个国家的外部威胁性指数和某个项目系统的内部脆弱性指数,是由其包含的三级指标数据中的最高值所确定。一级指标数据是国际工程项目的政治风险指数,由两个二级指标数据运算得出。

(2) 数据的关联逻辑

初始的数据型指标数据是以国家为单位的,当输入国家数据后应自动关联该国家所在地区的数据,地区数据等于其包含所有国家的数据的加权平均值,初始默认为等权重,高级管理员也可以根据需要在系统中设置和修改权重。专家数据和案例数据是基础数据,由用户直接录入,在数据录入后自动关联国别风险报告和项目风险报告中的字符型数据。最后,数据库中的关联数据要随着初始数据的修改自动刷新。

7.3 系统实现

在系统的需求分析和设计之后,基于 MYSQL 数据库,使用 Java 语言开发,并通过 Highchars 实现图形的可视化,实现了系统所需的功能。

7.3.1 系统主界面

(1) 系统登录界面

如图 7-4 所示,用户可以通过输入账号和密码从系统登录界面进入系统。

(2) 国别数据录入

如图 7-5 所示,具有数据管理员权限的用户可以进入国家数据管理界面,在该界面用户可以输入某个国家的某个指标的得分。具备高级管理员权限的用户还可以设置指标的权重,对现有的数据进行修改。

(3) 项目数据录入

具有数据管理员和项目管理员权限的用户可以在进入项目数据主界面后选择新建项目,输入新建项目的数据。而具有高级管理员权限的用户还可以选择系统中已有的项目,点击"修改"按键,进入项目数据修改界面(图 7-6)后对已有项目的数据进行修改。

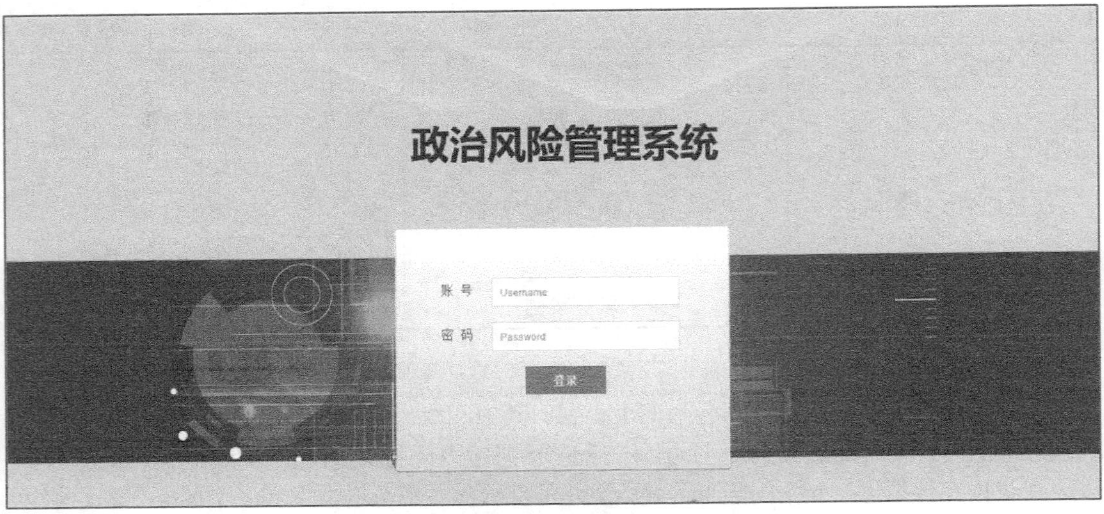

图 7-4　系统登录主界面

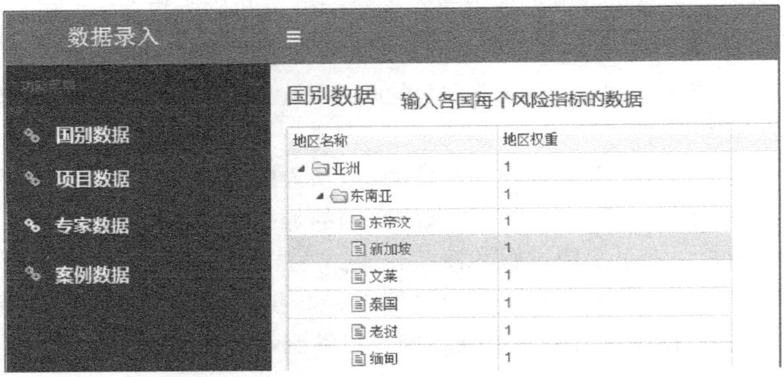

图 7-5　国别数据管理主界面

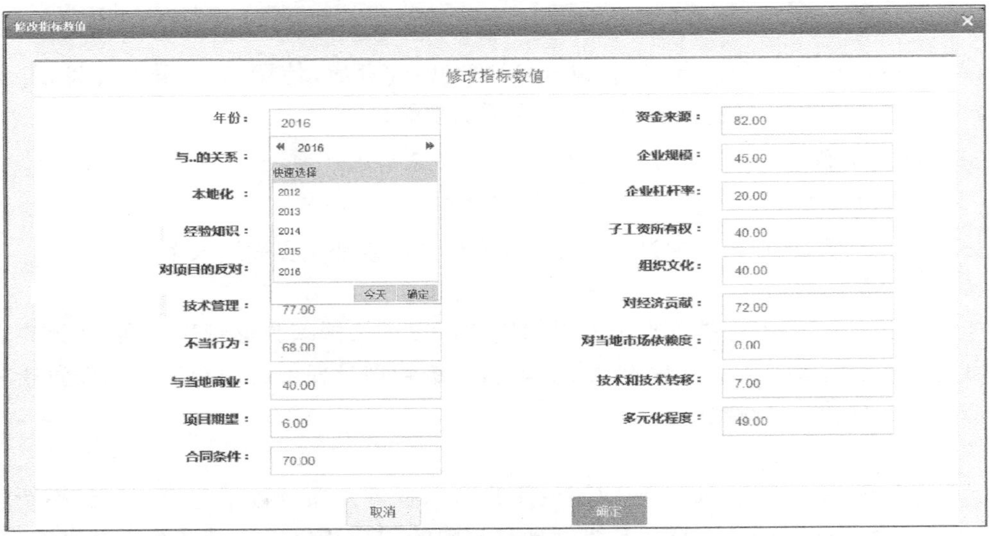

图 7-6　项目数据管理界面

第 7 章　国际工程政治风险的管理信息系统

（4）专家数据录入

具有高级管理员权限的用户，还可以登录专家数据管理主界面（图 7-7）设置风险水平的范围，给出不同指标在不同风险水平下的风险描述或者对策建议。

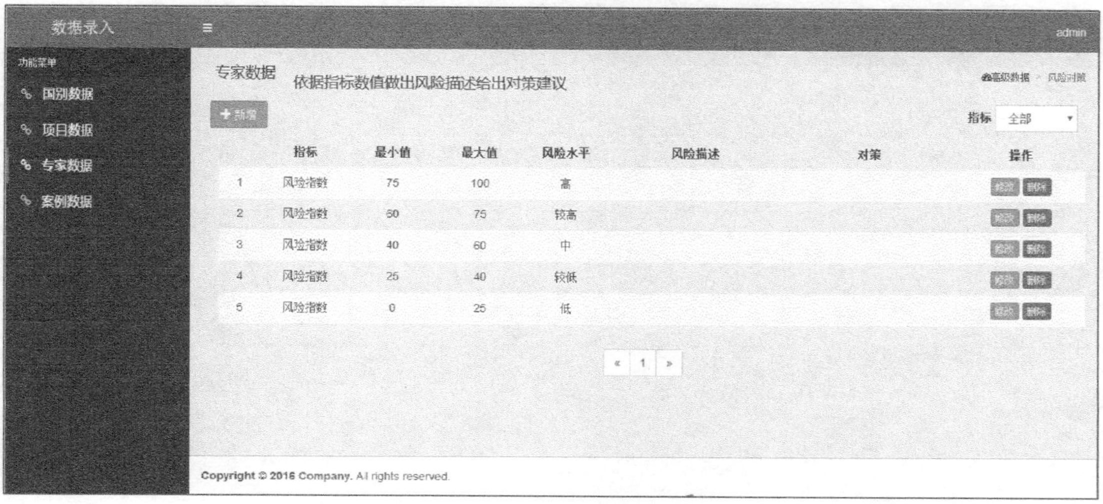

图 7-7　专家数据管理主界面

（5）案例数据录入

具有数据管理员和项目管理员权限的用户可以在进入案例数据主界面（图 7-8）后选择"新增案例"，输入新建案例的数据。而具有高级管理员权限的用户还可以选择已有的案例，点击"修改"按键，进入案例数据的修改界面后对已有案例的数据进行修改。

图 7-8　案例数据管理界面

7.3.2 国别管理界面

(1) 国家指数

具有普通用户权限的用户可以在进入国家管理主界面后选择国家指数界面（图7-9），通过选择国家或者地区及时间区间对某一个国家或者地区的风险指数进行查询。

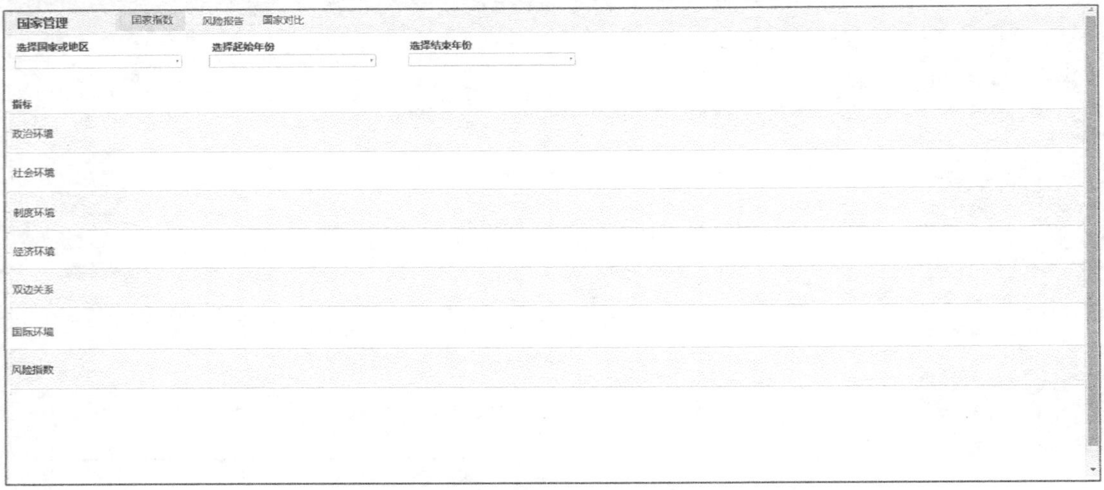

图7-9 国别指数查询界面

(2) 国家对比

具有普通用户权限的用户除了可以查询某个国家或者地区的指标数据外，还可以进入国家对比界面（图7-10），一次性选择多个国家或者地区来对比它们之间的风险指数的大小。

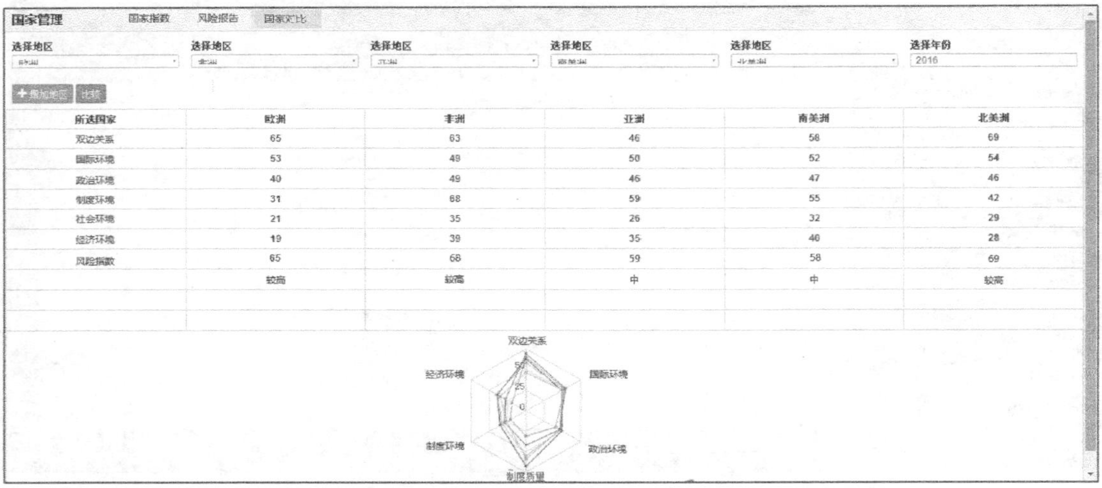

图7-10 国别对比界面

（3）风险报告

具有普通用户权限的用户还可以进入风险报告界面（图 7-11），查询某个国家在某个年份的风险报告，在风险报告中，除了显示该国的各项风险指标的数据外，还会根据专家数据、案例数据显示该国潜在的风险、对策建议以及相关案例。用户在点击案例名称后还可以进入案例管理界面查看案例详情。

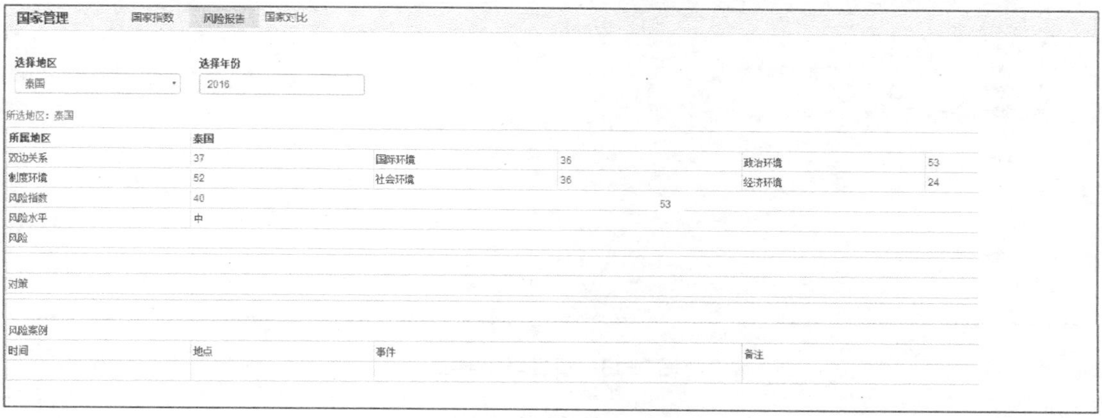

图 7-11　国别风险报告界面

7.3.3　项目管理界面

（1）项目指数查询

具有普通用户权限的用户可以在进入项目管理主界面后选择项目指数界面（图 7-12），通过选择项目和时间区间对某一个项目的脆弱性指数进行查询。

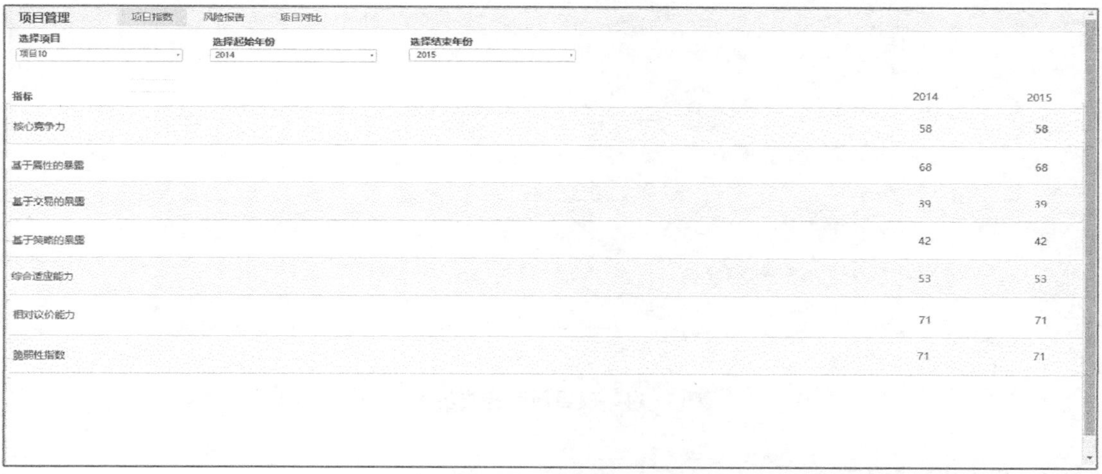

图 7-12　项目指数查询界面

（2）项目对比

具有普通用户权限的用户除了可以查询某个项目的脆弱性的指标数据外，还可以进入项目对比界面(图 7-13),一次性选择多个项目来对比它们之间的脆弱性指数的大小。

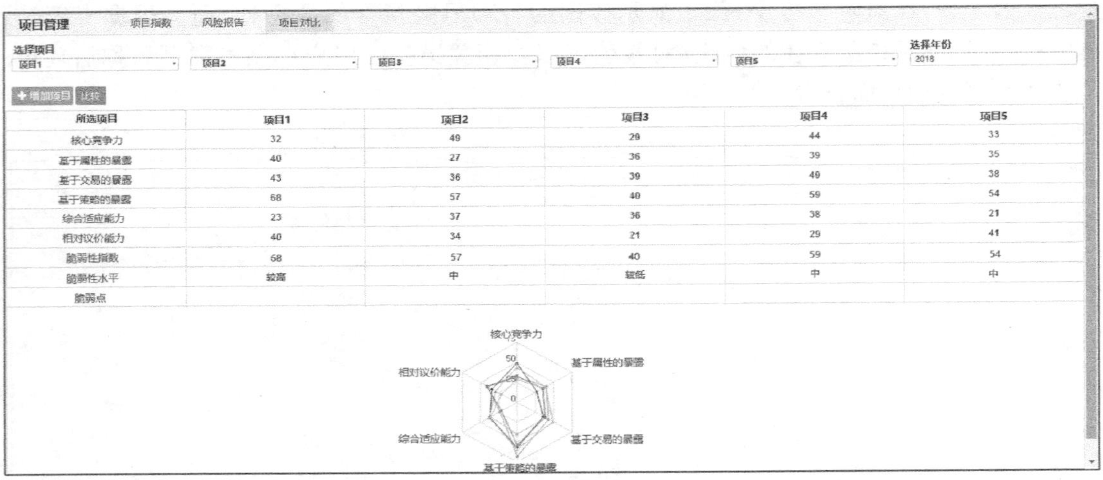

图 7-13 项目对比界面

(3) 项目风险报告

具有普通用户权限的用户还可以进入项目管理中的风险报告界面(图 7-14),查询某个项目在某个国家或地区、某个年份的政治风险报告,在风险报告中,除了显示该项目的各项脆弱性指标的数据外,还会显示其所在国家或地区的各项风险指标的数据,项目的政治风险水平、指数以及调用专家数据、案例数据得到的该项目潜在的政治风险、对策建议。

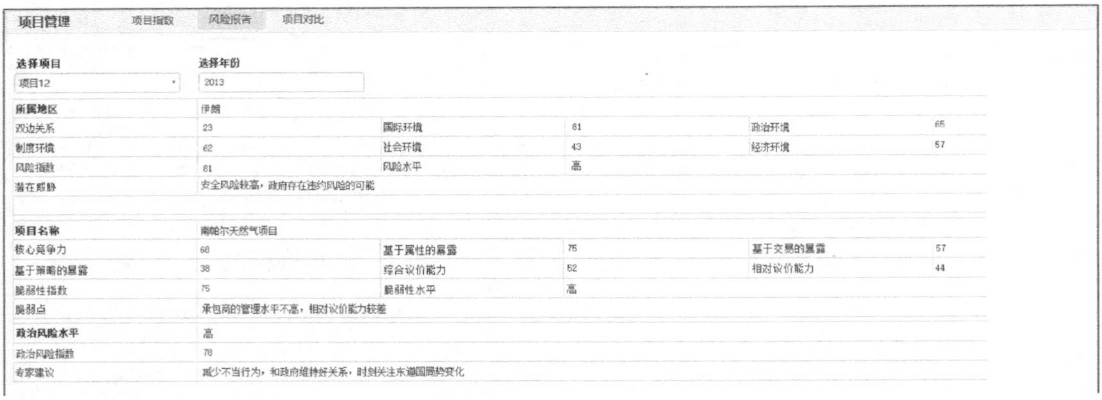

图 7-14 项目风险报告界面

7.3.4 案例管理界面

具有普通用户权限的用户可以进入案例管理主界面(图 7-15),通过选择地区、年份、项目对政治风险的案例进行查询。

图 7-15 案例管理界面

7.4 本章小结

本章建立了一款国际工程政治风险管理信息系统。其主要的作用如下：

（1）该系统可以向国际承包商提供有关政治风险方面的信息，国际承包商可以使用该系统对国际工程中的政治风险进行更好的评估和应对。

（2）作为联系国际承包商和研究人员之间知识传递的桥梁，该系统能提高两者之间知识共享和传递的效率。

（3）该系统可以对国别、项目、案例的数据进行标准化的储存和管理，数据的积累可以为研究人员提供更多的研究素材，更为基于大数据政治风险管理提供了可能。

第 8 章　结论与展望

8.1　研究结论

本书就国际工程政治风险的机理、度量和对策三个关键的问题进行了研究，主要的结论如下：

（1）目前中国对外承包商主要以央企为主，企业的国际化水平普遍不高，业务主要集中在房建、交通等传统优势领域，分布在亚非拉等发展中国家和地区。绝大多数的中国承包商有着积极的发展海外业务的规划，非常关注其在国际市场上可能面临的风险，特别是政治风险。但是现阶段中国承包商的风险管理水平不高，更倾向于把风险管理的成败归因于客观因素，企业风险管理体系建设并不完善，较为依赖外部力量或客观条件来防范风险。

（2）国际工程中的政治风险事件从直接来源的角度可以分为社会类、外部类和政府类，从影响的范围可以被分为宏观、中观、微观三个层次。国际工程行动者的社会网络是由国际承包商、东道国政府、东道国社会、国际组织、东道国媒体、东道国商界、外资企业、母国政府、外国政府等9类角色构成。东道国政府和东道国社会在整个社会网络中占据着核心的位置，它们既可以是风险事件的直接发起者，也可以是风险事件的传递者和实施者。国际工程政治风险的影响因素分为外部威胁性因素、内部脆弱性因素以及中介因素三类。其中外部威胁性因素会直接引发宏观或中观层次的政治风险事件，在政治风险事件和内部脆弱性因素共同的作用下产生最终的风险后果。而外部威胁性因素和内部脆弱性因素共同作用时会首先影响中介因素，然后由中介因素引发微观层面的政治风险事件，从而造成政治风险后果。

（3）东道国的政治、社会、经济、制度以及国际环境、项目东道国与承包商母国关系相关的变量，国际评估机构和相关政府发布的年度数据与大数据技术，可以用来评价国际工程项目系统的整体外部威胁水平。国际承包商与国际工程项目相关的变量，结合企业和项目的数据，可以用来评价项目系统的整体脆弱性。在脆弱性理论和木桶理论的基础上，建立的国际工程政治风险的集成度量模型，更好地体现国际工程的特点，突出系统中存在薄弱环节，增强国际承包商的忧患意识，该模型计算得出的定量结果可以作为政治风险预警、定性分析以及风险决策的依据。

（4）共有27项6类对策可以被用来管理国际工程的政治风险。这6类对策为做出正确的决策、减少额外的错误、做出充足的准备、形成良好的环境、进行充分的谈判、实施合理的响应。这6类对策之间还存在着显著的影响关系：前一阶段的风险对策会对后一阶段风险对策的实施效果产生正向的影响，突出了全方面、全阶段的政治风险管理的重要性。在

"做出正确的决策"当中,前期的运营策略选择是全阶段政治管理的关键。当拥有高竞争力的国际承包商在外部威胁水平高的国家时应该选择灵活的准入模式;当拥有高竞争力的国际承包商在外部威胁水平低的国家时应该选择永久的准入模式;自身竞争力较低的国际承包商应该选择高参与的运营策略;自身竞争力较高的国际承包商应该选择低参与的运营策略。

(5) 国际工程政治风险的度量与决策涉及大量的与数据搜集、计算、决策相关的工作。基于现代化的信息技术的国际工程政治风险管理信息系统,可以有效充当国际工程政治风险管理实践和本研究理论之间的媒介,将研究人员形成的有关国际工程政治风险度量的方法、结果和相关决策建议通过网络信息的方式提供给国际承包商,从而辅助国际承包商更好地管理国际市场上的政治风险。

8.2 创新点

(1) 从社会网络的角度识别了国际工程政治风险的作用形式。以往对政治风险的分析多站在风险的来源、影响范围等角度,缺少对政治风险的相关行动者与风险事件之间复杂关系的考虑。本书通过行为者-风险事件的 2-Mode 社会网络分析,发现国际工程中的政治风险按行动者之间的传递路径可以分为 10 种形式:东道国政府-国际承包商,东道国社会-国际承包商,东道国社会-东道国政府-国际承包商,东道国商界-东道国政府-国际承包商,东道国媒体-东道国社会-国际承包商,东道国媒体-东道国政府-国际承包商,母国政府-东道国政府-国际承包商,国际组织-东道国政府-国际承包商,外资企业-东道国政府-国际承包商,外国政府-东道国政府-国际承包商。强调了东道国政府和东道国社会等角色在整个社会网络中的作用,更加有利于国际承包商认识政治风险,掌握风险管理的关键所在。

(2) 识别了脆弱性因素(与项目和企业相关的变量)在政治风险路径中的独特作用。现有的研究多站在宏观的角度来分析政治风险产生的原因,尽管有部分学者试图用脆弱性理论来解释风险的产生,但也只是考虑系统内部因素在抵抗外部威胁或者降低风险损失时的作用。通过识别国际工程政治风险的传导要素和其之间的关系,本研究发现,对于宏观或者中观的政治风险,脆弱性因素(与项目和企业相关的变量)在风险传导过程中发挥着抵御外部威胁或者降低风险的作用,但对于微观政治风险,脆弱性因素还是风险事件的起因,其和外部威胁性因素共同作用,通过影响中介因素(政府态度和社会态度)而引发风险事件,最终造成风险后果。该理论更加清楚地解释了与项目和企业相关的变量在国际工程政治风险形成、传导过程中的作用,也为国际工程项目的政治风险的度量方法提供了理论基础。

(3) 基于木桶理论和脆弱性理论构建了国际工程政治风险的集成度量模型。现有的国际评估机构的政治风险评估方法主要采用政治、经济、社会、制度等相关的宏观指标来评价一个国家的商业运营环境,难以体现行业特色、业务特色。在国际工程风险管理实践中,国际承包商通常根据自己的经验和专业知识去定性评估政治风险,主观性较强。本研究在国际工程政治风险机理的基础上,利用相关威胁性因素和脆弱性因素建立定量的国际工程政治风险的集成度量模型。首先,依据木桶理论,认为国际工程的政治风险水平是由其内部特征和外部环境共同决定的,综合考虑内外因素能更好地体现国际工程的特点。其次,依据木桶理论,认为风险指数的综合评价只适合用来做方案对比,而短板效应更能反映系统在抵御风险或者应对风险上的不足。用最危险的风险指标来计算风险水平更能把每个风险因素带来的威胁都突出出来。最后,该模型的中外部威胁性指标的数据均可从国际评估机构等处获得,而内部脆弱性指标的数据则由国际承包商所掌握,数据相对客观,操作性更强,更利于工程实践。

(4)通过管理信息系统,有效地将理论和实践联系起来。本研究的目的不仅是建立国际工程政治风险的度量方法以及相应的对策体系和决策模型,更期望将研究的成果应用到国际工程政治风险管理实践中。因此本研究在现代化信息技术的基础上,开发了一套集数据储存、运算、查询、展示、辅助决策为一体的国际工程政治风险管理信息系统。该系统作为国际承包商和科研人员之间信息交流的媒介,可以向国际承包商提供有关政治风险管理的信息,国际承包商可以利用该系统对国际工程中的政治风险进行更好的评估和应对。

8.3 研究不足与展望

(1)本研究中有关变量、对策的评价,以及国际工程的案例数据主要以问卷的方式获取。尽管问卷调研的方法常用于客观数据缺乏的风险管理领域的研究中,但其主观性的缺点还是难以避免的。除此之外,本研究中的案例数据都来自中国承包商,没有涉及对其他国家承包商案例数据的分析和比较。因此未来可以考虑从其他数据源入手,利用更多元化的案例来进一步验证本研究的结论。

(2)在国别的评价中,仅用到简单的大数据技术、单一的新闻来源对马来西亚的国别指数进行了调整。未来的研究可以重点关注非结构化的网络数据在政治风险预测方面的应用。

(3)本研究建立的政治风险的度量模型是一种定量的政治风险评估方法,其评估的结果仅能用来辅助管理者进行风险预警,并未为进一步的定性分析和决策提供依据。而在管理信息系统中,相关的定性评价和决策建议也是在系统定量评价的基础上,根据指标数据做出的人为判断。因此未来可以利用数据挖掘、人工智能等技术进一步拓展该模型和系统的功能,往政治风险的精确预测上发展。

参 考 文 献

Alleyne D,2017. 关于美国与巴哈马反毒品战争不对称的分析：对其动机、效益和风险的案例分析[D].长春:吉林大学.

常腾原,邓小鹏,纪沿光,2017.国际工程项目的脆弱性与政治风险的相关性研究[J].北京理工大学学报(社会科学版),19(4)：50-56.

陈安娜,2015.中国高铁对实现国家"一带一路"倡议构想的作用[J].商业经济研究,(9)：4-6.

陈思,马野青,2017.政治风险与中国企业对非洲直接投资[J].江苏社会科学(6)：51-58.

陈为公,王会会,闫红,等,2018.基于改进 TOPSIS 的建设工程项目经理绩效评价[J].土木工程与管理学报,35(3)：7-14.

陈文申,2000.政府有效性：理论涵义与现实途径[J].北京行政学院学报(3)：8-11.

陈悦,陈超美,刘则渊,等,2015. CiteSpace 知识图谱的方法论功能[J].科学学研究,33(2):242-253.

崔浩然,2018.新形势下越南南海政策的调整及中国的应对策略[J].当代世界社会主义问题(4)：156-165.

狄小华,冀莹,2012.工程腐败：形成机理与防治思路[J].理论探索(4)：48-51.

方慧,赵甜,2017.中国企业对"一带一路"国家国际化经营方式研究：基于国家距离视角的考察[J].管理世界(7)：17-23.

费小冬,2008.扎根理论研究方法论：要素、研究程序和评判标准[J].公共行政评论,1(3)：23-43.

冯冬冬,李辉,2018.当前恐怖主义发展趋势及我国的对策[J].黑龙江省政法管理干部学院学报(2)：145-148.

冯宁,2010.国际公路工程 BOT 项目政治风险评估与防范[J].北方交通(6)：126-128.

付勇生,2018.国际工程承包市场企稳向好:2018 年度 ENR 全球最大 250 家国际承包商业绩解读[J].国际工程与劳务,410(9)：20-25.

高莉莉,2015.中国承包商在国际工程市场中的竞合策略研究[D].南京:东南大学.

辜胜阻,吴沁沁,庄芹芹,2017.推动"一带一路"建设与企业"走出去"的对策思考[J].经济纵横(2)：1-9.

顾正龙,2018.2017 年中东局势"剪不断,理还乱"[J].军事文摘(1)：15-18.

何新华,胡文发,2007.国际环境下的项目政治风险评价模型[J].同济大学学报(自然科学版),35(11)：1572-1577.

黄河,Starostin N,2016.中国企业海外投资的政治风险及其管控:以"一带一路"沿线国家为例[J].深圳大学学报(人文社会科学版),33(1):93-100.

纪沿光,邓小鹏,常腾原,2016.中亚地区国际工程政治风险评估[J].工程管理学报,30(3):110-115.

纪沿光,2016.政治风险视域下国际工程项目系统的脆弱性评估[D].南京:东南大学.

贾若愚,2016.国际工程中政治风险的智能预测与对策选择研究[D].南京:东南大学.

贾哲敏,2015.扎根理论在公共管理研究中的应用:方法与实践[J].中国行政管理(3):90-95.

蒋姮,2015."一带一路"地缘政治风险的评估与管理[J].国际贸易(8):21-24.

蒋小荣,杨永春,汪胜兰,等,2017.基于上市公司数据的中国城市网络空间结构[J].城市规划,41(6):18-26.

李恒,2017."伊斯兰国"渗透下的东南亚恐怖主义特点趋势[J].新疆社会科学(5):86-93.

李建军,李俊成,2018."一带一路"基础设施建设、经济发展与金融要素[J].国际金融研究,370(2):8-18.

李剑,2014.基于直觉模糊TOPSIS法的建设工程项目风险评价研究[D].邯郸:河北工程大学.

李琳,2017.基于Python的网络爬虫系统的设计与实现[J].信息通信(9):26-27.

李启明,2010.国际工程管理[M].南京:东南大学出版社.

李青燕,2018.南亚局势新动向对"一带一路"在南亚推进的影响[J].国际论坛,20(3):10-15.

李寿双,周双庆,2003.国际直接投资的政治风险及其法律应对:以国际直接投资保险制度为例[J].学术论坛,26(5):48-52.

李书剑,2016.如何规避中国对"一带一路"沿线国家投资的政治风险[J].大连民族大学学报,18(4):342-346.

李香菊,王雄飞,2018.中国私有企业对"一带一路"沿线国家直接投资研究[J].国际贸易(1):41-46.

李媛,汪伟,刘丹丹,2015.基于ICRG的中国海外投资国家风险评价方法[J].沈阳工业大学学报(社会科学版)(4):304-311.

李志刚,李兴旺,2006.蒙牛公司快速成长模式及其影响因素研究:扎根理论研究方法的运用[J].管理科学(3):4-9.

梁光源,勾犇,2016.环境应急:未雨绸缪方能临危不乱[J].环境(3):14-15.

林盛,刘金兰,韩文秀,2005.基于PLS结构方程的顾客满意度评价方法[J].系统工程学报,20(6):653-656.

刘尔烈,2003.国际工程管理概论[M].天津:天津大学出版社.

刘纪未,2018."后伊斯兰国时代"中亚恐怖主义发展态势及其治理[J].和平与发展,162(2):87-97.

刘倩,2018.南亚恐怖主义与"一带一路"沿线的海外利益保护[J].印度洋经济体研究,29(5):55-78.

刘强,管理,2017.基于国际工程项目全生命周期的风险管理[J].土木工程与管理学报,34(6):1-9.

刘燕华,李秀彬,2007.脆弱生态环境与可持续发展[M].北京:商务印书馆.

刘玉杰,何伯森,2005.提高我国外经企业的本地化程度初探[J].中国港湾建设,25(1):52-54.

罗福周,吴晓萍,付汉良,2018.基于结构方程模型的再生水回用公众接受程度研究[J].科技管理研究,38(4):247-253.

吕劲松,王志成,王秦辉,等,2017.大数据环境下商业银行审计非结构化数据研究[J].软科学,31(1):141-144.

吕强,2004.TOPSIS 在供应商评价中的应用[J].价值工程,23(1):66-68.

马迅,2012.中国能源企业对外直接投资政治风险的法律防范措施[J].重庆工商大学学报(社会科学版),29(1):109-115.

陆以全,2012.对印投资的政治风险及其法律应对措施[J].南亚研究(3):31-45.

潘玥,2017."一带一路"背景下印尼的中国劳工问题[J].东南亚研究(3):123-137.

裴昌林,李启明,2001.国际建筑市场与中国承包商发展研究[J].重庆建筑大学学报,23(S1):18-27.

齐琪,杜仲霞,2018."特殊市场情况"的规则解释与中国因应:以澳大利亚对华反倾销中的实践为例[J].华东经济管理,32(6):43-50.

石友蓉,2006.风险传导机理与风险能量理论[J].武汉理工大学学报(信息与管理工程版),28(9):48-51.

宋汝欣,2018.高铁"走出去"面临的政治风险及作用机制[J].社会科学文摘(1):40-42.

宋汝欣,2017.中国推进高铁"走出去"面临的政治风险及其作用机制分析[J].当代亚太(5):79-106.

宋文婷,满庆鹏,胡国华,2018.解读2018年度全球承包商250强[J].工程管理学报,32(5):153-158.

宋艺,郭瑞,谭杨,2019.南美地区油气资源投资风险分析[J].国际石油经济(3):97-104.

童生,成金华,2006.我国资源型企业跨国经营的政治风险及其规避[J].国际贸易问题(1):90-95.

王晨光,李峥,李瑞民,2011.如何对境外投资项目进行政治风险管理[J].国际融资(6):48-52.

王二峰,涂笑宇,2019.卡塔尔"断交"危机下的中东局势探析[J].哈尔滨学院学报,40(1):31-36.

王继成,潘金贵,张福炎,2000.Web 文本挖掘技术研究[J].计算机研究与发展,37(5):513-520.

王丽坤,王宏,陆玉昌,2002.文本挖掘及其关键技术与方法[J].计算机科学,29(12):12-19.

王明海,李小静,2017.政府干预、外部投资对企业自主创新绩效的作用机理[J].江西社会科学(4):66-76.

王学鸿，1997.企业跨国经营中政治风险管理探析[J].云南财贸学院学报，13(5)：52-55.

王喆，2017."亚太再平衡"背景下澳大利亚的对华外交政策[J].智库时代(13)：7-8.

肖明，陈嘉勇，李国俊，2011.基于CiteSpace研究科学知识图谱的可视化分析[J].图书情报工作，55(6)：91-95.

许勤华，蔡林，刘旭，2017."一带一路"能源投资政治风险评估[J].国际石油经济，25(4)：11-21.

颜晓晖，聂名华，2007.企业境外投资的政治风险及应对策略[J].国际经济合作(7)：21-25.

杨德新，2000.跨国经营与跨国公司[M].北京：中国统计出版社.

杨嵘，寇江波，闫勇兵，2014.中国石油企业海外投资的政治风险评估研究[J].西安石油大学学报(社会科学版)(2)：8-12.

杨思灵，高会平，2017."一带一路"：中国与东非国家合作的挑战与路径[J].印度洋经济体研究(6)：15-27.

张贵洪，蒋晓燕，2002.跨国公司面对的政治风险[J].国际观察(3)：49-52.

张浩，2016.国际工程项目腐败治理研究[J].海峡法学，18(1)：68-78.

张树焕，2014."国大党体制"与印度政治腐败的兴起[J].南亚研究季刊(1)：95-101.

张毅军，戎晓力，钱七虎，等，2010.TOPSIS方法在地铁施工风险分析中的应用[J].地下空间与工程学报，6(4)：856-860.

赵银德，2006.企业跨国经营中的东道国政治风险及其防范对策[J].中国安全科学学报，16(2)：52-58.

周德懋，李舟军，2009.高性能网络爬虫：研究综述[J].计算机科学，36(8)：26-29.

朱莉娜，李泽平，2017.网络爬虫技术的研究与实现[J].黑龙江科技信息(10)：166.

朱庆华，李亮，2008.社会网络分析法及其在情报学中的应用[J].情报理论与实践(2)：179-183.

Abdel-Razek R H, 1998. Factors affecting construction quality in Egypt: Identification and relative importance[J]. Engineering, Construction and Architectural Management, 5(3): 220-227.

Agarwal J, Feils D, 2007. Political risk and the internationalization of firms: An empirical study of Canadian-based export and FDI firms[J]. Revue Canadienne Des Sciences De l'Administration, 24(3): 165-181.

Agliardi E, Agliardi R, Pinar M, et al, 2012. A new country risk index for emerging markets: A stochastic dominance approach[J]. Journal of Empirical Finance, 19(5): 741-761.

Al Khattab A, Anchor J, Davies E, 2007. Managerial perceptions of political risk in international projects[J]. International Journal of Project Management, 25(7): 734-743.

Almahmoud E, Doloi H K, 2018. Assessment of social sustainability in construction projects using social network analysis[J]. Journal of International Business Research and Marketing, 3(6): 35-46.

Alon I, Gurumoorthy R, Mitchell M C, et al, 2006. Managing micropolitical risk: A cross-sector examination[J]. Thunderbird International Business Review, 48(5): 623-642.

Alon I, Herbert T T, 2009. A stranger in a strange land: Micro political risk and the multinational firm[J]. Business Horizons, 52(2): 127-137.

Alon I, Martin M A, 1998. A normative model of macro political risk assessment[J]. Multinational Business Review, 6(2): 10-19.

Anaam Hashmi M, 1995. Protection in a changing and volatile world: A study of political risk insurance providers[J]. Managerial Finance, 21(4): 52-64.

Annett A, 2001. Social fractionalization, political instability, and the size of government[J]. IMF Staff Papers, 48(3): 561-592.

Arikan E, Kantur D, Maden C, et al, 2016. Investigating the mediating role of corporate reputation on the relationship between corporate social responsibility and multiple stakeholder outcomes[J]. Quality & Quantity, 50(1): 129-149.

Aron J, 2000. Growth and institutions: A review of the evidence[J]. The World Bank Research Observer, 15(1): 99-135.

Ashley D B, Bonner J J, 1987. Political risks in international construction[J]. Journal of Construction Engineering and Management, 113(3): 447-467.

Baccarini D, Salm G, Love P E D, 2004. Management of risks in information technology projects[J]. Industrial Management & Data Systems, 104(4): 286-295.

Badi S, Wang L S, Pryke S, 2017. Relationship marketing in Guanxi networks: A social network analysis study of Chinese construction small and medium-sized enterprises[J]. Industrial Marketing & Management, 60: 204-218.

Bajaj D, Oluwoye J, Lenard D, 1997. An analysis of contractors' approaches to risk identification in New South Wales, Australia[J]. Construction Management and Economics, 15(4): 363-369.

Bakens W, 1997. International trends in building and construction research[J]. Journal of Construction Engineering and Management, 123(2): 102-104.

Baloi D, Price A D F, 2003. Modelling global risk factors affecting construction cost performance[J]. International Journal of Project Management, 21(4): 261-269.

Barkema H G, Vermeulen F, 1997. What differences in the cultural backgrounds of partners are detrimental for international joint ventures? [J]. Journal of International Business Studies, 28(4): 845-864.

Barlish K, De Marco A, Thaheem M J, 2013. Construction risk taxonomy: An international convergence of academic and industry perspectives[J]. American Journal of Applied Sciences, 10(7): 706-713.

Bing L, Akintoye A, Edwards P J, et al, 2005. The allocation of risk in PPP/PFI construction projects in the UK[J]. International Journal of Project Management, 23(1): 25-35.

Bing L, Tiong R L K, Fan W W, et al, 1999. Risk management in international construction joint ventures[J]. Journal of Construction Engineering and Management, 125(4): 277-284.

Bjelland R A, 2012. Assessing key political risk indicators for authoritarian states: The case of Libya and the petroleum industry[D]. Stellenbosch: Stellenbosch University.

Bonner J J, 1981. Political risk analysis system for multinational contractors[D]. Massachusetts Institute of Technology, Cambridge, MA, USA.

Braga-Alves M V, Morey M, 2012. Predicting corporate governance in emerging markets[J]. Journal of International Money and Finance, 31(6): 1414-1439.

Breslow N, 1970. A generalized Kruskal-Wallis test for comparing K samples subject to unequal patterns of censorship[J]. Biometrika, 57(3): 579-594.

Brustbauer J, 2016. Enterprise risk management in SMEs: Towards a structural model[J]. International Small Business Journal, 34(1): 70-85.

Butler K C, Joaquin D C, 1998. A note on political risk and the required return on foreign direct investment[J]. Journal of International Business Studies, 29(3): 599-607.

Bu-Qammaz A S, Dikmen I, Birgonul M T, 2009. Risk assessment of international construction projects using the analytic network process[J]. Canadian Journal of Civil Engineering, 36(7): 1170-1181.

Cagliano A C, Grimaldi S, Rafele C, 2015. Choosing project risk management techniques. A theoretical framework[J]. Journal of Risk Research, 18(2): 232-248.

Carbonara N, Costantino N, Gunnigan L, et al, 2015. Risk management in motorway PPP projects: Empirical-based guidelines[J]. Transport Reviews, 35(2): 162-182.

Chan C M, Makino S, 2007. Legitimacy and multi-level institutional environments: Implications for foreign subsidiary ownership structure[J]. Journal of International Business Studies, 38(4): 621-638.

Chan D W M, Kumaraswamy M M, 1997. A comparative study of causes of time overruns in Hong Kong construction projects[J]. International Journal of Project Management, 15(1): 55-63.

Chan W K, Wong F K, Scott D, 1999. Managing construction projects in China — the transitional period in the millennium[J]. International Journal of Project Management, 17(4): 257-263.

Chang T Y, Deng X P, Hwang B G, et al, 2019a. Improving quantitative assessment of political risk in international construction projects: The case of Chinese construction companies[J]. Journal of Construction Engineering and Management, 145(12): 04019083.

Chang T Y, Deng X P, Hwang B G, et al, 2018a. Political risk paths in international construction projects: Case study from Chinese construction enterprises[J]. Advances in Civil Engineering(3): 1-11.

Chang T Y, Deng X P, Hwang B G, 2019b. Investigating political risk paths in international high-speed railway projects: The case of chinese international contractors[J].

Sustainability, 11(15): 4157.

Chang T Y, Deng X P, Zuo J, et al, 2018b. Political risks in central Asian countries: Factors and strategies[J]. Journal of Management in Engineering, 34(2): 04017059.

Chang T Y, Hwang B G, Deng X P, et al, 2018c. Identifying political risk management strategies in international construction projects[J]. Advances in Civil Engineering, 2018: 1016384.

Chapman R J, 2011. Simple tools and techniques for enterprise risk management[M]. New Jersey: John Wiley & Sons.

Chapman R J, 2001. The controlling influences on effective risk identification and assessment for construction design management[J]. International Journal of Project Management, 19(3): 147-160.

Charmaz K, 2015. Teaching theory construction with initial grounded theory tools: A reflection on lessons and learning[J]. Qualitative Health Research, 25(12): 1610-1622.

Chen G Y, Chang T, 2011. A methodological study of the enhancement of the bid success probability for the bidder[J]. Advanced Materials Research, 199: 1916-1919.

Chin W W, 1998. The partial least squares approach to structural equation modeling [J]. Modern Methods for Business Research, 295(2): 295-336.

Christley R M, Pinchbeck G L, Bowers R G, et al, 2005. Infection in social networks: Using network analysis to identify high-risk individuals[J]. American Journal of Epidemiology, 162(10): 1024-1031.

Cooper D, 2005. Project risk management guidelines: Managing risk in large projects and complex procurements[M]. New Jersey: John Wiley & Sons.

Cutter S L, Mitchell J T, Scott M S, 2000. Revealing the vulnerability of people and places: A case study of Georgetown County, South Carolina [J]. Annals of the Association of American Geographers, 90(4): 713-737.

Davison A C, Hinkley D V, 1997. Bootstrap methods and their application[M]. Cambridge: Cambridge University Press.

Delios A, Henisz W J, 2000. Japanese firms' investment strategies in emerging economies[J]. Academy of Management Journal, 43(3): 305-323.

Deng X P, Low S P, Li Q M, et al, 2014a. Developing competitive advantages in political risk management for international construction enterprises[J]. Journal of Construction Engineering and Management, 140(9): 04014040.

Deng X P, Low S P, Zhao X B, et al, 2018. Identifying micro variables contributing to political risks in international construction projects[J]. Engineering, Construction and Architectural Management, 25(3): 317-334.

Deng X P, Low S P, Zhao X B, 2014b. Project system vulnerability to political risks in international construction projects: The case of Chinese contractors[J]. Project Management Journal, 45(2): 20-33.

Deng X P, Low S P, 2013a. Exploring critical variables that affect political risk level in international construction projects: Case study from Chinese contractors[J]. Journal of Professional Issues in Engineering Education and Practice, 140(1): 04013002.

Deng X P, Low S P, 2013b. Understanding the critical variables affecting the level of political risks in international construction projects[J]. KSCE Journal of Civil Engineering, 17(5): 895-907.

Dikmen I, Birgonul M T, 2006. An analytic hierarchy process based model for risk and opportunity assessment of international construction projects[J]. Canadian Journal of Civil Engineering, 33(1): 58-68.

Doloi H, Sawhney A, Iyer K C, 2012. Structural equation model for investigating factors affecting delay in Indian construction projects[J]. Construction Management and Economics, 30(10): 869-884.

Efron B, 1987. Better bootstrap confidence intervals[J]. Journal of the American Statistical Association, 82(397): 171-185.

ENR (Engineering News Record). ENR's 2009 Top 225 International Contractors 1-100[EB/OL]. (2009-09-05)[2021-05-27]. https://www.enr.com/toplists/2009-Top-250-International-Contractors-1.

ENR (Engineering News Record). ENR's 2020 Top 250 International Contractors 1-100[EB/OL]. (2020-08-20)[2021-05-26]. https://www.enr.com/toplists/2020-Top-250-International-Contractors-1.

Everett J, Watson J, 1998. Small business failure and external risk factors[J]. Small Business Economics, 11: 371-390.

Eybpoosh M, Dikmen I, Talat Birgonul M, 2011. Identification of risk paths in international construction projects using structural equation modeling[J]. Journal of Construction Engineering and Management, 137(12): 1164-1175.

Falagas M E, Pitsouni E I, Malietzis G A, et al, 2008. Comparison of PubMed, Scopus, Web of Science, and Google Scholar: Strengths and weaknesses[J]. The FASEB Journal, 22(2): 338-342.

Fan L C, Fox P W, 2009. Exploring factors for ethical decision making: Views from construction professionals[J]. Journal of Professional Issues in Engineering Education and Practice, 135(2): 60-69.

Feng Y, 2002. Political freedom, political instability, and policy uncertainty: A study of political institutions and private investment in developing countries[J]. International Studies Quarterly, 45(2): 271-294.

Ferrari F, Rolfini R, 2008. Investing in a dangerous world: A new political risk index[R]. SACE GROUP.

Fitzpatrick M, 1983. The definition and assessment of political risk in international business: A review of the literature[J]. Academy of Management Review, 8(2): 249-254.

Fornell C, Bookstein F L, 1982. Two structural equation models: LISREL and PLS applied to consumer exit-voice theory[J]. Journal of Marketing Research, 19

(4): 440-452.

Frynas J G, Mellahi K, 2003. Political risks as firm-specific (dis)advantages: Evidence on transnational oil firms in Nigeria[J]. Thunderbird International Business Review, 45(5): 541-565.

Fu Y, Ye G, Tang X Y, et al, 2019. Theoretical framework for informal groups of construction workers: A grounded theory study[J]. Sustainability, 11(23): 6769.

Gallopin G C, 2003. A systemic synthesis of the relations between vulnerability, hazard, exposure and impact, aimed at policy identification[R]. Economic Commission for Latin American and the Caribbean(ECLAC), Mexico.

Giezen M, Bertolini L, Salet W, 2015. Adaptive capacity within a mega project: A case study on planning and decision-making in the face of complexity[J]. European Planning Studies, 23(5): 999-1018.

Golbeck J, Grove M, Parsia B, et al, 2002. New tools for the semantic web[M] // Gómez-Pérez A, Benjamins V R. Knowledge engineering and knowledge management. Berlin, Heidelberg: Springer.

Gordon L A, Loeb M P, Tseng C Y, 2009. Enterprise risk management and firm performance: A contingency perspective[J]. Journal of Accounting and Public Policy, 28(4): 301-327.

Gorsuch R L, 1983. Factor analysis[M].2nd ed. Hillsdale, NJ: Lawrence Erlbaum Associates.

Gratt L B, 1987. Risk Analysis or Risk Assessment: A Proposal for Consistent Definitions[M] // Covello V T, Lave L B, Moghissi A. et al. Uncertainty in risk assessment, risk management, and decision making. Berlin: Springer.

Gray E R, Balmer J M T, 1998. Managing corporate image and corporate reputation[J]. Long Range Planning, 31(5): 695-702.

Grosse R, 1996. The bargaining relationship between foreign MNEs and host governments in Latin America[J]. The International Trade Journal, 10(4): 467-499.

Hainz C, Kleimeier S, 2012. Political risk, project finance, and the participation of development banks in syndicated lending[J]. Journal of Financial Intermediation, 21(2): 287-314.

Hair J F, Anderson R E, Tatham R L, et al, 1998. Multivariate data analysis[M]. 5th ed. London: Prentice Hall.

Hair J F, Ringle C M, Sarstedt M, 2011. PLS-SEM: Indeed a silver bullet[J]. Journal of Marketing Theory and Practice, 19(2): 139-152.

Han S H, Park S H, Kim D Y, et al, 2007. Causes of bad profit in overseas construction projects[J]. Journal of Construction Engineering and Management, 133(12): 932-943.

Hancher D E, Abd-Elkhalek H A, 1998. The effect of hot weather on construction labor productivity and costs[J]. Cost Engineering, 40(4): 32.

Hastak M, Shaked A, 2000. ICRAM-1: Model for international construction risk assessment[J]. Journal of Management in Engineering, 16(1): 59-69.

Haynes J, 1895. Risk as an economic factor[J]. The Quarterly Journal of Economics, 9(4): 409-449.

Howell L D, Chaddick B, 1994. Models of political risk for foreign investment and trade: An assessment of three approaches[J]. The Columbia Journal of World Business, 29(3): 70-91.

Hwang B G, Zhao X, Ong S Y, 2015. Value management in Singaporean building projects: Implementation status, critical success factors, and risk factors[J]. Journal of Management in Engineering, 31(6): 04014094.

Iankova E, Katz J, 2003. Strategies for political risk mediation by international firms in transition economies: The case of Bulgaria[J]. Journal of World Business, 38(3): 182-203.

Iyer K C, Sagheer M, 2010. Hierarchical structuring of PPP risks using interpretative structural modeling[J]. Journal of Construction Engineering and Management, 136(2): 151-159.

Jakobsen J, 2012. Political risk and the multinational company: Concepts, theories and evidence[M]. Trondheim: Tapir Academic Press.

Jarvis D S L, Griffiths M, 2007. Learning to fly: The evolution of political risk analysis[J]. Global Society, 21(1): 5-21.

Jauch H, 2011. Chinese investments in Africa: Twenty-first century colonialism?[J]. New Labor Forum, 20(2): 48-55.

Jensen F V, 1996. An introduction to Bayesian networks[M]. London: UCL Press.

Jia R Y, Li Q M, Deng X P, et al, 2017. Entry mode taxonomy and choice of Chinese international construction companies[J]. Journal of Management in Engineering, 33(3): 04016058.

Kaiser H F, 1974. An index of factorial simplicity[J]. Psychometrika, 39(1): 31-36.

Kapila P, Hendrickson C, 2001. Exchange rate risk management in international construction ventures[J]. Journal of Management in Engineering, 17(4): 186-191.

Ke Y J, Wang S Q, Chan A P C, et al, 2010. Preferred risk allocation in China's public-private partnership (PPP) projects[J]. International Journal of Project Management, 28(5): 482-492.

Kesternich I, Schnitzer M, 2010. Who is afraid of political risk? Multinational firms and their choice of capital structure[J]. Journal of International Economics, 82(2): 208-218.

Kline R B, 2015. Principles and practice of structural equation modeling[M]. North Carolina: Guilford Publications.

Knoke D, Yang S, 2019. Social network analysis[M]. London: SAGE Publications.

Kobrin S J, 1980. Foreign enterprise and forced divestment in LDCs[J]. International

Organization, 34(1): 65-88.

Lee L T, Lee T L, 2011. Investigating soft skills for success in the workforce: Perceptions of elementary school teachers[J]. International Review of Social Sciences and Humanities, 1(2): 140-149.

Lefley F, 1997. Approaches to risk and uncertainty in the appraisal of new technology capital projects[J]. International Journal of Production Economics, 53(1): 21-33.

Leitch M, 2010. ISO 31000: 2009: The new international standard on risk management[J]. Risk Analysis, 30(6): 887-892.

Liebenberg A P, Hoyt R E, 2003. The determinants of enterprise risk management: Evidence from the appointment of chief risk officers[J]. Risk Management and Insurance Review, 6(1): 37-52.

Lim B T H, Ling F Y Y, Ibbs C W, et al, 2012. Mathematical models for predicting organizational flexibility of construction firms in Singapore[J]. Journal of Construction Engineering and Management, 138(3): 361-375.

Ling F Y Y, Hoang V T P, 2010. Political, economic, and legal risks faced in international projects: Case study of Vietnam[J]. Journal of Professional Issues in Engineering Education and Practice, 136(3): 156-164.

Ling F Y Y, Hoi L, 2006. Risks faced by Singapore firms when undertaking construction projects in India[J]. International Journal of Project Management, 24(3): 261-270.

Ling F Y, Low S P, 2007. Legal risks faced by foreign architectural, engineering, and construction firms in China[J]. Journal of Professional Issues in Engineering Education and Practice, 133(3): 238-245.

Liu J Y, Zhao X B, Yan P, 2016. Risk paths in international construction projects: Case study from Chinese contractors[J]. Journal of Construction Engineering and Management, 142(6): 05016002.

Lomax R G, Schumacker R E, 2004. A beginner's guide to structural equation modeling[M]. New York: Psychology Press.

Low S P, Jiang H B, 2003. Internationalization of Chinese construction enterprises[J]. Journal of Construction Engineering and Management, 129(6): 589-598.

Low S P, Shi Y, 2001. Cultural influences on organizational processes in international projects: Two case studies[J]. Work Study, 50(7): 276-285.

Luko S N, 2013. Risk management principles and guidelines[J]. Quality Engineering, 25(4):451-454.

Maldonado R, Saunders A, 1983. Foreign exchange restrictions and the law of one price[J]. Financial Management, 12(1): 19.

Medda F, 2007. A game theory approach for the allocation of risks in transport public private partnerships[J]. International Journal of Project Management, 25(3): 213-218.

Mills A, 2001. A systematic approach to risk management for construction[J]. Structural Survey, 19(5): 245-252.

Mohamed S, 2002. Safety climate in construction site environments[J]. Journal of Construction Engineering and Management, 128(5): 375-384.

Mok K Y, Shen G Q, Yang J, 2015. Stakeholder management studies in mega construction projects: A review and future directions[J]. International Journal of Project Management, 33(2): 446-457.

Morris P W G, Geraldi J, 2011. Managing the institutional context for projects[J]. Project Management Journal, 42(6): 20-32.

Mortanges C P D, Allers V, 1996. Political risk assessment: Theory and the experience of Dutch firms[J]. International Business Review, 5(3): 303-318.

Nunnally J C, 1994. Psychometric theory [M]. 3rd ed. New York: Tata McGraw-Hill Education.

Oetzel J, 2005. Smaller may be beautiful but is it more risky? Assessing and managing political and economic risk in Costa Rica[J]. International Business Review, 14(6): 765-790.

Olawumi T O, Chan D W M, 2018. Identifying and prioritizing the benefits of integrating BIM and sustainability practices in construction projects: A Delphi survey of international experts[J]. Sustainable Cities and Society, 40: 16-27.

Omar M, Williams R L, 2006. Managing and maintaining corporate reputation and brand identity: Haier Group logo[J]. Journal of Brand Management, 13(4/5): 268-275.

Pak Y S, Park Y R, 2004. Global ownership strategy of Japanese multinational enterprises: A test of internalization theory[J]. Management International Review, 44(1): 3-22.

Park C H, Kim Y G, 2003. Identifying key factors affecting consumer purchase behavior in an online shopping context[J]. International Journal of Retail & Distribution Management, 31(1): 16-29.

Pettitt A N, 1979. A non-parametric approach to the change-point problem[J]. Applied Statistics, 28(2): 126-135.

Pfohl H C, Gallus P, Thomas D, 2011. Interpretive structural modeling of supply chain risks[J]. International Journal of Physical Distribution & Logistics Management, 41(9): 839-859.

Proverbs D G, Holt G D, Olomolaiye P O, 1998. A method for estimating labour requirements and costs for international construction projects at inception[J]. Building and Environment, 34(1): 43-48.

Rich G, Mahmoud E, 1990. Political risk forecasting by Canadian firms[J]. International Journal of Forecasting, 6(1): 89-102.

Ring P S, Lenway S A, Govekar M, 1990. Management of the political imperative in international business[J]. Strategic Management Journal, 11(2): 141-151.

Rios-Morales R, Gamberger D, Šmuc T, et al, 2009. Innovative methods in assessing political risk for business internationalization[J]. Research in International Business and Finance, 23(2): 144-156.

Root F R, 1968. U.S. business abroad and political risks[J]. The International Executive, 10(3): 11-12.

Rose K H, 2013. A guide to the project management body of knowledge (PMBOK © guide) — fifth edition[J]. Project Management Journal, 44(3): e1.

Sachs T, Tiong R L K, Wagner D, 2008. The quantification and financial impact of political risk perceptions on infrastructure projects in Asia[J]. The Journal of Structured Finance, 13(4): 80-104.

Sagheer S, Yadav S S, Deshmukh S G, 2009. An application of interpretative structural modeling of the compliance to food standards [J]. International Journal of Productivity and Performance Management, 58(2): 136-159.

Samuelson W, Rosenthal L, 1986. Price movements as indicators of tender offer success[J]. The Journal of Finance, 41(2): 481-499.

Shan M, Chan A P C, Le Y, et al, 2015. Measuring corruption in public construction projects in China[J]. Journal of Professional Issues in Engineering Education and Practice, 141(4): 05015001.

Sharma S, 2013. Risk management in construction projects using combined analytic hierarchy process and risk map framework[J]. IUP Journal of Operations Management, 12(4): 23-53.

Shen L Y, Wu G W C, Ng C S K, 2001. Risk assessment for construction joint ventures in China[J]. Journal of Construction Engineering and Management, 127(1): 76-81.

Siegel S, 1956. Nonparametric statistics for the behavioral sciences[M]. New York: McGraw-Hill.

Simon J D, 1984. A theoretical perspective on political risk [J]. Journal of International Business Studies, 15(3): 123-143.

Simon J D, 1982. Political risk assessment-past trends and future-prospects[J]. Columbia Journal of World Business, 17(3): 62-71.

Singhaputtangkul N, Low S P, Teo A L, et al, 2014. Criteria for architects and engineers to achieve sustainability and buildability in building envelope designs[J]. Journal of Management in Engineering, 30(2): 236-245.

Smit B, Wandel J, 2006. Adaptation, adaptive capacity and vulnerability [J]. Global Environmental Change, 16(3): 282-292.

Spurrier J D, 2003. On the null distribution of the Kruskal-Wallis statistic[J]. Journal of Nonparametric Statistics, 15(6): 685-691.

Thamhain H, 2013. Managing risks in complex projects[J]. Project Management Journal, 44(2): 20-35.

Tichy N M, Tushman M L, Fombrun C, 1979. Social network analysis for organizations[J]. Academy of Management Review, 4(4): 507-519.

Torre J, Neckar D H, 1988. Forecasting political risks for international operations [J]. International Journal of Forecasting, 4(2): 221-241.

Tsai M C, Su Y S, 2002. Political risk assessment on air logistics hub developments in Taiwan[J]. Journal of Air Transport Management, 8(6): 373-380.

Wang H L, Tong L, Takeuchi R, et al, 2016. Corporate social responsibility: An overview and new research directions[J]. Academy of Management Journal, 59(2): 534-544.

Wang J Y, Yuan H P, 2011. Factors affecting contractors' risk attitudes in construction projects: Case study from China[J]. International Journal of Project Management, 29(2): 209-219.

Wang S Q, Dulaimi M F, Aguria M Y, 2004. Risk management framework for construction projects in developing countries[J]. Construction Management and Economics, 22(3): 237-252.

Wang S Q, Tiong R L K, Ting S K, et al, 1999. Political risks: Analysis of key contract clauses in China's BOT project[J]. Journal of Construction Engineering and Management, 125(3): 190-197.

Ward S C, Chapman C B, 1995. Risk-management perspective on the project lifecycle [J]. International Journal of Project Management, 13(3): 145-149.

Williamson C R, 2009. Informal institutions rule: Institutional arrangements and economic performance[J]. Public Choice, 139(3/4): 371-387.

Wu C L, Fang D P, Li N, 2015. Roles of owners' leadership in construction safety: The case of high-speed railway construction projects in China[J]. International Journal of Project Management, 33(8): 1665-1679.

Yaprak A, Sheldon K T, 1984. Political risk management in multinational firms: An integrative approach[J]. Management Decision, 22: 53-67.

Yuan J F, Chen K W, Li W, et al, 2018. Social network analysis for social risks of construction projects in high-density urban areas in China[J]. Journal of Cleaner Production, 198: 940-961.

Zapata R, Caballeros R, 2000. Un tema del desarrollo: La reducción de la vulnerabilidad frente a los desastres [Z]. CEPAL, Naciones Unidas, Mexico, DE: 45.

Zavadskas E K, Turskis Z, Tamošaitiene J, 2010. Risk assessment of construction projects[J]. Journal of Civil Engineering and Management, 16(1): 33-46.

Zhang L M, Wu X G, Skibniewski M J, et al, 2014. Bayesian-network-based safety risk analysis in construction projects[J]. Reliability Engineering & System Safety, 131: 29-39.

Zhao X B, Hwang B G, Low S P, 2013. Critical success factors for enterprise risk management in Chinese construction companies[J]. Construction Management and Economics, 31(12): 1199-1214.

Zhao X B, Wu P, Wang X Y, 2018. Risk paths in BIM adoption: Empirical study of

China[J]. Engineering, Construction and Architectural Management, 25(9): 1170-1187.

Zhao Z Y, Shen L Y, Zuo J, 2009. Performance and strategy of Chinese contractors in the international market[J]. Journal of Construction Engineering and Management, 135(2): 108-118.

Zheng X, Le Y, Chan A P C, et al, 2016. Review of the application of social network analysis (SNA) in construction project management research[J]. International Journal of Project Management, 34(7): 1214-1225.

Zhi H, 1995. Risk management for overseas construction projects[J]. International Journal of Project Management, 13(4): 231-237.

Zhuang L, Ritchie R, Zhang Q, 1998. Managing business risks in China[J]. Long Range Planning, 31(4): 606-614.

Zou P X W, Wang S Q, Fang D P, 2008. A life-cycle risk management framework for PPP infrastructure projects[J]. Journal of Financial Management of Property and Construction, 13(2): 123-142.

Zou W W, Kumaraswamy M, Chung J, et al, 2014. Identifying the critical success factors for relationship management in PPP projects[J]. International Journal of Project Management, 32(2): 265-274.

附录一　世界部分国家或地区的 CRI 及排名

国家或地区	政治环境	社会环境	制度环境	经济环境	双边关系	国际环境	指数	排名
叙利亚	87	92	74	84	60	99	83	1
中非	63	73	82	54	74	76	70	2
伊拉克	78	82	79	49	64	69	70	3
苏丹	77	87	55	76	53	73	70	4
南苏丹	78	88	67	76	22	78	68	5
刚果（金）	70	80	72	55	60	68	68	6
也门	78	82	63	42	42	85	65	7
黎巴嫩	68	73	52	40	63	95	65	8
厄立特里亚	80	90	62	71	44	44	65	9
利比亚	80	58	63	60	57	65	64	10
津巴布韦	77	24	58	82	72	63	63	11
刚果（布）	57	67	80	71	31	69	63	12
乌克兰	68	43	51	46	73	91	62	13
土耳其	65	71	48	38	66	81	62	14
委内瑞拉	43	44	64	62	62	89	61	15
埃塞俄比亚	65	75	53	60	56	51	60	16
马里	71	52	55	60	51	68	60	17
印度	47	68	46	41	65	86	59	18
海地	61	34	62	60	81	55	59	19
卢旺达	63	73	49	53	60	51	58	20
阿富汗	73	76	58	67	52	21	58	21
马达加斯加	67	34	55	72	62	55	58	22
朝鲜	35	21	68	89	32	99	57	23
韩国	65	41	38	56	48	95	57	24
赤道几内亚	58	68	59	64	63	28	57	25

(续表)

国家或地区	政治环境	社会环境	制度环境	经济环境	双边关系	国际环境	指数	排名
尼日利亚	65	71	55	60	66	23	57	26
布隆迪	60	70	59	57	61	31	56	27
尼日尔	58	64	53	58	58	43	56	28
阿塞拜疆	57	55	48	37	71	65	56	29
埃及	58	50	51	48	66	58	55	30
东帝汶	43	36	60	60	60	65	54	31
乍得	52	62	58	53	54	45	54	32
利比里亚	48	40	59	64	55	55	54	33
俄罗斯联邦	53	33	61	56	36	82	54	34
印度尼西亚	43	56	57	34	65	65	53	35
巴基斯坦	70	46	53	50	5	95	53	36
毛里塔尼亚	51	61	54	59	39	55	53	37
马来西亚	78	65	41	30	34	69	53	38
阿根廷	43	33	47	68	68	58	53	39
乌干达	60	70	48	52	52	34	53	40
孟加拉国	65	73	52	48	34	43	53	41
吉尔吉斯斯坦	57	61	54	41	46	56	53	42
危地马拉	43	22	54	39	92	65	53	43
突尼斯	63	39	47	45	58	62	52	44
萨尔瓦多	48	60	52	34	87	32	52	45
越南	52	58	45	46	32	79	52	46
尼泊尔	58	37	54	55	50	56	52	47
古巴	45	43	53	60	55	54	52	48
肯尼亚	57	67	47	53	42	43	52	49
冈比亚	58	43	51	56	60	38	51	50
吉布提	57	67	57	58	45	21	51	51
苏里南	43	27	52	77	61	45	51	52
基里巴斯	27	62	42	49	88	37	51	53
塞拉利昂	45	36	57	62	59	45	51	54
喀麦隆	47	57	54	47	55	43	51	55
莫桑比克	50	51	54	55	45	48	51	56

(续表)

国家或地区	政治环境	社会环境	制度环境	经济环境	双边关系	国际环境	指数	排名
尼加拉瓜	53	23	51	42	93	38	50	57
莱索托	57	39	55	62	52	34	50	58
特立尼达和多巴哥	33	60	51	30	78	45	50	59
洪都拉斯	53	33	53	38	71	48	49	60
圣文森特和格林纳丁斯	23	58	48	46	86	35	49	61
墨西哥	38	32	47	29	78	71	49	62
约旦	53	34	47	32	74	54	49	63
阿尔及利亚	43	37	54	45	59	56	49	64
坦桑尼亚	47	57	53	47	55	35	49	65
乌兹别克斯坦	53	17	52	69	43	58	49	66
菲律宾	60	53	48	31	21	78	49	67
马尔代夫	44	28	51	45	39	84	49	68
伊朗	22	34	51	50	35	99	49	69
加蓬	50	60	55	47	54	25	49	70
所罗门群岛	31	55	54	40	85	26	49	71
卡塔尔	43	44	45	20	52	86	48	72
白俄罗斯	53	9	56	51	79	42	48	73
厄瓜多尔	57	30	51	46	61	45	48	74
圣多美和普林西比	30	40	58	66	59	34	48	75
斐济	43	39	51	42	75	35	48	76
多米尼加共和国	43	28	51	55	75	32	47	77
牙买加	47	30	46	45	73	43	47	78
塞内加尔	35	42	51	56	66	33	47	79
秘鲁	42	38	50	30	68	54	47	80
汤加	30	43	43	52	81	33	47	81
缅甸	65	43	57	65	24	27	47	82
亚美尼亚	48	32	47	29	69	56	47	83
南非	48	55	46	53	43	36	47	84
哥伦比亚	48	48	49	31	69	36	47	85
法国	30	40	38	33	74	65	47	86
玻利维亚	53	25	55	44	65	38	47	87

（续表）

国家或地区	政治环境	社会环境	制度环境	经济环境	双边关系	国际环境	指数	排名
伯利兹	33	31	56	43	84	32	47	88
斯里兰卡	50	35	47	44	25	76	46	89
黑山	27	43	48	43	69	46	46	90
塔吉克斯坦	52	34	57	53	42	37	46	91
几内亚	61	38	57	62	34	23	46	92
巴拉圭	40	36	53	36	63	46	46	93
赞比亚	57	18	52	62	52	32	46	94
圭亚那	40	33	50	58	64	28	46	95
阿曼	37	41	44	22	57	71	45	96
安提瓜和巴布达	31	29	47	46	76	43	45	97
土库曼斯坦	50	20	58	66	26	49	45	98
塞舌尔	33	43	50	52	63	28	45	99
哥斯达黎加	28	24	48	34	77	56	45	100
多哥	37	30	56	61	39	43	44	101
乌拉圭	25	29	50	45	63	54	44	102
巴西	43	38	49	45	54	36	44	103
沙特阿拉伯	47	35	47	24	43	68	44	104
希腊	40	40	47	42	76	18	44	105
塞尔维亚	38	22	47	42	70	42	44	106
爱尔兰	15	29	40	35	83	59	44	107
贝宁	37	39	55	60	40	29	43	108
加纳	43	36	47	52	49	32	43	109
安哥拉	51	27	54	56	46	25	43	110
萨摩亚	33	32	41	48	77	28	43	111
科威特	43	41	47	20	64	43	43	112
阿尔巴尼亚	44	27	48	43	73	23	43	113
美国	17	48	37	12	81	63	43	114
巴林	47	27	41	23	64	54	43	115
马拉维	50	23	51	55	45	31	43	116
瓦努阿图	25	25	50	46	71	38	43	117
摩尔多瓦	42	16	50	45	66	34	42	118

(续表)

国家或地区	政治环境	社会环境	制度环境	经济环境	双边关系	国际环境	指数	排名
克罗地亚	28	16	44	39	76	48	42	119
老挝	43	47	51	54	22	32	42	120
柬埔寨	44	48	52	43	24	38	42	121
不丹	37	28	48	51	53	32	42	122
佛得角	33	38	48	53	53	21	41	123
摩洛哥	37	23	49	27	56	51	41	124
罗马尼亚	37	11	48	43	76	28	41	125
西班牙	37	29	39	34	69	35	41	126
英国	43	32	16	11	70	68	40	127
保加利亚	35	20	46	41	75	21	40	128
巴哈马	30	19	50	26	63	46	39	129
比利时	23	33	41	36	72	28	39	130
澳大利亚	22	29	38	6	73	65	39	131
巴拿马	25	19	45	25	75	43	39	132
巴巴多斯	30	22	46	30	69	34	39	133
智利	30	36	43	21	55	45	38	134
加拿大	22	28	36	16	80	45	38	135
意大利	31	29	44	39	68	15	38	136
日本	25	36	31	23	42	68	38	137
立陶宛	23	15	40	35	65	45	37	138
文莱	20	13	42	51	52	43	37	139
科摩罗	37	29	60	42	32	21	37	140
毛里求斯	33	43	39	28	62	15	37	141
泰国	47	32	43	27	16	53	36	142
阿联酋	36	33	42	19	46	42	36	143
蒙古	29	32	49	33	42	31	36	144
葡萄牙	23	15	38	33	81	26	36	145
匈牙利	35	16	41	36	61	26	36	146
波兰	23	15	46	41	72	16	36	147
哈萨克斯坦	47	23	46	39	34	23	35	148
荷兰	22	17	36	31	79	23	35	149

（续表）

国家或地区	政治环境	社会环境	制度环境	经济环境	双边关系	国际环境	指数	排名
斯洛文尼亚	23	11	39	34	61	39	35	150
爱沙尼亚	23	9	41	36	64	32	34	151
拉脱维亚	25	16	40	35	61	28	34	152
捷克共和国	25	16	38	33	67	25	34	153
瑞典	22	31	36	31	65	18	34	154
冰岛	23	8	39	34	67	32	34	155
塞浦路斯	27	13	40	35	70	12	33	156
马耳他	30	11	38	33	66	17	33	157
奥地利	22	13	37	32	72	19	33	158
丹麦	15	14	38	33	78	16	32	159
德国	22	29	38	33	52	14	31	160
芬兰	23	19	35	30	61	17	31	161
新加坡	15	15	34	8	50	58	30	162
毛里求斯	33	20	39	38	28	17	29	163
卢森堡	22	10	38	33	63	8	29	164
挪威	22	12	35	30	56	15	28	165
新西兰	22	19	38	11	58	5	26	166
瑞士	28	8	35	2	68	3	24	167

附录二　中国承包商海外经营的风险及管控现状调研

尊敬的女士/先生：

您好，感谢您百忙之中抽出时间来填写我们的调查问卷！

本次问卷调研的目的在于分析中国承包商在海外经营时，识别、评估和管理政治风险的能力和手段，以及对政治风险管理方面的难点和需求。诚恳期待您能拨冗填写，我们不胜感激。如有需要，我们非常乐意与您分享此次问卷的调查分析结果。

我们向您保证有关调查资料只用于学术研究，内容不会涉及企业机密，并且绝对不会透露任何个人信息。您所提供的真实的、客观的信息，对于学术研究和实践指导均具有重要意义，真诚地感谢您对我们的学术研究所给予的支持。谢谢！

敬祝

身体健康、工作顺利！

东南大学土木工程学院建设与房地产系

问卷说明：

本问卷中的问题共分为四部分：第一部分：受访者的基本信息；第二部分：企业背景调查；第三部分：企业关注的风险及风险因素；第四部分：企业海外风险管理实践。每份问卷只针对一个企业，请根据自己所在企业的情况填写。

一、基本信息

1. 企业名称：_____（名称全称，不要用集团总公司名称代替）

2. 您在企业中的职位：□企业高层管理人员　　□企业中层管理人员

3. 相关工作年限：

□5年及以下　□6~10年　□11~15年　□16~20年　□20年以上

二、企业背景

1. 所有制性质（单选）

□央企　　□国有企业（非央企）　　□民营企业

2. 国际化水平（单选）

□0~10%　□11%~15%　□16%~20%　□21%~30%　□30%以上

3. 近五年业务涉及行业(多选)

☐ 房建　　　☐ 交通　　　☐ 石油　　　☐ 电力　　　☐ 工业
☐ 水利　　　☐ 排水排污　☐ 制造　　　☐ 电信　　　☐ 有害废物处理

4. 近五年业务区域分布(多选)

☐ 东南亚　　☐ 东亚　　　☐ 中亚　　　☐ 南亚　　　☐ 中东北非
☐ 欧洲　　　☐ 大洋洲　　☐ 北美　　　☐ 拉丁美洲　☐ 撒哈拉以南非洲

5. 近五年项目的承发包方式(多选)

☐ 施工总承包　　　　　　　　　　　☐ 设计施工总承包(DB)
☐ 项目总承包交钥匙模式(EPC)　　　☐ 专业分包
☐ 快速施工管理模式(CM 模式)　　　☐ 建设运营移交模式(BOT)

6. 企业走向海外动因(多选)

☐ 获取先进技术和经验　　☐ 回避贸易壁垒　　　☐ 利用海外市场降低成本
☐ 扩大市场占有率　　　　☐ 海外市场利润更高　☐ 拓展品牌
☐ 东道国优惠政策

三、企业关注的风险及风险因素

1. 关注的风险类型

☐ 政治风险　　　　☐ 金融风险　　　　☐ 宏观经济风险
☐ 法律风险　　　　☐ 税收风险　　　　☐ 劳务风险
☐ 社会风险

2. 关注的政治风险类型

☐ 汇兑限制风险　　　　☐ 对华关系风险　　☐ 政府违约风险
☐ 政府征收/国有化风险　☐ 战争暴乱风险　　☐ 行政监管风险

3. 关注的汇兑限制风险因素

☐ 经常账户逆差　　☐ 有外汇管制历史　　　☐ 外汇储备下降
☐ 投资开放度下降　☐ 资本账户开放度下降　☐ 其他

4. 关注的对华关系风险因素

☐ 两国之间未签署投资保护协定　　☐ 两国之间投资受阻
☐ 双边政治关系恶化　　　　　　　☐ 双边投资依存度下降
☐ 双边贸易依存度下降　　　　　　☐ 两国之间没有免签
☐ 其他

5. 关注的政府违约风险因素

☐ 政府更迭频繁　　　☐ 东道国政府财政压力变大
☐ 双边关系恶化　　　☐ 东道国外债压力变大
☐ 东道国存在违约记录　☐ 政府有效性下降
☐ 监管政策变化　　　☐ 反对派/民众等向政府施压

6. 关注的政府征收/国有化风险因素

☐ 法治程度不佳　　　　　☐ 经济发展状况不佳　　　☐ 存在征收记录
☐ 政府外债压力变大　　　☐ 政府财政压力变大　　　☐ 即将面临政府换届
☐ 政府稳定性差　　　　　☐ 宏观政策连续性不佳

7. 关注的战争暴乱风险因素

☐ 暴力（含恐怖主义）　　☐ 地区分裂　　　　　　　☐ 外部冲突
☐ 种族冲突　　　　　　　☐ 利益集团冲突　　　　　☐ 军事干预
☐ 其他

8. 关注的行政监管风险因素

☐ 行政许可审批风险　　　☐ 劳务政策风险　　　　　☐ 行政效率低下
☐ 行政腐败　　　　　　　☐ 税收政策风险　　　　　☐ 投资限制风险
☐ 其他

四、企业风险管理实践

1. 近五年经历过的风险事件

☐ 政治风险　　　　　　　☐ 金融风险　　　　　　　☐ 宏观经济风险
☐ 法律风险　　　　　　　☐ 税收风险　　　　　　　☐ 劳务风险
☐ 社会风险

2. 近五年经历过的政治风险事件

☐ 汇兑限制风险　　　　　☐ 对华关系风险　　　　　☐ 政府违约风险
☐ 政府征收/国有化风险　 ☐ 战争暴乱风险　　　　　☐ 行政监管风险

3. 未经历风险事件的原因

☐ 投资期较短,风险尚未显现
☐ 投资所在地风险较低,无太多风险事件
☐ 与当地关键政治领导人关系紧密,受到特殊照顾
☐ 在当地经营多年,投资经验丰富,能够做到防患于未然
☐ 已进行风险分析与调查,已采取有效的风险管控措施
☐ 项目/投资进行中对风险进行实时跟踪与分析
☐ 其他

4. 已采取的风险管理体系建设措施

☐ 建立风险管理组织体系　　　　　☐ 建立风险评估标准体系
☐ 建立风险预警系统　　　　　　　☐ 建立风险应急管理机制
☐ 培育形成风险管理文化　　　　　☐ 其他

5. 意向采用的风险管控工具

☐ 购买政治风险保险　　　　　　　☐ 随着熟悉当地环境逐渐投资
☐ 与当地的公司合作　　　　　　　☐ 做好风险评估

☐参与当地社区工作　　　　　　　☐使用咨询服务
☐与政府保持密切联系，得到支持　☐制定详细的应急预案
☐参与非政府组织　　　　　　　　☐建立多个分支机构对冲风险
☐其他

6. 过去五年企业主要采用的风险防范措施

☐设置专门机构并配置相关人员　　☐制定风险防范规程
☐设置风险防范专项基金　　　　　☐制定应急预案并定期开展演练
☐制定风险监测及预警系统　　　　☐保持与利益相关方的定期沟通
☐聘请第三方机构进行风险评估　　☐对员工进行培训
☐其他

7. 过去五年企业风险评估的外部合作机构

☐咨询公司　　　　☐银行　　　　　☐律师事务所
☐会计师事务所　　☐中国信保　　　☐投资银行
☐其他

附录三 国际工程政治风险影响因素及对策调查问卷

尊敬的专家：

您好！

本次问卷调查的目的在于分析国际工程政治风险的影响因素和措施。诚恳期待您能拨冗填写，我们不胜感激。如有需要，我们非常乐意与您分享此次问卷的调查分析结果。我们向您保证有关调查资料只用于学术研究，内容不会涉及企业机密，并且绝对不会透露任何个人信息。您所提供的真实的、客观的信息，对于学术研究和实践指导均具有重要意义，真诚地感谢您对我们的学术研究所给予的支持。谢谢！

此致

敬礼！

东南大学土木工程学院建设与房地产系

研究内容简介：

中国承包商自1978年走向海外工程市场，经过四十余年的发展历程，取得了辉煌的成就。但与此同时，国际市场上的政治风险也给中国承包商带来了灾难性的损失。政治风险是指在多因素的共同作用下由政治决策或政治事件导致的企业经营环境不连续性或剧烈变化，从而阻碍国际承包商经营目标实现的可能性。

本次调研旨在识别和评价能够影响国际工程政治风险水平的因素以及管理政治风险的措施。

问卷调查表

一、基本信息调查

1. 所在单位：＿＿＿＿＿＿
2. 从事工作的国家或地区：＿＿＿＿＿＿＿＿＿＿＿
3. 职位：

高校：□教授（或高工） □副教授 □讲师（或助理教授）

企业：□高级经理 □项目经理

4. 相关工作年限

□5年以下 □5～10年 □11～15年 □16～20年 □20年以上

5. 是否在海外经历过政治风险：＿＿＿＿＿＿＿＿

二、外部因素评价

影响程度：
1＝非常不重要；2＝不重要；3＝平均水平；4＝重要；5＝非常重要
请在方框内打"√"即可，均为单选题。

政治环境		1	2	3	4	5
A1	公众对政府的支持[a]	☐	☐	☐	☐	☐
A2	政府的稳定性	☐	☐	☐	☐	☐
A3	派系冲突	☐	☐	☐	☐	☐
社会环境		1	2	3	4	5
B1	宗教/种族紧张	☐	☐	☐	☐	☐
B2	恐怖主义	☐	☐	☐	☐	☐
B3	治安混乱	☐	☐	☐	☐	☐
制度环境		1	2	3	4	5
C1	法律和制度	☐	☐	☐	☐	☐
C2	政府的有效性	☐	☐	☐	☐	☐
C3	腐败/官僚主义	☐	☐	☐	☐	☐
经济环境		1	2	3	4	5
D1	经济气候	☐	☐	☐	☐	☐
D2	经济结构[b]	☐	☐	☐	☐	☐
D3	经济自由度	☐	☐	☐	☐	☐
双边关系		1	2	3	4	5
E1	外交关系	☐	☐	☐	☐	☐
E2	双边协议[c]	☐	☐	☐	☐	☐
E3	经济关系	☐	☐	☐	☐	☐
国际环境		1	2	3	4	5
F1	外部的干涉	☐	☐	☐	☐	☐
F2	国际经济危机	☐	☐	☐	☐	☐
F3	地缘政治	☐	☐	☐	☐	☐

[a] 指项目所在国的公众对政府的支持；

[b] 指项目所在国的生产力布局情况；

[c] 指两国政府建立起的投资关系所应遵循的法律规范结构和框架，包括缔约双方的权利和义务代位权、解决投资争议的程序性规定。

三、内部因素评价

核心竞争力		1	2	3	4	5
G1	与东道国政府/权力组织的关系	☐	☐	☐	☐	☐
G2	本地化程度	☐	☐	☐	☐	☐
G3	经验知识	☐	☐	☐	☐	☐
基于属性的暴露		1	2	3	4	5
H1	公众对项目的反对	☐	☐	☐	☐	☐
H2	技术和管理的复杂性	☐	☐	☐	☐	☐
H3	承包商的不当行为	☐	☐	☐	☐	☐
基于交易的暴露		1	2	3	4	5
I1	东道国对项目的期望	☐	☐	☐	☐	☐
I2	有利的合同条件	☐	☐	☐	☐	☐
I3	项目的资金来源	☐	☐	☐	☐	☐
基于战略的暴露		1	2	3	4	5
J1	子公司或公司的规模	☐	☐	☐	☐	☐
J2	子公司的杠杆率	☐	☐	☐	☐	☐
J3	子公司的所有权份额	☐	☐	☐	☐	☐
综合适应能力		1	2	3	4	5
K1	适应性组织文化	☐	☐	☐	☐	☐
K2	对当地经济的贡献	☐	☐	☐	☐	☐
K3	与当地商业利益的牵扯	☐	☐	☐	☐	☐
相对议价能力		1	2	3	4	5
L1	对当地市场的依赖度	☐	☐	☐	☐	☐
L2	技术和技术转移	☐	☐	☐	☐	☐
L3	多元化程度	☐	☐	☐	☐	☐

四、措施评价

核心竞争力		1	2	3	4	5
S01	在投标时提高报价	☐	☐	☐	☐	☐
S02	进行政治风险评估	☐	☐	☐	☐	☐
S03	购买风险保险	☐	☐	☐	☐	☐

(续表)

核心竞争力		1	2	3	4	5
S04	签订有利的合同条件[a]	☐	☐	☐	☐	☐
S05	实施本地化策略	☐	☐	☐	☐	☐
S06	减少不当行为	☐	☐	☐	☐	☐
S07	工地现场封闭管理	☐	☐	☐	☐	☐
S08	参与环境保护	☐	☐	☐	☐	☐
S09	遵循当地的文化	☐	☐	☐	☐	☐
S10	制定应急方案	☐	☐	☐	☐	☐
S11	获取政府或第三方的担保	☐	☐	☐	☐	☐
S12	实施应急计划	☐	☐	☐	☐	☐
S13	与当地企业组成联营体	☐	☐	☐	☐	☐
S14	进行风险后评价	☐	☐	☐	☐	☐
S15	对员工进行培训	☐	☐	☐	☐	☐
S16	向第三方寻求帮助	☐	☐	☐	☐	☐
S17	选择合适的项目	☐	☐	☐	☐	☐
S18	与当地政府建立合适的关系	☐	☐	☐	☐	☐
S19	与权力组织维持好的关系	☐	☐	☐	☐	☐
S20	与当地商业建立联系	☐	☐	☐	☐	☐
S21	再谈判、诉讼、仲裁	☐	☐	☐	☐	☐
S22	控制核心或关键的技术	☐	☐	☐	☐	☐
S23	选择合适的运营策略	☐	☐	☐	☐	☐
S24	雇用有能力的本地人	☐	☐	☐	☐	☐
S25	建立企业的声誉	☐	☐	☐	☐	☐
S26	设置风险基金	☐	☐	☐	☐	☐
S27	与当地群众保持好关系	☐	☐	☐	☐	☐

[a] 指合同中是否明确了风险分摊和争端解决的条款。

附录四　国际工程项目政治风险案例调查问卷

尊敬的女士/先生：

　　您好，感谢您在百忙之中抽出时间来填写我们的调查问卷！

　　本问卷调查是基于国家自然科学基金项目"国际工程中政治风险的集成度量及智能决策研究"的学术性调查，以不记名方式进行，本调查的目的在于调查和搜集国际工程中政治风险的案例，每个问卷针对一个国际工程项目，请您根据自己的实际经历过的项目情况填写即可。如果您参与过多个国际工程项目，可填写多张问卷。

　　诚恳期待您能拨冗填写，对于您耐心回答完的问卷信息我们将认真处理，我们将与您分享此次问卷的调查分析结果。我们向您保证有关调查资料只用于学术研究，并且绝对不会透露任何个人和项目的信息。谢谢您的参与！

　　敬祝

身体健康、工作顺利！

东南大学土木工程学院建设与房地产系

课题简介

在本课题研究中，政治风险的含义体现在如下两个方面：

起因　政治风险的起因可以被归因于：(1)政治事件（例如革命、国家政变、内战）和社会事件（例如恐怖活动、暴动、叛乱）；(2)政府活动（例如征收/国有化、贪污腐败、法律法规和政策方针以及限制条件的改变）和政府的无作为（例如缺乏对知识产权的保护）；(3)群体性事件（例如工会组织的谈判和罢工、环境保护分子的游行示威）。

结果　政治风险将带来以下后果：(1)由于经营环境的改变导致国际承包商面临不确定的因素影响；(2)对承包商的盈利或者其他目标有潜在影响；(3)对工程项目产生非预期的后果，如停工、延期、成本增加、设施的损坏以及给雇员带来安全问题。

一、项目信息

　　1. 项目名称：_____（如涉保密可不填）

　　2. 业主：_____

　　3. 项目起止时间_____

　　4. 合同金额约是_____

5. 项目的类型（单选）

☐ 施工总承包　　　　　　　　　　　☐ 设计施工总承包（DB）
☐ 项目总承包交钥匙模式（EPC）　　☐ 专业分包
☐ 快速施工管理模式（CM 模式）　　☐ 建设运营移交模式（BOT、PPP 等）

6. 项目所属行业

☐ 房建　　☐ 交通　　☐ 石油　　☐ 电力　　☐ 工业
☐ 水利　　☐ 排水排污　☐ 制造　　☐ 电信　　☐ 有害废物处理

7. 项目的资金来源（单选）

☐ 项目所在国家投资　　☐ 项目所在国民营资本　　☐ 当地股权/债权融资
☐ 国际贷款　　　　　　☐ 国际援助　　　　　　　☐ 中国贷款
☐ 中国援助　　　　　　☐ 中国直接投资　　　　　☐ PPP 模式融资

8. 东道国对项目的期望（单选）

☐ 东道国社会急需的，项目的建成能发挥巨大的社会价值
☐ 具有较大的社会影响力，项目的建成有利于项目东道国的经济和社会发展
☐ 具有一定的社会影响力，项目的建成能发挥一定的社会价值
☐ 项目的存在与否对项目东道国的影响不大
☐ 项目的建设并不适合东道国的现状，会造成一定的社会浪费

9. 技术和管理的复杂性（单选）

☐ 只有该承包商能够胜任
☐ 只有少数的国际承包商能够胜任，但项目东道国的承包商无法胜任
☐ 有大部分国际承包商可以胜任，但项目东道国的承包商无法胜任
☐ 有少数的项目东道国的承包商可以胜任
☐ 大部分的项目东道国的承包商都能胜任

10. 公众对项目的态度（单选）

☐ 受公众的期待和欢迎，得到社会公众的大力支持
☐ 公众对该项目有一定的好感
☐ 公众对该项目的态度较为平和
☐ 公众对该项目持反感的态度，但并没有发生实质的反对行动
☐ 公众反对该项目并通过向政府抗议、游行、舆论施压等方式阻挠该项目

11. 有利的合同条件（多选）

☐ 有政治风险担保条款　　☐ 政治风险分担条款　　☐ 相关条款对承包商有利
☐ 相关条款清晰合理　　　☐ 有国际仲裁条款　　　☐ 无

12. 项目的计价模式（单选）

☐ 固定总计　　　☐ 可变总价　　　☐ 固定单价
☐ 可变单价　　　☐ 成本加酬金

13. 项目的付款方式

① 是否有预付款（单选）
☐ 有预付款 ☐ 无预付款

② 支付方式（单选）
☐ 按月支付 ☐ 按进度支付 ☐ 竣工一次性支付

14. 对当地经济的贡献

① 贡献方式（多选）
☐ 提供就业岗位 ☐ 贡献的税收
☐ 促进当地经济发展 ☐ 促进产业升级

② 贡献程度（单选）
☐ 很大 ☐ 大 ☐ 中等 ☐ 小 ☐ 很小

15. 对当地市场的依赖度（单选）
☐ 项目所需的原材料均不依赖当地市场
☐ 项目所需的大部分原材料不依赖当地市场
☐ 除核心原材料外，项目所需的一部分原材料依赖当地市场
☐ 大部分项目所需的原材料依赖本地市场
☐ 项目所需的原材料全部依赖本地市场

16. 项目技术转移情况（为项目所在国引进先进技术、先进设备、培训人才，促进当地技术进步得1分，无任何技术转移情况得5分）（单选）
☐ 1 ☐ 2 ☐ 3 ☐ 4 ☐ 5

二、承包商情况

1. 与项目东道国政府或权力组织的关系（单选）
☐ 与项目东道国的政府和权力组织的关系都很好
☐ 与项目东道国的政府和权力组织中的一方关系很好，与另一方关系平和
☐ 与项目东道国的政府和权力组织的关系平和
☐ 与项目东道国的政府或权力组织中的一方存在关系紧张
☐ 与项目东道国的政府或权力组织中的一方存在敌对或有冲突

2. 本地化表现（多选）
☐ 管理模式本地化 ☐ 人力资源本地化
☐ 资源采购本地化 ☐ 合作伙伴本地化

3. 风险管理经验（单选）
☐ 在项目东道国有丰富的工程经验
☐ 在项目东道国有过工程经验
☐ 有少量的国际工程经验
☐ 没有国际工程经验

□第一次进入项目东道国但有着丰富的国际工程经验

4. 以什么名义承揽工程(单选)

① 公司类型(单选)
□总公司　　　　　　　　　　　□当地子/分公司
□当地分支机构　　　　　　　　□与当地企业组成联合体

② 若以在当地成立了子/分公司,其所有权份额(单选)
□是承包商与当地企业建立起的合资公司,东道国的资本占比很大
□是承包商与当地企业建立起的合资公司,东道国的资本所占比例较多
□是承包商与当地企业建立起的合资公司,东道国的资本所占比例较小
□是承包商和其他国家的企业建立起的合资公司
□是承包商独资建立的公司

5. 企业(当地分/子公司)的规模(单选)
□在项目东道国有多家分公司,有大量的工程项目和员工数量
□在项目东道国有分公司,有多个大型工程项目,企业员工数量较多
□在项目东道国的项目规模较大,员工数量较多
□在项目东道国的项目规模一般,员工数量一般
□在项目东道国的项目规模较小,员工数量较少

6. 企业(当地分/子公司)的负债率
□负债率处在合理范围内,且债权人主要来自项目东道国
□负债率处在合理范围内,有一部分债权人来自项目东道国
□负债率处在合理范围内,且债权人主要来自其他国家
□负债率过高,且大部分债权人来自其他国家
□企业的负债率过高,且债权人全部来自其他国家

7. 与当地企业的合作(单选)
□与当地企业组成了战略联盟
□与当地企业存在着长期的合作关系
□与当地企业之间有短期合作关系
□与当地企业之间无合作关系
□与当地企业之间有竞争或冲突关系

8. 企业的多元化表现(多选)
□在多个国家或者地区设有分公司
□与行业之间的其他企业保持良好的关系
□涉及总包、劳务、设计、咨询等多种业务
□涉及房建、通信、能源、交通、工业等多个行业
□在各个业务领域都占据较大的市场份额
□无

9. 承包商在项目所在国被接受程度（单选）

☐非常受欢迎　　　　　☐一般受欢迎　　　　　☐受到一定的排斥

☐受到抵制　　　　　　☐受到严重的抵制

10. 不当行为

① 存在的不当行为（多选）

☐破坏当地生态环境　　☐与当地人或企业发生纠纷　　☐歧视本地员工

☐不遵守当地的法律和政策　　☐不尊重当地的文化和习俗　　☐偷工减料

☐操作不规范引发安全事故　　☐因自身的原因拖延工期　　☐拖欠当地人工资

☐无

② 原因/影响（多选）

☐操作失误，能得到当地政府和社会的谅解

☐能及时有效地解决

☐付出了较大的代价

☐招致当地群众和政府的抗议和反感

三、政治风险经历

1. 遭遇的政治风险事件（多选）

☐征收或国有化　　　　☐法律/政策的变化　　　☐政府违约

☐延期支付　　　　　　☐腐败/官僚主义　　　　☐汇兑限制

☐对进出口管制　　　　☐地方保护　　　　　　☐对物价/工资的管制

☐对行政许可的管制　　☐对技术转移的管制　　☐对环境保护的管制

☐对建筑行业的限制　　☐歧视性的法律裁决　　☐恐怖袭击

☐罢工　　　　　　　　☐骚乱　　　　　　　　☐内战/革命

☐种族/宗教冲突　　　　☐公众对项目的反对　　☐向政府施压制裁外企

☐国际制裁　　　　　　☐跨国战争　　　　　　☐边境冲突

☐无

2. 事件发生的时间：＿＿＿＿＿＿＿＿＿＿＿＿＿＿＿＿＿＿（精确到月）

3. 风险后果

① 人员受伤约＿＿＿＿＿人，死亡＿＿＿＿＿人

② 项目延误约＿＿＿＿＿周

③ 政治风险导致的经济损失约为（单选）

☐合同额的1%以下　　　☐合同额的1%～5%　　　☐合同额的6%～10%

☐合同额的11%～20%　　☐合同额的20%以上

④ 其他

4. 是否预见到该政治风险（完全预见得1分，未预见得5分）（单选）

☐1　　　☐2　　　☐3　　　☐4　　　☐5

5. 事前防范措施

措施(多选)	效果(效果好 1 分,无效果 5 分,每行单选)
☐提高声誉	☐1 ☐2 ☐3 ☐4 ☐5
☐加强管理,减少不当行为	☐1 ☐2 ☐3 ☐4 ☐5
☐设置风险专项基金	☐1 ☐2 ☐3 ☐4 ☐5
☐进行充分的市场调研	☐1 ☐2 ☐3 ☐4 ☐5
☐政治风险投保	☐1 ☐2 ☐3 ☐4 ☐5
☐争取有利的合同条款	☐1 ☐2 ☐3 ☐4 ☐5
☐加强监控,设定预案	☐1 ☐2 ☐3 ☐4 ☐5
☐与项目所在国政府建立良好关系	☐1 ☐2 ☐3 ☐4 ☐5
☐与权力组织建立良好关系	☐1 ☐2 ☐3 ☐4 ☐5
☐与本地企业结成同盟	☐1 ☐2 ☐3 ☐4 ☐5

6. 事后措施

☐启动预案	☐1 ☐2 ☐3 ☐4 ☐5
☐中断运营,及时撤离	☐1 ☐2 ☐3 ☐4 ☐5
☐向违约方索赔	☐1 ☐2 ☐3 ☐4 ☐5
☐向母国政府寻求帮助	☐1 ☐2 ☐3 ☐4 ☐5
☐向东道国政府寻求帮助	☐1 ☐2 ☐3 ☐4 ☐5
☐诉讼、仲裁	☐1 ☐2 ☐3 ☐4 ☐5
☐再谈判	☐1 ☐2 ☐3 ☐4 ☐5
☐博取社会公众媒体的同情	☐1 ☐2 ☐3 ☐4 ☐5
☐向第三方寻求帮助	☐1 ☐2 ☐3 ☐4 ☐5
☐风险后评估	☐1 ☐2 ☐3 ☐4 ☐5